LIBERTÉ, ÉGALITÉ, SINGULARITÉ

DU MÊME AUTEUR

L'Autorité de la pensée, Paris, PUF, 1997.

Rousseau, éthique et passion, Paris, PUF, 1997.

L'Éthique mise à nu par ses paradoxes, même, Paris, PUF, 2000.

Crucifixion, La Versanne, Encre marine, 2001.

L'Europe et son fantôme, Paris, Léo Scheer, 2003.

L'Ivresse de l'art. Nietzsche et l'esthétique, Paris, Le Livre de poche, 2003.

Où je suis. Topique du corps et de l'esprit, La Versanne, Encre marine, 2004.

Créer, Paris, Versanne, Encre marine, 2005.

Michel Henry. Une trajectoire philosophique, Paris, Les Belles Lettres, 2006.

Je me suis toujours été un autre. Le paradis de Romain Gary, Paris, Christian Bourgois, 2007.

Supériorité de l'éthique, Paris, Flammarion, 2007.

Rousseau : une philosophie de l'âme, Paris, Verdier, 2008.

Jubilations, Paris, Christian Bourgois, 2009.

Créer. Introduction à l'esth/éthique, Paris, Verdier, 2010.

Le Regard libéré d'Eugène Leroy, Galerie de France, 2010.

L'Empire de la compassion, Paris, Agora Pocket, 2021.

Le Théorème du Surmâle. Lacan selon Jarry, Paris, Verdier, 2011.

La Fin de l'impossible, Paris, Christian Bourgois, 2012.

Discours sur la légitimation actuelle de l'artiste, Paris, Encre marine, 2012.

L'Affaire Nietzsche, Paris, Verdier, 2013.

Qui témoignera pour nous ? Albert Camus face à lui-même, Paris, Verdier, 2013.

Le Démon de l'appartenance, Paris, Encre marine, 2014.

Terreur de la peinture, peinture de la Terreur. Sur Les Onze, *de Pierre Michon*, William Blake & Co, 2015.

Lacan ironiste, Sesto San Giovanni, Mimesis, 2015.

Le Pas gagné de l'amour, Paris, Galilée, 2016.

Au sortir de l'enfance, Paris, Verdier, 2017.

Analyse du sentiment intérieur, Paris, Verdier, 2017.

« ... et j'ai lu tous les livres ». Mallarmé-Celan, Paris, Galilée, 2017.

De l'érotique, Paris, Verdier, 2020.

Réclamer justice, Galilée, 2019.

Curriculum. Autour de l'esth/éthique, Paris, Verdier 2019.

L'Irréductible. Essai sur la radicalité en phénoménologie, Paris, Hermann, 2020.

Je ne vois que ce que je regarde. Proximité du tableau I, Paris, Galilée 2021.

Le Choix d'Hémon, Paris, Galilée, 2021.

BIBLIOTHÈQUE D'HISTOIRE DE LA PHILOSOPHIE
Fondateur Henri GOUHIER Directeur Emmanuel CATTIN

Paul AUDI

LIBERTÉ, ÉGALITÉ, SINGULARITÉ

ROUSSEAU EN HÉRITAGE

PARIS
LIBRAIRIE PHILOSOPHIQUE J. VRIN
6 place de la Sorbonne, V^e^

2021

ISSN 0249-7980
ISBN 978-2-7116-3016-5
www.vrin.fr

La démocratie reconnaît [...] ce fait essentiel qu'être libre, c'est comprendre qu'on n'a aucun recours contre soi-même. Il ne s'agit pas seulement d'admettre qu'on vit dans le risque – sur ce point-là, d'ailleurs, on n'a pas le choix : on vit toujours dans le risque. Mais d'admettre que le risque essentiel auquel on doit faire face, c'est nous-mêmes – et d'assumer ce fait. Ne pas chercher de garant ni de recours divin, ne pas considérer nos malheurs comme une punition des dieux. Nos malheurs ne sont dus qu'à ce que nous avons fait, comme le dit Périclès dans un discours du début de la guerre : "Je crains beaucoup plus nos propres erreurs que les inventions de nos adversaires" (I, 144), ce qui a une portée beaucoup plus grande qu'il n'y paraît. La démocratie est le régime politique où l'on n'a à craindre que ses propres erreurs et où l'on a renoncé à se plaindre de ses malheurs.

Cornelius Castoriadis, *Ce qui fait la Grèce. Tome II : La Cité et les lois*, Paris, Seuil, 2008, p. 203.

Exister par soi seul, sans le regard ou l'attente d'autrui qui prévoit mon acte, le juge et par cette prévision m'enchaîne, voilà ce qui permet de se sentir véritablement vivre en chacun de nos actes : nous en sommes le libre auteur.

Pierre Burgelin, *La Philosophie de l'existence de Jean-Jacques Rousseau*, Paris, P.U.F., 1952, p. 133.

PRÉAMBULE

D'après le droit romain, si l'on hérite de quelque chose « sous bénéfice d'inventaire », c'est qu'on est redevable des dettes et des charges d'une succession à seule concurrence de l'inventaire établi.

Tout porte à croire que cette règle s'applique aussi à l'histoire des idées.

Ou plutôt aux idées qui font l'histoire, c'est-à-dire qui font date.

En effet, tels sont les grands penseurs de la tradition, dont l'œuvre a su passer à la postérité : ils laissent derrière eux, en guise d'héritage, un corps de pensée dont le moins qu'on puisse dire est qu'il subit à chaque génération un droit d'inventaire. Tout se passe alors comme si, sur la base de ce tri constamment renouvelé, venait à se dresser un miroir dans lequel une société donnée, voire une époque plus ou moins bien délimitée, pouvaient être amenées à y reconnaître ses traits.

Qu'en est-il donc, aujourd'hui, de l'héritage de Jean-Jacques Rousseau ? Qu'en retenir au regard de ce qui nous préoccupe essentiellement ? De quels concepts le *Discours sur l'origine et les fondements de l'inégalité parmi les hommes*, *Du Contrat social* et *Les Confessions* notamment nous permettent-ils encore de profiter ?

Pour ma part, et ce sera l'objet du présent essai, je tiens que le Rousseau qui nous concerne pourrait se résumer au legs de ces trois notions : *liberté, égalité, singularité*. C'est surtout le nouage de ces notions ou, plus exactement, la trame des fils présents en leur nom dans tous ses textes, qui assure à la pensée de Rousseau sa plus vive actualité.

Une actualité qui n'éclate cependant au grand jour qu'à la condition de mettre en relief la question que Rousseau s'était posée il y a maintenant près de deux siècles et demi, et qui ne cessera sans doute pas avant longtemps d'être la nôtre : comment l'homme peut-il vivre dans une société où tout renvoie à la servitude et à la domination, c'est-à-dire qui persiste à plonger la plupart de ses membres dans une étouffante servilité, le soi-disant maître étant lui-même au service passablement asservissant du pouvoir ?

RÉFÉRENCES

Toutes les citations de Jean-Jacques Rousseau renvoient au texte de l'édition critique des *Œuvres Complètes (OC)*, publiées en cinq volumes sous la direction de Bernard Gagnebin et Marcel Raymond dans la « Bibliothèque de la Pléiade » (Gallimard, Paris, 1959-1995). Les références, données entre parenthèses, sont formées de l'abréviation du titre de l'ouvrage cité et du numéro de la page dans le volume des *Œuvres complètes* correspondant. Les abréviations des ouvrages cités sont les suivantes :

A-DSA : Appendices au *Discours sur les sciences et les arts*, *OC* III ;
C : *Les Confessions*, *OC* I ;
CGP : *Considérations sur le gouvernement de Pologne*, *OC* III ;
CS : *Du contrat social*, *OC* III ;
CS-1 : *Du contrat social, Première version : Manuscrit de Genève*, *OC* III ;
D : *Dialogues. Rousseau juge de Jean-Jacques*, *OC* I ;
DOI : *Discours sur l'origine et les fondements de l'inégalité parmi les hommes*, *OC* III ;
DSA : *Discours sur les sciences et les arts*, *OC* III ;
E : *Émile*, *OC* IV ;
E-1 : *Émile, Manuscrit Favre*, *OC* IV ;
EDP : *Examen des deux principes avancés par M. Rameau*, *OC* V ;
EOL : *Essai sur l'origine des langues*, *OC* V ;

EP : *Discours sur l'économie politique*, *OC* III ;
FP : *Fragments politiques*, *OC* III ;
GP : *Considérations sur le gouvernement de Pologne et sur sa réformation projetée*, *OC* III ;
LCB : *Lettre à Christophe de Beaumont*, *OC* IV ;
LA : *Lettre à d'Alembert* ; *OC* V ;
LAM : *Quatre lettres à M. le Président de Malesherbes contenant le vrai tableau de mon caractère et les vrais motifs de toute ma conduite*, *OC* I ;
LEM : *Lettres écrites de la montagne*, *OC* III ;
LF : *Lettre à M. de Franquières*, *OC* IV ;
LM : *Lettres morales*, *OC* IV ;
LMF : *Lettre sur la musique française* ; *OC* V ;
MLM : *Mélanges de littérature et de morale* ; *OC* II ;
NH : *Julie ou la Nouvelle Héloïse*, *OC* II ;
P : *Le persifleur* , *OC* I ;
R : *Les Rêveries du promeneur solitaire*, *OC* I.

Pour les citations extraites de la correspondance, l'abréviation *LP* suivie de la page, renvoie au volume intitulé *Lettres philosophiques*, lettres présentées par Henri Gouhier et publiées par les éditions Vrin en 1974.

POURQUOI ROUSSEAU
(En guise d'introduction)

« C'est l'histoire de mon âme que j'ai promise » : voilà ce que Jean-Jacques Rousseau déclare dans le deuxième volume de ses Confessions [1]. *Mais dans cet écrit, comme aussi bien dans* Les Rêveries du promeneur solitaire *et* Rousseau juge de Jean-Jacques, *en quel sens le « je » est-il employé ?*

Parmi les grands écrivains de son siècle, Rousseau n'est ni le premier ni le seul à avoir voulu arrimer son discours à un usage emblématique de la première personne du singulier. Son usage du « je » dans les ouvrages que vous citez est aussi philosophique qu'il ne l'est chez ses prédécesseurs les plus admirés : Augustin, Montaigne, Descartes, Pascal. Mais si Rousseau, dans tel ou tel contexte, s'est glissé dans le « confessionnal » d'Augustin, s'il s'est approprié le « je » existentiel de Montaigne, s'il s'est réclamé de l'« ego » métaphysique de Descartes, et s'il s'est démarqué du « Moi haïssable » de Pascal, il l'a fait chaque fois avec l'intention de transformer la première personne du singulier en une substance éthique fondamentale. Son auto-présentation a eu beau répondre à la même question que ses illustres devanciers – que suis-je ? ou qui

1. C, 278.

suis-je ? –, sa réponse n'en a pas moins été particulière dans la mesure où il en attendait l'accouchement d'une vérité éthico-morale, aussi exemplaire qu'universelle. Pour y parvenir, il espérait, en se racontant, comprendre à quoi tient sa propre *singularité* et c'est ce qui l'a tout d'abord conduit à montrer sur quoi une singularité en général repose. Pour plus de précision, disons que la visée centrale que Rousseau a poursuivi dans les écrits cités a consisté à défendre la *souveraineté* même de sa singularité en tant qu'individu contre toutes ces instances étrangères, extérieures, falsificatrices, aliénantes, mensongères, voire mortifères, autour desquelles s'articulaient, à ses yeux, les rouages de la société humaine au cours des Temps modernes.

Est-ce à travers ce prisme philosophique que les contemporains de Rousseau ont reçu ses textes à la première personne ?

D'emblée, quelque chose saute aux yeux : que Rousseau se soit si abondamment servi du « je » ne permet pas d'en conclure qu'il le fit pour le plaisir de contempler son « moi » aux prises avec une société dont il se sentait incompris et rejeté, et de le contempler comme dans un miroir enjôleur duquel il aurait tiré l'idée, si évidemment catastrophique, qu'il était bien meilleur que la plupart de ses contemporains. C'est pourtant de cela qu'on l'accusait déjà de son vivant. Et une doxa communément partagée, trois siècles après la naissance de l'auteur de *Narcisse ou l'Amant de lui-même* (un texte dont Rousseau écrivit une première version à l'âge de vingt ans), persiste à le représenter sous les traits d'un indécrottable névrosé à la fois pétri d'arrogance et imbu de lui-même … Non, Rousseau, ce n'est pas ça du tout. Si, à l'heure où il convenait pour lui de se retourner sur sa vie passée, une vie où, à tort ou à raison, il ne s'était jamais senti *à sa place*, où il n'avait même jamais réussi à savoir *à quelle place* il lui revenait de se tenir, si donc Rousseau a souhaité se « confesser » ou se « juger » [1], c'est essentiellement pour tenter d'approcher ce qu'il appelait sa *vérité* – et de se saisir de cette vérité en dépit de ce *secret* qui, comme par définition, en forme la substance. Aborder cette vérité intime et secrète, cela suppose toutefois, Rousseau l'avait bien compris, de tenter de mettre à nu, par-delà sa propre singularité, le trait le plus caractéristique de l'âme moderne, à savoir que cette âme, qui se modèle toujours sur l'opinion des autres en s'en apercevant toujours trop tard, ne cesse d'être animée par ce que Rousseau appelle « l'orgueil de son petit individu » [2]. Le rappel de cette formule suffit, je crois, à mesurer la distance à laquelle il entendait se tenir quand il usait du pronom « je » dans ces écrits. D'autant que c'est précisément parce qu'il ne se prétendait guère exempt d'un tel orgueil, qu'il s'était pris pour sujet d'observation, voire comme cause de litige, ou objet de procès, dans un esprit à la fois très proche et très éloigné de Montaigne. Il aura fait cela par *amour de soi*, mais aussi, et surtout, par rejet de cet amour-propre dont il se savait, pas moins qu'un autre, la proie sans cesse récupérée.

C'est dire qu'il ne s'est consacré à l'écriture de textes autobiographiques qu'après avoir pris soin de distinguer philosophiquement les notions d'« amour-propre » et d'« amour de soi ». Distinction conceptuelle cardinale, qui se fonde elle-même sur la conviction qu'il existe en tout

1. En écrivant entre 1765 et 1770 *Les Confessions* et, entre 1772 et 1776, *Rousseau juge de Jean-Jacques*.

2. E, 602.

état de cause un certain « rapport à soi » qui, fort heureusement, n'est pas obligé de faire toute sa part à la médiation des opinions publiques et privées, ni de se plier au regard et aux jugements d'autrui … Bref, *en quoi est-il possible d'échapper au tribunal de la représentation ?* est une question qui, chez lui, a intimement partie liée avec la valorisation et l'affirmation concomitante de sa singularité.

Cela étant dit, si l'on admet que l'orgueil façonne l'assise morale du « petit individu » que nous sommes tous malgré que nous en ayons, alors ce qu'il nous incombe d'en déduire, c'est que c'est exactement le contraire – soit l'humilité comme condition de la grandeur d'âme – que vise à dépeindre Rousseau dans ses textes écrits à la première personne : l'humilité, sans doute, mais plus encore son être constamment exposé aux fragilités qui le menacent, sa vulnérabilité foncière telle qu'au gré des circonstances elle provoque des réactions de défense, toute sorte de maladresses, des injustices à l'égard d'autrui, des mensonges, des dénis et des reniements, des manquements aux promesses, une absence d'assurance en soi. Ces textes, je rechigne, pour cette raison précise, à leur réserver le qualificatif d'« autobiographiques ». En tout cas, nous sommes avec eux aux antipodes du « je » des *Mémoires d'outre-tombe*, qui cherche, avec tant de ruse, à se hausser du col.

Pour revenir sur les trois œuvres que vous avez citées au commencement de notre entretien, je dirais donc, en m'en tenant à un point de vue tout à fait limité, que *Les Confessions* se distinguent en ce que Rousseau y surenchérit sur Montaigne quand il met en lumière le rôle de la sexualité dans le déploiement d'une pensée ; que les *Dialogues* sont incomparables en ce que Rousseau y analyse les obstacles à la jouissance de soi qui relèvent du jeu social, lequel jeu est inévitablement mensonger et cruel ; que les *Rêveries*, enfin, ont ceci de remarquable qu'elles cherchent à répondre à la question de ce que c'est que de jouir de la vie dès lors que le monde ne représente pour soi plus rien qui vaille. Dans cette perspective, d'ailleurs, les *Rêveries* prennent acte que le monde du « mondain », tant célébré par Voltaire, n'est en fait rien de moins qu'un « vaste désert »[1], comme le suggérait déjà un personnage de *Julie, ou la Nouvelle Héloïse*, à moins qu'il ne ressemble, désormais, à un enfer[2].

Vous semblez vouloir référer la souveraineté à l'individu en tant que tel plutôt qu'au « peuple », comme le propose pourtant Du Contrat social. *Cette souveraineté individuelle fait-elle le jeu de l'homme des Lumières ?*

En vivant en société, singulièrement dans une société de faux-semblants, en y disputant ou en y négociant à tout instant sa place, qui peut se targuer de se sentir en harmonie avec lui-même, et en paix avec les autres ? Qui y est vraiment « soi » ? Ne sommes-nous pas, chacun à sa façon, constamment « en représentation », sommés de tenir un rôle dicté par la défense de nos intérêts particuliers, l'obtention ou la préservation d'un statut symbolique, la comparaison et la compétition avec nos semblables, l'assouvissement éventuel de nos diverses convoitises, ou notre propension à inscrire le superflu au registre du nécessaire ?

Telles sont les questions, à rebrousse-poil, par lesquelles Rousseau s'est fait connaître. C'est peu dire que son style inégalable leur a donné une si vaste résonance qu'elles n'ont plus cessé, depuis, de nous *réveiller* et de nous *mettre au pied du mur*. Or si Rousseau a voulu porter au feu le

1. NH, 231.
2. Tout cela forme le sujet de la troisième étude ci-après.

tison de ces questions, ce n'était en aucun cas – je voudrais le souligner fortement – pour éviter de le plonger dans sa propre chair. Mais, il est vrai, l'entreprise de purification par le feu d'une vérité éthico-morale ne s'accomplira pleinement qu'au moment des *Rêveries*, texte que nous sommes quelques-uns à tenir pour un sommet de la spiritualité occidentale.

Une fois ces questions cruciales posées, Rousseau va très vite affirmer que rien n'assure *a priori* que la souveraineté de l'individu *et* la souveraineté du peuple – peuple au sens d'un ensemble de citoyens actifs – soient bien défendues par l'idéologie des Lumières. En tout cas, ce qu'il importe de faire avant tout, au risque évidemment de déplaire, de choquer, de s'aliéner tout un monde, c'est d'entreprendre une *sévère critique* de ces valeurs dont on disait alors qu'elles soutenaient l'émancipation de l'homme. Car dans la société française – société foncièrement inégalitaire, divisée en classes inconciliables et en castes irréconciliables –, tout conspirait à rendre impossible la conquête de cette liberté individuelle sur laquelle on comptait naturellement pour désaliéner l'être humain. Certes, les savants et les lettrés aspiraient ouvertement à vivre dans une société d'hommes libres, affranchie du moins de la tutelle religieuse, souvent obscurantiste, et renforcée par le « progrès » des sciences et des arts. Mais ceux-là mêmes qui y prétendaient n'entendaient guère toucher à l'inégalité des conditions sociales ni à celle des droits et des devoirs y afférents.

C'est bien là que cet autodidacte de génie qu'était Rousseau est venu perturber le grand jeu des bourgeois éclairés. Voilà que cet éternel étranger, cette espèce d'*irrégulier*, ce quasi orphelin sans attaches, ce natif de Genève qui fut si longtemps en mal de son pays d'origine et qui finira par être mal avec lui, cet apostat du protestantisme ou du catholicisme, nul ne le sait nettement, cet écrivain, philosophe, musicien, homme de théâtre, instable et irascible, secret et ténébreux, selon les jours et les assauts de la mauvaise fortune, a déclaré, une fois qu'il fut revenu de ses vaines ambitions, qu'il ne saurait y avoir de liberté sans que celle-ci ne s'accompagne de « sûreté » (en fait, Rousseau n'oppose nulle part liberté et sûreté, c'est-à-dire sécurité ; il ne les distingue même jamais complètement ; il les associe plutôt très étroitement au nom de sa conception de la liberté civile, dans la mesure où une liberté, si elle devient abusive, exerce une menace sur elle-même, se met soi-même en danger dans le mouvement même où elle se prend à menacer une autre liberté). Il ne saurait non plus y avoir d'égalité (une égalité d'autant plus infrangible qu'elle est supposée être juridiquement garantie) sans que celle-ci ne se détache sur un fond de liberté. Bref, pour Rousseau, s'il n'y a qu'une égalité en droits entre les hommes qui puisse assurer le règne conjoint de la liberté et de la sûreté, il n'y a qu'une liberté finie, mesurée, tempérée, contenue, qui puisse assurer en retour l'instauration d'une égalité en droits. On sait que la conclusion qu'en tire Rousseau est aussi radicale que décisive : toute société qui prendrait le risque de récuser, sinon de fracturer l'équation : « liberté civile + égalité en droits = souveraineté du peuple » s'exposerait tout bonnement à retomber dans une indigne servitude.

La leçon principale serait donc : pas de liberté sans égalité ?

Et vice-versa. Car si, sur le plan de l'existence politique d'un être humain, Rousseau subordonne la liberté à l'égalité, sur le plan de son concept, c'est à l'égalité qu'il revient de se soutenir de la liberté. Telle est la position centrale de sa doctrine en matière de philosophie politique. Tout découle de cette position, tout remonte à elle, tout se rattache à elle. Et le cercle que cette position dessine est loin d'être un défaut : c'est sa chance au contraire. *Du Contrat social*, dont c'est à coup sûr la thèse la plus forte, est très clair sur ce point ; l'énoncé qui l'affirme y retentit comme un coup de cymbale dont la résonance nous atteint encore aujourd'hui. La « fin de tout système de législation », dit Rousseau, est « le plus grand bien de tous », mais ce grand bien, ajoute-t-il, « se réduit à deux objets principaux » : la liberté et l'égalité. « La liberté, parce que toute dépendance particulière est autant de force ôtée au corps de l'État ; l'égalité, parce que la liberté ne peut subsister sans elle »[1].

Dans ces conditions, la première question qui se pose est la suivante : qu'entend donc Rousseau par ce mot d'égalité ? Comment Rousseau en aborde-t-il et en élabore-t-il le concept ? Je ne résiste pas à l'envie de citer tout du long un des commentaires les plus justes et les plus éclairants qui aient jamais été donnés, à ma connaissance, de cet épineux problème. Il s'agit de celui qu'en a proposé Catherine Kintzler à l'occasion d'un rappel de la position de Rousseau dans son grand livre sur Condorcet. Cette analyse a l'immense mérite de relever pour commencer un point crucial, trop souvent inaperçu, à savoir que l'égalité ne se définit pas directement, frontalement, mais seulement à la suite d'une prise en compte circonstanciée de ce qu'est « l'inégalité du point de vue de la loi ». C'est alors que la philosophe précise :

> Une inégalité n'est rien d'autre qu'une dissymétrie susceptible de produire une dépendance réelle et incontrôlable par celui qui en est la victime. On voit alors

1. CS, 391. Tout cela forme le sujet de la deuxième étude ci-après.

> que le concept d'égalité n'est pas en rapport direct avec celui de différence, alors qu'il est entièrement lié au concept d'indépendance. Un homme n'est pas l'égal d'un autre s'il n'a pas, ou s'il n'a plus, la liberté lui permettant de jouir de son droit. La liberté apparaît bien comme la clef de voûte, ou la pierre de touche du système : là où il n'y a plus de liberté, le droit disparaît. Le premier devoir de la loi est donc de veiller au maintien de la liberté de chacun.

Et la même auteure de poursuivre quelques lignes plus bas :

> Voilà pourquoi le mécanisme du *Contrat* fonctionne d'abord négativement et construit la liberté par la protection contre les abus de la liberté : c'est alors, comme l'a montré Rousseau, la réduction à l'égalité qui apparaît comme le moteur du droit. Par le jeu de l'aliénation initiale [donc aussi bien du défaut d'indépendance], chacun devient l'égal de l'autre, et les libertés, en s'équilibrant, redeviennent compossibles. S'agissant des forces, la solution par le retranchement est donc évidente : ôter le surplus de forces, ou en interdire l'abus, c'est faire apparaître un droit. Dans un tel schéma, la liberté dépend d'une réduction à l'équilibre, et le concept d'égalité se retrouve en position première [1].

La réaction de certains contemporains dits « éclairés » fut vive. Rousseau déplorait un complot contre lui ...

Aujourd'hui, il nous apparaît rétrospectivement que c'est d'abord et surtout en réaction aux prises de positions politiques de Rousseau, à son pessimisme à l'endroit des hiérarchies socialement consacrées, à son besoin d'inventer

1. C. Kintzler, *Condorcet, l'instruction et la naissance du citoyen*, Paris, Minerve, 2015, p. 155-156.

une pédagogie fondée sur une assise anthropologique respectueuse des divers âges de la vie, que ses contemporains « philosophes » se sont montrés si « intolérants » envers lui, tombant ainsi le masque que leur opportunisme, leur pusillanimité et leur soif insatiable d'attributions les poussaient pourtant à revêtir. N'est-ce pas d'ailleurs la postérité révolutionnaire de Rousseau – une influence encore périphérique en 1789, mais tout à fait centrale en 1792 – qui nous aura montré à quel point, sur certains aspects sensibles, les encyclopédistes s'étaient comportés en fieffés conservateurs ?

Comment ne pas les reconnaître dans le portrait des « honnêtes gens », qui brûle de tous ses feux dans la *Lettre à d'Alembert sur les spectacles ?* Je cite :

> [...] ces gens si doux, si modérés, qui trouvent toujours que tout va bien, parce qu'ils ont intérêt que rien n'aille mieux ; qui sont toujours contents de tout le monde, parce qu'il ne se soucient de personne ; qui, autour d'une bonne table, soutiennent qu'il n'est pas vrai que le peuple ait faim ; qui, le gousset bien garni, trouvent fort mauvais qu'on déclame en faveur des pauvres ; qui, de leur maison bien fermée, verraient voler, piller, égorger, massacrer tout le genre humain sans se plaindre, attendu que Dieu les a doués d'une douceur très méritoire à supporter les malheurs d'autrui (LA, 36).

Tout en continuant de se poser en promoteurs d'une liberté universellement partagée, les philosophes de son temps, jouissant de nombreux privilèges, ont fini par allumer un contrefeu en réponse à la critique, parfaitement inédite, que Rousseau avait entreprise de la valeur *propriété*. Une critique qui n'était pas en leur faveur et qui leur a naturellement fait horreur. Aussi ont-ils décidé de négliger les paradoxes de la pensée de Rousseau pour mieux concentrer le tir sur toutes les contradictions qui leur paraissaient exister entre ses objurgations morales et son comportement dans la vie. N'est-il pas indigne celui qui dénonce le luxe et les abus de la richesse, et qui se fait protéger par des puissants ? N'est-ce pas un imposteur celui qui se pique d'éducation, et qui ne s'est occupé d'aucun de ses enfants, qui les a même abandonnés à l'hôpital des Enfants-Trouvés ?

Mais posons-nous la question : qu'auraient été les paradoxes de Rousseau sans les contradictions de Jean-Jacques ? Peut-être n'auraient-ils été que le rêve les yeux ouverts d'une belle âme … Loin de cela, la doctrine de Rousseau tire plutôt toute sa force de persuasion non seulement des faiblesses avérées de Jean-Jacques, mais encore de sa douleur éperdue *et* de sa joie réfléchie, conjointement.

Du coup, de tous les paradoxes soulevés par Rousseau, lequel vous paraît le plus décisif ?

C'est probablement celui sur lequel son édifice intellectuel repose : le paradoxe qui tient au fait qu'il nous incombe en toute circonstance de trouver le remède dans le mal. Jean Starobinski, à qui les lecteurs de Rousseau doivent tant, a consacré une très belle étude à cette « maxime » fort personnelle [1]. Pour Rousseau, ce dont il s'agit, c'est de juger la civilisation en être civilisé et au nom de cette civilisation. Au nom de la civilisation veut dire : selon sa provenance essentielle. Quelle est-elle ? Sa provenance est nommément « l'état de nature ». Mais de quel état et surtout de quelle nature s'agit-il ? Ce thème

1. Voir J. Starobinski, *Le Remède dans le mal. Critique de l'artifice à l'âge des Lumières*, Paris, Gallimard, 1989, p. 165-232.

est alors rebattu, mais Rousseau répète-t-il la leçon de ses prédécesseurs et de ses contemporains ? Si, de toute évidence, il leur emprunte bon nombre de ses schémas de pensée, il s'en faut qu'il table sur le même contenu. En fait, la réponse de Rousseau tranche sur tout autre. « [...] j'ai consulté la nature, c'est-à-dire le sentiment intérieur ... » : voilà ce que dit Rousseau, ce qu'il écrit en toutes lettres dans une lettre à Jacob Vernes, révélant ainsi, à mon sens, le fin mot de sa pensée [1]. Vous l'aurez compris : cette formule, à mes yeux, est une clé, capable d'ouvrir toutes les portes de la Thèbes rousseauiste. Le sentiment intérieur, autrement nommé « sentiment de l'existence », est ce principe psycho-physique, uniment affectif, ce principe mobilisateur de la psyché et dynamique du corps, en vertu duquel nous pouvons nous considérer unifiés en nous-mêmes ; il est ce grâce à quoi nous nous identifions chaque fois comme « l'entier absolu qui n'a de rapport qu'à lui-même et à son semblable ... » [2], en deçà ou par-delà tout trait pouvant se référer à un état civil donné.

Bien entendu, il n'est pas question de tourner le dos à « l'état de société » et de retourner à « l'état de nature », d'autant que ce dernier état, qui est en fait le premier, « n'existe plus, n'a peut-être point existé, [et] probablement n'existera jamais », comme Rousseau l'écrit dans le *Discours sur l'origine et les fondements de l'inégalité parmi les hommes* [3]. Aussi faut-il tenter de tirer son épingle du jeu en sachant puiser dans le mal existant le remède qui nous fait défaut, de même qu'il est nécessaire de demander à la folie la sagesse qui nous manque. En tout cas, c'est en tenant compte de ce paradoxe-là que l'on

1. Lettre datée du 18 février 1758, *LP*, 54.
2. E, 249.
3. DOI, 123.

arrive à donner tout son sens – un sens profond et inusité – au constat suivi de conseil que répercute Rousseau dans *La Nouvelle Héloïse* quand il fait dire à un Saint-Preux s'adressant à Julie :

> Chère amie, ne savez-vous pas que la vertu est un état de guerre, et que pour y vivre on a toujours besoin d'un combat à rendre contre soi ? Occupons-nous moins des dangers que de nous, afin de tenir notre âme prête à tout événement (NH, 682).

Je dirais donc que si le mot de révolution signifie : faire le tour et revenir au point d'origine, la révolution rousseauiste consiste principalement à tenter de remettre la civilisation sur ses pieds, à supposer qu'elle s'est retrouvée sens dessus dessous en raison du chancre de la *dépendance des hommes*, lequel est en grande partie *économique*, donc en raison des dures nécessités du *struggle for life*.

Évoquant cette dépendance, je me dois également de rappeler le texte fondamental d'*Émile*, dont il ne me paraît pas exagéré de penser qu'il représente, de par son contenu général et les principaux concepts dont il se sert, l'alpha et l'oméga de *toute* la doctrine rousseauiste :

> Il y a deux sortes de dépendance. Celle des choses qui est de la nature ; celle des hommes qui est de la société. La dépendance des choses n'ayant aucune moralité ne nuit point à la liberté et n'engendre point de vices. La dépendance des hommes étant désordonnée les engendre tous, et c'est par elle que le maître et l'esclave se dépravent mutuellement. S'il y a quelque moyen de remédier à ce mal dans la société c'est de substituer la loi à l'homme, et d'armer les volontés générales d'une force réelle, supérieure à l'action de toute volonté particulière. Si les lois des nations pouvaient avoir comme celles de la nature une inflexibilité que jamais aucune force humaine ne pût

> vaincre, la dépendance des hommes redeviendrait alors celle des choses, on réunirait dans la république tous les avantages de l'état naturel à ceux de l'état civil, on joindrait à la liberté qui maintient l'homme exempt de vices la moralité qui l'élève à la vertu (E, 311).

Or, confronté à toutes ces dépendances, qu'elles soient « actives ou passives »[1], des dépendances qui s'avèrent catastrophiques dès lors qu'entrent en jeu les intérêts privés et le besoin de défendre, fût-ce en recourant à la loi, ce qui est possédé en propre par chacun; mis en face d'un tel poison, il devient nécessaire de trouver un remède. Comment le découvrira-t-on, si l'homme, quoique né libre, est « partout dans les fers »? Comment transformer un « état de société » dans lequel « tel qui se croit le maître des autres, ne laisse pas d'être plus esclave qu'eux »[2], pour le dire dans les termes sur lesquels s'ouvre *Du Contrat social?*

Voici en résumé ce que préconise Rousseau : mettre en question la dépendance économique des hommes qui est à l'origine de tous les maux, jusqu'à y voir à quel point elle peut être asservissante et dépravatrice. Certes, cette dépendance commence avec le rapport aux choses, puisqu'elle naît du désir de les posséder, et de faire sanctifier cette possession par le Droit, mais elle finit toujours, et assez vite, par conduire à l'interdépendance des personnes, tout comme cette interdépendance conduit à la division du travail, et cette division du travail aux rapports de forces entre les personnes, à la violence que ces rapports engendrent, bref, en un mot, au désastre. Ne doit-on pas au « premier qui, ayant enclos un terrain, s'avisa de dire, *ceci est à moi*, et [qui] trouva des gens assez simples pour

1. E, 492.
2. CS, 351.

le croire » tous ces « crimes, guerres, meurtres, misères et horreurs »[1] qui émaillent le cours de l'histoire ? Ne sommes-nous pas désormais, à l'instar des animaux domestiques, tenus en laisse par ce dont nous nous croyons et voulons propriétaires ? Et cela, enfin, ne nous impose-t-il pas de considérer le monde comme quelque chose qui s'ordonne autour de la domination de quelques-uns sur tous les autres ?

Existe-t-il, pour Rousseau, une voie de sortie ?

Si elle existe, cette voie de sortie doit être autant morale que politique. Il lui faut reposer sur la connaissance du bien et du mal aussi bien que sur celle du juste et de l'injuste. Au plan moral, Rousseau explique que les piliers de la civilisation ont changé de nature en fonction du statut que l'on a bien voulu conférer à la raison humaine. Car avant que la *raison* n'en vienne à définir tout l'humain dans l'homme, la civilisation reposait encore sur deux solides piliers : *l'amour de soi* (qui fonde en chacun son goût pour le bonheur) et *la pitié* (par laquelle les êtres partagent leurs souffrances). Si ces piliers ne sont pas rationnels, ils n'en sont pas moins profondément raisonnables. Raisonnables parce qu'affectifs (il y a chez Rousseau, comme chez Pascal, une *logique* du cœur). Or, une fois que la rationalité s'est appropriée tout l'être de l'humain, ce socle affectif s'est lui-même transformé : la pitié a cédé sa place à la *conscience morale*, et l'amour-propre, en tant que souci de la distinction sociale, s'est substitué à l'amour de soi. Par conséquent, ce qu'il importe de faire au plan moral et politique, c'est reconduire l'amour-propre, considéré comme le mobile de toutes les actions sociales destructives, à son soubassement

1. DOI, 164.

naturel, l'amour de soi ; reconduire aussi la conscience morale, comme mobile de toutes les actions sociales constructives, à son soubassement naturel, la pitié. À cette double condition seulement les hommes auront peut-être une chance de se survivre à eux-mêmes !

Tout bien considéré, tel est l'enjeu moral et politique : faire « bon usage de la liberté » [1]. Tel est, des hommes, leur « intérêt bien entendu » [2]. User convenablement de sa liberté, se comporter sagement dans la vie, est ce à quoi doit renvoyer la bonne entente, la juste compréhension de son intérêt. Mais de quel intérêt s'agit-il en l'occurrence ? D'un intérêt particulier ? D'un intérêt plus universel ? Quel en serait le critère d'adoption ? Qui pourrait en être l'arbitre impartial ? Qui serait autorisé à en juger au nom de tous ? Tout intérêt particulier ne relève-t-il pas de l'amour-propre, alors que l'intérêt commun dépend d'une volonté générale que le moi, l'individu laissé à lui-même, ne saurait d'aucune façon maîtriser ? Tout Rousseau est dans l'entrecroisement de ces questions fondamentales.

Au-delà de ses relations tourmentées (amitiés, trahisons, violentes polémiques) avec les encyclopédistes, et bien sûr d'abord avec Voltaire, Rousseau ne semble donc pas être un homme des Lumières. Comment le qualifieriez-vous ?

Ne soyons pas catégoriques. On peut affirmer que Rousseau est un homme des Lumières lorsqu'il place au centre de ses préoccupations la liberté de l'homme, l'autodétermination des peuples, le progrès moral des individus, réalisé grâce à l'élaboration de principes éducatifs

1. E, 603.
2. CS-1, 289.

non-religieux. Mais il est vrai qu'il ne l'est pas vraiment, si l'on prend en considération les moyens qu'il a privilégiés pour parvenir à ses fins. Et il est moins encore homme des Lumières quand il fait peser un lourd soupçon sur la notion de progrès. Une chose est sûre : pour lui, les Lumières ne sauraient être bonnes *en soi*, car tout dépend en dernière analyse de l'usage que l'on y fait de la raison pratique, c'est-à-dire de la réflexion calculatrice, qui pèse les pour et les contre en fonction de certains intérêts (individuels ou collectifs). Ce genre de recommandation trouvera une résonance majeure au sein de l'École de Francfort près de deux siècles plus tard ... Tout dépend, même, pour Rousseau, de la subordination, voire de la substitution de la valeur *progrès* à la valeur *perfectibilité*, seule mesure véritable de l'état moral et politique d'une civilisation. Il est, je crois, inutile de souligner combien nous avons besoin de cette distinction entre progrès et perfectibilité, à l'heure où, à juste titre, la domination de la télé-technologie inquiète tellement, et où la dévastation de la nature, la destruction des équilibres naturels, semblent irréversibles [1].

Mais peut-on réduire le philosophe à ce rôle de Cassandre auquel son Discours sur les sciences et les arts *a fait songer plus d'un lecteur ?*

En vérité, le point de vue de Rousseau dépasse, et de très loin, la dimension de l'inquiétude suscitée par le progrès. Le point de vue n'est pas psychologique, il est moral. En effet, au-delà de ses récriminations contre son temps, Rousseau s'est employé à dégager d'abord, à appliquer ensuite aux bienfaits de la culture un principe de discrimination. Il entendait les jauger en les plaçant

1. Tout cela forme le sujet de la première étude ci-après.

chacun sur le plateau d'une même balance. Quelle balance, me direz-vous ? Eh bien, la balance de la *justice*. C'est cela, Rousseau : le « réflexe » de recourir en tout lieu, et pour toute chose, à la balance de la justice. Ainsi, sur l'autre plateau de cette balance, pour contrebalancer l'élément culturel et mesurer son poids, c'est-à-dire sa valeur, Rousseau n'aura jamais placé qu'une seule réalité : « la nature » – celle dont Rousseau dit quelque part dans l'*Émile*, et c'est en quoi il lui revient de faire office de *criterium*, qu'elle « ne fait ni riches, ni princes, ni grands seigneurs », c'est-à-dire que rien en elle ne saurait annoncer la servitude ni la domination que l'on voit pourtant fleurir partout.

Par le choix de cette « jauge » universelle, Rousseau veut surtout dire deux choses. D'abord, que sur la balance de justice dont il aura décidé de faire un emploi théorétique, il importe de placer la culture et l'ensemble de ses réalisations *en face de* l'affectivité humaine, donc de la souffrance humaine, quelque forme qu'elle prenne. Ensuite, que s'il faut peser l'activité des hommes pour en indiquer la valeur, cela ne doit se faire qu'en fonction de son coefficient d'injustice, c'est-à-dire du dommage social et moral qu'elle pourrait, le cas échéant, causer.

Là aussi, il faut saluer la façon dont Catherine Kintzler a su mettre en relief un des traits principaux de la révolution rousseauiste, quand elle écrit :

> Une seule goutte de sang, une seule goutte de sueur, une seule larme d'humiliation arrachées injustement au moindre portefaix a le pouvoir de ternir la splendeur de Byzance et celle du siècle de Louis XIV[1].

Or, je vous le demande cette fois, de cette intransigeance dans le jugement, qu'avons-nous conclu depuis la mort de

1. C. Kintzler, *Condorcet, l'instruction et la naissance du citoyen*, *op. cit.*, p. 114.

Rousseau ? De son exemple, qu'a-t-on appris ? De son héritage, qu'a-t-on pris ? Il me semble que nous en avons nourri, à tout le moins, une passion pour les droits de l'homme et du citoyen. Rousseau est en effet le premier – et il restera sans doute à tout jamais le dernier – à nous avoir laissé entendre qu'il suffit d'un seul citoyen opprimé pour conclure à l'oppression de tout un peuple. Et aussi que l'universel ne révèle sa portée qu'à la condition que le singulier d'abord existe. Et enfin que si le progrès en vient à nuire à un seul être humain, il s'expose aussitôt à se discréditer lui-même, et totalement.

Récemment, dans *Relire la Révolution*, Jean-Claude Milner est revenu sur l'influence que Rousseau a exercée sur les « auteurs » de la Déclaration des droits de l'homme et du citoyen de 1789 et de 1793, donc sur l'inspiration rousseauiste des révolutionnaires français tels que Saint-Just et Robespierre. Milner commence par expliquer que si Rousseau y a joué un rôle déterminant, c'est parce que, « plus nettement que personne, il a placé le corps humain, ses passions et ses sensations au cœur de sa réflexion ». Or ce que Rousseau découvre, c'est que, même dans des conditions où, « contraint par la dureté des hommes », le sujet humain voit l'ensemble des relations sociales sombrer dans le néant, comme il en va avec ce sujet de la rêverie qu'est le promeneur solitaire, le corps demeure « porteur de liberté et de sûreté ». Et Milner de poursuivre :

> Le promeneur solitaire ne se confond pas avec le citoyen du *Contrat social*, mais il lui est coextensif. Pour isolé qu'il soit, il a des droits, qu'il peut et doit faire valoir. La liberté, Rousseau en jouit sur le lac de Bienne ; la sûreté, il en mesure le prix quand elle est menacée, ne serait-ce que par un chien qui le renverse. Ce corps qui vit et parle à son gré – liberté – sans risquer à tout instant la blessure ou la mort – sûreté –, voilà l'homme de

> Robespierre et de Saint-Just. Voilà l'homme de la Déclaration des droits, dans la première phrase reprend en écho la première phrase du *Discours sur l'inégalité* : « L'homme est né libre[1]… »

C'est là (je repense à une de vos questions précédentes) que la souveraineté de l'individu, fruit d'une décision éthique, trouve le moyen le plus sûr, je dirais aussi la chance, de recouper celle du peuple, fruit d'une décision politique, de même que la cause de l'égalité en vient à rencontrer, voire épouser, celle de la liberté.

Évidemment, il se pourrait bien que la raison veuille défendre un point de vue différent, avec son sens du calcul, son goût de la pondération, son attirance pour les équilibres majoritaires. Mais, justement, de cette arithmétique-là, Rousseau n'a jamais rien voulu savoir ; pour lui, quiconque souhaite juger des choses à l'aune de l'oppression, fût-elle celle que subirait un seul homme, ne doit pas en appeler à sa raison mais à sa *conscience* – une conscience, comme il fut aussi le seul à le penser, dont les actes ne consistent pas en des propositions sensées, mais seulement en un *sentiment* immédiat et irrépressible.

L'exemple de Rousseau permet-il de se faire une idée plus claire de ce qu'il est convenu d'appeler un intellectuel ?

Sans avoir à revenir sur la question des origines de la Déclaration des droits de l'Homme et du Citoyen de 1789, où leur influence à tous les deux s'est sûrement exercée, disons tout de même que nous devons à Rousseau et à

1. J.-Cl. Milner, *Relire la Révolution*, Lagrasse, Verdier, 2016, p. 198-199. (Milner commet ici une erreur : il ne s'agit pas de la première phrase du *Discours sur l'inégalité*, comme il dit, mais de la première phrase du chapitre 1, Livre I, du *Contrat social*.) – Voir aussi « Note 1 », *Précisions*, *infra*, p. 247 *sq*.

Voltaire, jusque dans leurs dissensions et leur âpre rivalité, d'avoir fixé, sans qu'ils l'aient décidé, les contours de la figure de l'intellectuel pour les deux siècles à venir[1]. En effet, que ce soit directement ou indirectement, les deux n'ont eu de cesse de prendre part aux grands débats socio-politiques de leur temps. Dans des styles très opposés, ils ont cherché à peser sur les changements en cours, non seulement en éclairant l'opinion publique, mais en tentant de la suggestionner par leurs écrits. Chacun à sa manière avait aussi l'oreille des puissants. Si, grâce au succès de son roman *La Nouvelle Héloïse*, la pensée de Rousseau a pénétré des milieux fort différents, un peu partout en Europe, c'est l'engouement suscité par son théâtre qui aura valu à Voltaire de rayonner dans les mêmes proportions.

Pour nous en tenir au seul Rousseau, on peut encore se rappeler que les Corses et les Polonais, au travers de certains de leurs représentants, sont allés jusqu'à lui demander de rédiger un projet de Constitution en vue d'un État futur respectueux des libertés essentielles. Mais, justement, à qui s'adressaient-ils ? Au Rousseau citoyen et politique ? Ou au Rousseau penseur et philosophe ?

Un tout petit détour va me permettre de répondre à votre question. Je tiens qu'il est de la plus haute importance, s'agissant du débat sur la fonction de l'intellectuel, de prendre appui sur un énoncé remarquable de Jean-Paul Sartre. Dans *Cahiers pour une morale*, Sartre écrit :

> Le but n'est pas de nous aimer les uns les autres, ni de nous respecter, ni de nous entraider, ni de vivre dans une

1. Sur un plan historique, la question a été traitée jusqu'à plus soif. Pour ma part, je crois nécessaire de mettre ses pas dans ceux de Paul Bénichou, dont les travaux ont fait date. Voir surtout de lui, *Le Sacre de l'écrivain (1750-1830). Essai sur l'avènement d'un pouvoir spirituel laïque dans la France moderne*, Paris, Librairie José Corti, 1985.

> société sans classes. Le but c'est ce que nous ferons quand ces conditions seront réalisées [1].

Or, pour arriver à nous aimer les uns les autres, à nous respecter, à nous entraider, à vivre dans une société sans classes, de quoi est-il besoin? De politique, voire de religion. Par contre, pour savoir – c'est-à-dire pour imaginer, puis comprendre – ce que nous ferons une fois ces conditions réalisées, il est besoin de tout autre chose : il est besoin de philosophie. Tel est, selon moi, le cadre de pensée dans lequel peut se justifier le rôle de l'intellectuel, étant donné que c'est à la charnière, à la frontière, donc à l'articulation des deux besoins nommés, et pour à la fois réduire et maintenir leur écart, que surgit son discours, celui qu'il adresse à l'opinion publique.

S'il s'en tient à ce rôle et qu'il se sent capable de le remplir honnêtement, il est important qu'un intellectuel prenne publiquement la parole. Seulement, s'il se résout à s'exprimer, il lui faut alors se rappeler qu'il a, de par la fonction qu'il occupe, un pied dans la connaissance et un pied dans l'action, un pied dans la pratique et un pied dans la théorie. Et qu'il lui faut donc, en conséquence, ne jamais sortir du domaine de *l'expérience commune*. – Si donc un intellectuel se définit et agit de la sorte, alors, oui, l'exemple de Rousseau, de cette vie marquée par le courage et l'obstination, permet, comme vous dites, de se faire une idée plus claire du rôle qu'un intellectuel devrait, en toute circonstance endosser.

L'œuvre de Rousseau est immense. On célèbre tour à tour l'amoureux de la nature, le romantique contemplatif, le pédagogue visionnaire, l'adversaire de la corruption,

1. J.-P. Sartre, *Cahiers pour une morale*, Paris, Gallimard, 1983, p. 177.

le démocrate authentique, l'inspirateur de la Révolution. Pour vous, qu'est-ce qui se tient le plus sûrement au cœur de cette pensée protéiforme ?

Kundera fait dire à un personnage de roman : « Comment vivre dans un monde avec lequel on n'est pas d'accord ? Comment vivre avec les hommes, quand on ne sait pas être des leurs [1] ? » Eh bien, ce sont là, pour moi, les questions de Rousseau, celles qu'il se pose et qu'il nous pose, celles qu'il nous importe de bien entendre – encore aujourd'hui. J'allais dire : *surtout aujourd'hui*. Ces questions sont à l'arrière-plan de sa vie comme de son œuvre. C'est que la tâche qu'il s'est donnée consiste à tenter de mettre en lumière l'inadaptation foncière de l'homme au monde dans lequel il vit : le fait qu'il a le plus grand mal à obtenir sa place en société, qu'il ne peut conquérir cette place sans faire violence à autrui et sans que cette violence ne le mette aussitôt en contradiction avec l'animal compassionnel qu'il est par ailleurs dans son essence. Rousseau nous aide également à comprendre pourquoi et comment nous sommes devenus, au cours des Temps modernes, la proie d'un narcissisme standardisé et dégradant, qui nous rend étranger à nous-mêmes en nous privant de la jouissance de notre être.

Et cependant, le plus important, je le redis, est ce qui fera toujours de Rousseau un *scandale vivant*, à savoir le fait qu'il a été le premier penseur à rattacher l'universel au principe d'égalité. En tout cas, en mettant l'accent sur « l'inégalité parmi les hommes », ce ne sont pas que les inégalités sociales et politiques que Rousseau a seulement pris pour cible : il a visé aussi une inégalité de nature idéologique. Pour lui, l'existence de l'inégalité repose

1. M. Kundera, *L'Immortalité*, Paris, Folio-Gallimard, 1993, p. 379.

secrètement sur une métaphysique fabriquée de toutes pièces, qui identifie le Tout de l'Univers à une Grande Chaîne des Êtres où ceux qui ont plus de « perfections » (mais qui juge, en fin de compte, de la nature de ces « perfections » ?) sont autorisés à *dominer* ceux qui en ont moins. Sans doute toutes les sociétés humaines sont-elles bâties sur ces différences qualitatives, mais « la nature », elle, dans son universalité de principe, les ignore complètement. La nature constitue un *ordre* tout autre, unissant l'ensemble du vivant sous un même rapport d'égalité.

Invisible, l'ordre de la nature comme vie, n'a effectivement rien de hiérarchique, ni même de stratifié. C'est un plan – un « plan d'immanence » comme le dirait peut-être Deleuze. À telle enseigne que, pour ne se fonder sur aucune différence d'être ou d'avoir, de bien ou de puissance, ce plan se trouve *sauf de tout mal*. Voilà à quelle profondeur s'enracine le fameux thème rousseauiste de la « bonté de la nature ». Il y a dans ce thème comme une puissance politique nucléaire, virtuellement explosive, qui d'ailleurs n'a pas trompé Voltaire, puisque c'est sur cette base, ou plutôt sur le dédain que la bonté naturelle a pu lui inspirer, qu'il aura décoché la plupart de ses flèches.

Cela étant, je pense pouvoir répondre plus directement à votre question. Ce qui se tient, selon moi, au cœur de la pensée de Rousseau n'aura pas été autre chose que la pensée du cœur – du cœur pensant, du cœur pensif. Cœur qui bat à un rythme que de très nombreux textes de Rousseau identifient en termes d'*expansion* et de *resserrement*[1]. Soumis au double régime de l'expansion et du resserrement, ce qui occupe le centre de toute chose est l'intelligence du cœur, l'extra-lucidité que l'affectivité fait naître en chacun.

1. Les pièces de ce dossier ont été judicieusement réunies par Henri Gouhier dans *Les Méditations métaphysiques de Jean-Jacques Rousseau*,

À cet égard, on serait de mauvaise foi si l'on niait que c'est en parfait rousseauiste que Sade déclarera, deux décennies après la mort de Rousseau, dans son *Histoire de Juliette* : « On déclame contre les passions, sans songer que c'est à leur flambeau que la philosophie allume le sien. » Quoi qu'on dise, le passionnel, qui prend sa source, comme Rousseau a cherché à le montrer, au creux du *sentiment de l'existence*, forme bien l'axe autour duquel l'homme peut enfin se tourner vers lui-même et se prendre en considération ; c'est du tréfonds de ses passions que s'ouvre et son accès à autrui et son rapport à la Nature (au sens de la *phusis*), par quoi il franchit les portes de la connaissance. À cette centralité cordiale et affective se résume le rousseauisme, par-delà son versant anthropologique. Je songe d'abord au thème qui lui aura coûté tant d'incompréhension, et autant d'inimitiés, à savoir celui de la *bonté naturelle* de l'homme ; je songe ensuite au fait que l'identification de l'âme et de l'affectivité permet d'expliquer la foi très singulière de Jean-Jacques, son attachement imperturbable à ce « Dieu de mon âme » [1] dont il cherchera à justifier l'amour, non sans commettre de nombreuses maladresses, dans la *Profession de foi du Vicaire savoyard*.

Certes, bien que né dans la religion protestante et converti très tôt, sans doute par opportunisme, au catholicisme, même si, assez vite, il voudra renouer avec la foi de son père, Rousseau n'aura eu de cesse, à l'instar de ses contemporains « philosophes », d'opposer le sentiment religieux à l'institution religieuse. Seulement, pour lui, il ne suffisait pas d'autonomiser le religieux par rapport au

Paris, Vrin, 1984 (2ᵉ éd.), p. 107-117. J'en ai proposé une interprétation dans *Rousseau : une philosophie de l'âme*, Lagrasse, Verdier, 2008, notamment p. 120-125 ; 277-282 ; 320-326.

1. E, 608.

clergé, il fallait encore en dévoiler la principale raison d'être, qui est d'assurer l'approfondissement de l'amour de soi en amour de l'ordre – lequel ordre est précisément celui de la nature où, pensait-il, le « prochain », sur base compassionnelle, a toute sa place.

Ainsi, en élaborant sa doctrine, Rousseau met un terme au lourd conflit du Grand Siècle – ce siècle qui s'est achevé tard, en 1715, à la mort de Louis XIV. Avec lui, l'homme ne se sent plus écartelé entre la nature et la grâce ; l'homme n'a pas non plus à prétendre à se réconcilier avec la nature, comme y aspirent les « matérialistes » de son temps ; avec Rousseau, l'homme devient le site de l'autorévélation de la nature. D'une certaine façon, pour Rousseau, la nature – donc aussi bien le naturel – c'est la grâce [1].

Mais rarement un philosophe a été aussi controversé. Rousseau suscite de la jalousie et du dégoût, de l'antagonisme et de l'aversion, même aujourd'hui. D'après vous, pourquoi tant de haine ?

De la haine, il y en a eu, en effet, et il y en a encore à doses massives. À chaque génération cette haine a trouvé une raison différente de se déchaîner. Les raisons sont presque toujours relatives à l'incidence politique de sa doctrine. Le « C'est la faute à Rousseau » est devenu un refrain convenu, repris en chœur, et avec délice, par tous ceux qui, déplorant le nouveau monde issu de la Révolution,

1. Je rends ainsi hommage à la forte intuition d'Henri Gouhier ; *cf. Les méditations métaphysiques de Jean-Jacques Rousseau*, *op. cit.*, p. 44-47. Il va sans dire que si la nature est la grâce, l'artificiel ne saurait être autrement que disgracieux. C'est d'ailleurs sur ce principe que repose l'esthétique musicale de Rousseau et singulièrement la primauté qu'il accorde à la mélodie dans son rapport à l'harmonie.

cherchaient un bouc émissaire d'autant plus facile à condamner qu'il n'y était lui-même directement pour rien.

Et cependant, pour en arriver là, il aura fallu transformer cette pensée de la liberté en une idéologie accusatrice, et cette idéologie accusatrice en un catéchisme de la terreur. La liste est longue de ces interprétations qui ont occulté la pensée cordiale de Rousseau. Alors, me demanderez-vous, Rousseau c'est qui, ou plutôt c'est quoi, au juste ? Je dirai : c'est, au choix ou tout ensemble, une origine modeste, une ascension fulgurante, une ambition ardente, une indépendance ombrageuse, un talent vertigineux, une pensée créatrice de très nombreux clivages, une influence tous azimuts, une poésie de toute beauté, un styliste incomparable, le concepteur d'un genre de vie proprement inouï, une affirmation absolue de sa singularité, une autojustification et une autoflagellation permanentes ...

Souffrez toutefois que je privilégie dans cette liste non exhaustive, ainsi que parmi tous les autoportraits, et Dieu sait s'il en existe, que Rousseau a livrés au public, une toute petite phrase que Rousseau aura glissée dans une lettre adressée à Malesherbes, où il se reconnaît un « indomptable esprit de liberté que rien n'a pu vaincre, et devant lequel les honneurs, la fortune et la réputation même ne [lui] sont rien »[1] ... Est-ce suffisant pour engendrer de la haine tout autour de soi ? Je laisserai volontiers à chacun le soin de répondre.

On a dit que la haine qu'il a suscitée à son endroit n'était que la conséquence de la haine qu'il avait d'abord vouée à ses contemporains. Mais enfin, qu'en est-il de cette haine ? C'est l'analyse prodigieuse qu'il propose du *Misanthrope* de Molière qui contient la seule réponse

1. LAM, 1132.

possible ; voici de quelle façon il transparaît derrière l'explication du personnage :

> Qu'est-ce donc que le Misanthrope de Molière ? Un homme bien qui déteste les mœurs de son siècle et la méchanceté de ses contemporains ; qui, précisément parce qu'il aime ses semblables, hait en eux les maux qu'ils se font réciproquement et les vices dont ces maux sont l'ouvrage. S'il était moins touché des erreurs de l'humanité, moins indigné des iniquités qu'il voit, serait-il plus humain lui-même ? Autant vaudrait soutenir qu'un tendre père aime mieux les enfants d'autrui que les siens, parce qu'il s'irrite des fautes de ceux-ci, et ne dit jamais rien aux autres. [...] Ce n'est donc pas des hommes qu'il est ennemi, mais de la méchanceté des uns, et du support que cette méchanceté trouve dans les autres. S'il n'y avait ni fripons ni flatteurs, il aimerait tout le monde (LA, 34-35).

Alors, que la haine nourrie contre Rousseau puisse perdurer encore aujourd'hui, cela, je vous l'avoue, me dépasse complètement. Et pourtant, pour ne pas vous décevoir, je me risquerai à une légère explication, de type socio-psychologique. Revenons un instant, je vous prie, à l'enjeu de la rupture avec les encyclopédistes, lesquels, comme on sait, faisaient bloc derrière Voltaire. Cet enjeu, Rousseau l'a circonscrit dans un manuscrit de *L'Émile* par cette formule à très forte portée ontologique :

> Parmi nous, chaque homme est double. La nature agit en dedans, l'esprit social se montre en dehors (E-1, 57).

Parmi nous : c'est-à-dire dans cette société de privilèges, de privations et de faux-semblants où tous ceux qui, pour se placer sous la tutelle de la raison, se proclament « civilisés », mais qui ne sont, à y regarder de plus près, que des

« barbares » en perruques. C'est que depuis que la raison comparatiste et évaluatrice a défini notre humanité (l'homme, répète-t-on à l'envi, est un animal rationnel), nous voici comme dédoublés, c'est-à-dire divisés d'avec nous-mêmes et, ainsi, partagés entre deux ordres assez mal assortis : la nature d'un côté, l'esprit social de l'autre.

Or, fort de cette boussole intérieure, voilà que Rousseau a inventé en quelque sorte un *exercice critique* permettant de mesurer pourquoi et comment les hommes en arrivent à prêter le flanc aux conditions perverses de la *distinction sociale*. Mais dans son propre cas, cet exercice est allé très loin : constatant que le besoin de se distinguer par rapport à tout autre était exigé par un mode de vie typique des sociétés modernes, il accepta de s'expliquer durement avec l'ensemble des conditions qui rendent possible, voire légitime, ce mode de vie. Et c'est cela, alors, qui l'a entraîné à s'aliéner toutes les personnes qui tiraient de ce mode de vie, au quotidien, un bénéfice aussi bien réel que symbolique, c'est-à-dire, en fait, presque tout le monde ! Et depuis, voyez-vous, ça continue. Parce que son monde est encore, pour une part, le nôtre. Déjà de son vivant, Rousseau en avait payé le prix fort, au point que peu de temps avant de mourir, il lui avait fallu admettre, oscillant entre chagrin et soulagement, que « le plus sociable et le plus aimant des humains » – lui-même – avait fini par être « proscrit » de la société des hommes « par un accord unanime » [1]. Toutefois, pour nous, si Rousseau a encore tant de choses à nous dire, c'est en raison même de cette exclusion, et depuis le fond de cette incomparable solitude.

1. R, 995.

CHAPITRE PREMIER

LA QUESTION DE LA VIE ÉTHIQUE

(Sur la maxime fondamentale de Rousseau)

Dans une lettre adressée à Mirabeau, en date du 31 janvier 1767, Rousseau affirme que « quiconque est bon pour soi l'est, par quelque côté, pour autrui ». Ainsi exprime-t-il son intime conviction que le comportement *moral* d'un individu (être bon pour autrui) trouve son assise la plus solide dans son éventuelle conduite *éthique* (être bon pour soi). C'est là, de sa part, une décision philosophique fondamentale, qui s'inscrit, de fait, à l'intérieur d'une tradition de pensée qui remonte à l'antiquité grecque. Mais c'est surtout à la totalité de son œuvre que Rousseau assigne ainsi la mission de dégager ce que pourrait vouloir dire *être bon pour soi*. Et ce qu'il cherche à dire est en substance ceci : être bon pour soi cela consiste avant tout à assurer les conditions de sa *liberté naturelle* – laquelle commande par ailleurs, sous peine de se heurter à une contradiction ruineuse, de respecter celle d'autrui.

Peut-être, d'un point de vue politique, convient-il de soutenir, de conforter, de garantir la liberté de l'homme, ce qui ne saurait se faire qu'au prix d'une transformation complète des tenants et des aboutissants de l'existence humaine. Car même si, dans *Du Contrat social*, après avoir brièvement posé la question de l'essence de la liberté, Rousseau s'est résolu à ne pas en traiter, le propos étant de philosophie politique et non de métaphysique, il nous est tout de même donné d'en comprendre quelque chose de capital au chapitre VIII du livre I, intitulé « De l'état civil » :

> Ce que l'homme perd par le contrat social, c'est sa *liberté naturelle* et un droit illimité à tout ce qui le tente et qu'il peut atteindre ; ce qu'il gagne, c'est la *liberté civile* et la propriété de tout ce qu'il possède. Pour ne pas se tromper dans ces compensations, il faut bien distinguer la liberté naturelle qui n'a pour bornes que les forces de l'individu, de la liberté civile qui est limitée par la volonté générale ; et la possession qui n'est que l'effet de la force ou le droit du premier occupant, de la propriété qui ne peut être fondée que sur un titre positif. On pourrait, sur ce qui précède, ajouter à l'acquis de l'état civil la *liberté morale*, qui seule rend l'homme vraiment maître de lui ; car l'impulsion du seul appétit est esclavage, et l'obéissance à la loi qu'on s'est prescrite est liberté. Mais je n'en ai déjà que trop dit sur cet article, et le sens philosophique du mot liberté n'est pas ici de mon sujet (CS, 364-365).

Toutefois, au livre IV de l'*Émile*, Rousseau avait déjà noté : « Le premier de tous les biens n'est pas l'autorité, mais la liberté » ; et à propos de cette liberté si précieuse, il avait aussitôt précisé :

> L'homme vraiment libre ne veut que ce qu'il peut, et fait ce qui lui plaît. Voilà ma maxime fondamentale (E, 309).

Étonnante maxime. Rousseau serait-il l'ancêtre des libertaires ? le précurseur des anarchistes ? Bien sûr que non. Et pourtant la liberté, au sens premier de l'indépendance, au sens d'un ne-dépendre-que-de-soi-même, semble bel et bien définir l'alpha et l'oméga d'une existence *authentique*. Et la maxime qui affirme cela est expressément qualifiée de fondamentale, ce qui suggère assez qu'elle est, d'une certaine façon, imprescriptible. En tout cas, ce qu'il convient pour nous de faire, c'est de tenter de l'expliquer, c'est-à-dire de déployer toutes ses significations et d'en mesurer la portée doctrinale. Or le moins qu'on puisse dire à ce sujet, c'est que son énonciation éveille immédiatement le soupçon. Être libre, être « vraiment libre », est-ce uniquement pour un homme faire ce qui lui plaît ? Heureusement, Rousseau ne se sera pas contenté d'une formule aussi triviale : il a aussi pris soin de la faire précéder d'une condition restrictive, relative à la *limitation* de la volonté humaine ; il a posé en toute connaissance de cause que « l'homme vraiment libre *ne* veut *que* ce qu'il peut ». Est-ce à dire qu'en bornant sa volonté, en la contenant dans les limites de sa puissance d'agir, et en contrôlant l'expression de son vouloir-faire, en maîtrisant ses agissements, ou bien encore en jaugeant ses désirs à l'aune de la réalité de sa puissance, du Je-peux, comme Husserl l'aurait dit, l'homme en viendrait à accéder à sa liberté « véritable » ?

Pour être d'une importance majeure, les premiers textes qui viennent d'être cités n'en accumulent pas moins les difficultés de compréhension, surtout à l'endroit où Rousseau indique qu'il existe trois modes (ou trois régimes) de la liberté humaine – la liberté naturelle, la liberté civile et la liberté morale – et que ces trois genres de liberté ne sont pas forcément toujours (ni forcément d'emblée) en accord les uns avec les autres.

Il n'empêche : dire que la liberté se décline naturellement, civilement (c'est-à-dire socialement et politiquement) et moralement, suggère déjà qu'elle est, dans son essence, fonction du « lieu humain », disons mieux : du *site anthropologique*, où il arrive à chaque fois qu'elle s'exerce : dans l'état de nature, dans l'état civil, et selon une destination morale qui participe en tout dernier ressort des deux, du naturel autant que du civil, puisque, comme le disait également Rousseau, et c'est là encore un des axiomes de base de sa doctrine philosophique, « l'art qui peut déguiser, plier, étouffer même la nature ne peut la changer tout à fait »[1].

Par « liberté naturelle » Rousseau entend la liberté de *l'homme à l'état de nature* – cet état que l'art et la culture, le savoir et les techniques, ne peuvent jamais changer tout à fait, même si, d'une certaine manière, dans l'état dit « de société », ils le recouvrent au point de le rendre imperceptible. S'agissant des caractéristiques de l'homme naturel, nul, il est vrai, ne saurait prétendre à première vue qu'elles

1. *Cf.* E-1, 57. En marge de ce propos, j'attire rapidement l'attention sur le fait que si le sens (à certains égards aporétique) de la liberté *civile* fait l'objet du *Contrat social*, le sens des deux autres modalités de la liberté (*naturelle* et *morale*) ne peut que s'avérer problématique pour le lecteur du *Contrat social* qui n'aurait pas lu de près le reste de l'œuvre. Cela dit, je ne m'engagerai pas, dans le cadre de cette première étude, à expliciter les enjeux relatifs à la liberté dite civile. Car en plus du fait que le traitement de la liberté civile et de la liberté morale qu'appelle l'extrait tout juste entendu du *Contrat social* exigerait un développement qui la déséquilibrerait, il se trouve que la liberté civile, pour autant qu'elle concerne le « peuple » et caractérise sa « souveraineté », ne saurait éclairer que de façon très indirecte la « maxime fondamentale » de Rousseau qui a été rappelée au commencement et a trait uniquement à la *sagesse* que Rousseau espérait atteindre pour lui-même. En revanche, que cette sagesse atteste l'existence de la liberté dite *morale* suppose, bien sûr, que l'on en parle, ce que nous ferons également un peu plus loin. Quant à l'analyse de la liberté civile, celle dont se soutient l'existence politique, elle fait l'objet de la deuxième étude contenue dans le présent essai.

témoignent de l'originalité de Rousseau. Rousseau n'est ni le premier ni le dernier à avoir portraituré cette figure hypothétique. Pourtant, il est capital de souligner d'entrée de jeu que l'homme naturel, contrairement à ce qu'il représente à la même époque pour les théoriciens du droit naturel, symbolise pour Rousseau la forme sous laquelle se manifeste l'essence originelle de ce qu'il appelle, *lui*, la nature.

Qu'est-ce donc que la nature *selon Rousseau*? « Nature » est évidemment un mot dont on aura, de tout temps, usé et abusé, et auquel nul ne peut prétendre raisonnablement assigner une signification unique, voire univoque, sauf qu'il s'agit là de quelque chose d'*universel*, de *toujours et déjà donné*, voire d'*originel* sur lequel nous ne pouvons chaque fois, ici et maintenant, que nous *retourner*, ou *faire retour*. La nature n'est pas ce que nous produisons de nous-mêmes et par nous-mêmes ; elle est ce dont, à un certain égard, nous sommes nous-mêmes le produit. Elle est ce à l'horizon de quoi notre existence historique se détache. Horizon (car inatteignable comme tel) de manifestation qui se déploie indépendamment et avant toute prise de conscience. Horizon d'antécédence sur fond duquel le monde, soit tout ce qui existe, à chaque fois se détache ; horizon absolu qui ne relève pas de l'existant, mais dont l'existant, lui, relève comme de son existence même, toujours à lui donnée malgré qu'il en ait, c'est-à-dire sans qu'il l'ait jamais décidé. Plan sur lequel nous sommes toujours et déjà posés ou situés en tant qu'êtres existants, présents à la fois au monde et à nous-mêmes.

Et cependant, outre cette définition commune, Rousseau n'en affirme pas moins son originalité en se proposant de développer jusqu'à ses ultimes conséquences une intuition unique et radicale, qu'il a un jour résumée dans une lettre importante de la façon suivante : « […] la nature, c'est-à-dire le sentiment intérieur … » [1].

Nature, cela veut donc dire en général : ce qui est toujours et déjà donné. Mais ce qui est toujours et déjà donné doit être donné *à soi* ; or, pour Rousseau, ce qui est toujours et déjà donné à soi est le *sentiment intérieur*. Voilà pourquoi dans cette œuvre l'absolu originel, fondamental, principal, l'essentiel en toute dernière instance désigne l'affectivité (« sentiment ») et sa condition d'être : l'immanence (« intérieur »). Affectivité + Immanence = Nature : telle est, pour l'exprimer de manière algébrique et concise, l'équation en fonction de laquelle doit être circonscrite la position philosophique fondamentale de Rousseau – position selon laquelle l'origine (et non la cause) de toute chose, c'est-à-dire non pas le principe de sa composition matérielle et objective, mais celui de son *immédiate manifestation*, a pour unique et véritable nom : le sentiment intérieur.

Qu'est-ce que le sentiment intérieur ? C'est l'immanence par excellence. Car il s'agit là d'un sentiment qui n'a de rapport qu'à *lui-même*. Qui est donc sentiment *de soi*, c'est-à-dire tout le contraire d'une hétéro-affection. Le sentiment ne dépend pas de quelque chose d'extérieur à lui-même, d'un affectant autre que son propre pouvoir d'être affecté. Il désigne, en d'autres termes, une auto-affection en laquelle l'affectant et l'affecté sont, par principe et par définition, les mêmes. Aussi est-ce en toute logique que Rousseau appelle cette auto-affection indifféremment *sentiment de soi* ou *sentiment de l'existence*, laissant entendre par là qu'il n'y est pas question d'un sentiment que l'homme, comme être à la fois psychiquement et physiquement constitué, pourrait avoir de sa propre

1. Lettre à Vernes, datée du 18 février 1758, *CC* V, 32.

existence (si tant est, bien sûr, qu'il ait les moyens de s'en saisir à la manière d'un « objet »), mais bien plutôt – la nature, en son « pur mouvement »[1], n'étant rien d'objectif ni de substantiel – du sentiment que l'existence elle-même et comme telle éprouve sans cesse, et indiciblement, à l'égard de soi, ainsi que l'atteste la variété de ces tonalités de fond, susceptibles chaque fois d'être différenciées, qui transissent de part en part, et à tout moment, l'individu existant, désirant et agissant.

Voilà à quelle nuance cruciale (celle qui permet de distinguer le niveau de l'hétéro-affection du plan de l'auto-affection) Rousseau renvoie lorsqu'il déclare que « la source de nos passions, l'origine et le principe de toutes les autres, la seule qui naît avec l'homme et ne le quitte jamais tant qu'il vit est *l'amour de soi* »[2]. Si toute passion se sent, ce se-sentir de la passion ne saurait être autre chose que son origine et son principe mêmes. Quand origine et principe font un, font corps, alors le seul mot qui vient à l'esprit est celui de « structure ». C'est pourquoi l'on dira de l'amour de soi, qu'il définit la structure de la sensibilité en général, peu importe que cette sensibilité se modalise chaque fois sous la forme d'une *sensation* ou d'un *sentiment*. L'amour de soi est le nom que Rousseau donne à la structure de tout ce qui est senti, ou pour mieux dire : de tout ce qui se sent. « Amour de soi », expression que Rousseau emprunte à une longue tradition par rapport à laquelle il ne déroge pas moins, désigne alors chez lui la *présence à soi*, mieux : l'*attachement à soi*, l'*être-en-possession-de soi*, bref, l'étreinte intérieure et indéfectible du se-sentir qui donne à toute modalité de la sensibilité (sentiment ou sensation) la possibilité de se sentir et, partant, d'être sentie.

1. DOI, 155.
2. E, 491.

À ce titre l'amour de soi ne constitue rien de moins que l'essence même du *vivre*. D'où le fait que Rousseau l'appelle également « le premier principe de l'âme »[1] : principe qui se confond avec le sentiment de l'existence, ce sentiment que l'existence a constamment d'elle-même et qui atteste, pour chacun d'entre nous, qu'il est bel et bien *en vie*.

On sait que le mot de *nature* vient du latin *natura*, substantif du verbe *nascor*, qui veut dire naître. La nature est le natif, ce avec quoi, dans quoi et comme quoi l'on naît. Or c'est justement le verbe *naître* que Rousseau emploie dans la dernière citation, de sorte que c'est à lui qu'il faut rattacher le sens conceptuel du mot *nature* chez Rousseau. C'est dans, mais c'est aussi avec le sentiment intérieur que nous naissons constamment à la vie, que nous devenons présents au monde, que nous sommes sans cesse entraînés à désirer, agir, penser, aimer, parler. Dans son unicité autant que dans ses variations, ce que le sentiment intérieur reflète, c'est le Fond affectif de la vie. Le Fond affectif de la vie, tel est proprement le natif. Et il se reconnaît principalement en ce que l'amour de soi demeure inéliminable de tout ce qui « pose » un être vivant, parlant et désirant, dans la vie qui est la sienne ; il se reconnaît, autrement dit, dans le fait que tout, dans la subjectivité humaine, a rapport à l'amour de soi, à ses avatars comme à conséquences, au premier rang desquels il faut placer la persévérance dans son être, l'instinct de conservation, la compassion, l'amour-propre et le désespoir[2].

1. *Cf.* DOI, 125-126.

2. Le désespoir est toujours au bout du compte désespoir quant à soi. Même quand on désespère de quelque chose, on désespère de ne pas atteindre soi-même à ce quelque chose, ou de l'avoir au contraire atteint. Le désespoir est une force exacerbée du fait que l'on a *maille à partir* avec soi, soit parce que l'on s'aime trop, soit parce que l'on se déteste.

Cela étant, quand on saisit que cette essence de la nature comme sentiment intérieur, comme Fond affectif de la vie, se manifeste toujours et déjà en faisant « naître à lui-même » un individu vivant, quand on se rend compte également que c'est précisément à cause de cette condition naturelle et native que cet individu se trouve privé, en tant qu'individu vivant justement, de la possibilité de dévoiler sa « nature » (le Fond affectif de sa vie) au-dehors, dans l'extériorité du monde visible, au regard de tous, en tant qu'il est membre d'une société donnée, etc., – quand on comprend

Ainsi, du désespoir l'amour de soi apparaît comme *l'envers* (ce pourquoi il ne le supprime en rien), alors que l'amour-propre, lui, en est bien plutôt le *contraire* (ce pourquoi il en produit la quasi-annulation).

Ces nuances terminologiques ne souffrent pas l'à-peu-près, elles appellent un discernement aussi rigoureux que possible : c'est pourquoi j'ai tenté de les ajuster à la mesure du concept dans *Supériorité de l'éthique* notamment (Paris, Champs-Flammarion, 2007), livre auquel je me permets de renvoyer le lecteur qui souhaiterait un surcroît d'explication.

En dépit de la complexité des phénomènes relatifs à la subjectivité et aux retournements du sujet sur lui-même, il n'en demeure pas moins possible de présumer que le Fond affectif de la vie tient tout entier, et en dernier ressort, à la constitution d'être suivante : à l'instant où le Soi jouit de soi, et il ne jouit de soi que dans l'instant, c'est-à-dire à chaque fois que le Soi est lui-même, *il ne saurait y avoir pour lui d'espoir* d'être un autre que soi. Sauf, justement, dit Rousseau, par voie de *dénaturation*. Cette dénaturation – contradiction au-dedans, aliénation au-dehors – est chaque fois rendue possible par des motifs aussi bien exogènes qu'endogènes à la nature comme vie. Nous y reviendrons. Bornons-nous pour l'instant à prendre en compte ceci : l'amour de soi et le désespoir sont le même sous le rapport de l'ipséité, sauf que le premier dit positivement ce que le second dit négativement, ces deux adverbes étant pris dans le sens de la *tonalité* (pénible ou agréable, douloureuse ou jubilante) propre au sentiment de l'existence. Autant dire que le Fond affectif de la vie se reconnaît également à ce qu'il est impossible pour quelque vivant que ce soit, que l'amour de soi ne *se retourne* pas en désespoir ou que le désespoir ne *se retourne* pas en amour de soi, ces deux côtés d'une même bande formant le plan d'immanence de la nature comme vie. – Voir « Note 2 » et « Note 3 », *Précisions*, *infra*, p. 249 *sq.* et p. 253 *sq.*

tout cela, alors on commence à prendre la mesure de l'approche rousseauiste, c'est-à-dire à se mettre au clair sur ce qui fait son originalité. Cette approche si singulière et si originale repose en effet tout entière sur la conviction qu'il importe toujours de distinguer deux *modes d'apparaître irréductibles l'un à l'autre* : l'un, intérieur et invisible, appelé « nature », l'autre, extérieur et visible, appelé « esprit social » [1].

Une telle duplicité des modes d'apparaître n'est pourtant pas la seule découverte de Rousseau. Si elle marque à coup sûr le point de départ de sa réflexion, elle l'a aussi conduit à une *deuxième* intuition, dont la diversité de l'œuvre découle entièrement. Tout porte à croire en effet que la duplicité des modes d'apparaître entraîne la dualité des modes d'être. Parce qu'on se manifeste autrement à l'intérieur et à l'extérieur de soi, on devient à l'extérieur de soi *autre* que ce que l'on est toujours et déjà à l'intérieur de soi. C'est cette dualité des modes d'être qui dessine la ligne de démarcation séparant « l'authenticité » de l'existence de son « aliénation ». Mais pour Rousseau, cette séparation elle-même se soutient d'un rapport à la fois génétique et dynamique, puisque, dit-il, « plus l'intérieur se corrompt et plus l'extérieur se compose » [2]. Telle est sa *troisième* grande intuition aux plans éthique et moral.

Renonçons, pour l'instant, à aller plus loin dans l'exposition des soubassements de la doctrine. Les remarques qui viennent d'être consignées devraient suffire pour aborder frontalement la question de la liberté dite naturelle.

1. *Cf.* E-1, 57.
2. A-DSA, 73.

Dans l'œuvre de Rousseau le développement de la question de la liberté naturelle occupe une bonne partie du *Discours sur l'origine et les fondements de l'inégalité parmi les hommes*. Comment en traite-t-il exactement ? Par essence, la nature (comme horizon absolu ou plan d'immanence) se trouve préalablement donnée à cette figure particulière du vivant que Rousseau aborde sous le nom d'« homme de la nature ». Cette donation préalable, Rousseau l'envisage d'emblée sous la rubrique de la constitution physique ou de la disposition corporelle. Le corps d'un individu vivant, le corps « à l'état primitif », comme dit Rousseau, est le lieu où se manifeste de prime abord la nature comme Fond affectif de la vie. Cela veut dire que le pouvoir d'agir et de se mouvoir de l'individu vivant lui est non seulement affectif de part en part, mais encore immanent. C'est ainsi que « l'homme naturel », ne pouvant mettre son corps *à distance de soi*, soit pour l'observer, soit pour s'en servir comme d'un instrument, apparaît tout entier immergé dans la puissance corporelle qu'il détient ou, plutôt, qu'il *est*, puissance que son corps déploie chaque fois « à l'occasion », c'est-à-dire selon ses besoins spécifiques. Là est la raison pour laquelle l'homme de la nature peut être dit identique à son « corps ». Mais quel corps ? Ce corps que l'individu vivant éprouve *comme le sien*, nul ne l'appréhende jamais comme on appréhenderait une « substance étendue », *partes extra partes*. Il s'agit donc du corps charnel, ou du corps subjectif, qui s'éprouve vivant dans la vie, et cela sans qu'il ait jamais à s'objectiver dans aucune de ses divisions organiques, puisqu'il ne cesse justement de *se sentir soi-même* en chaque point de son être à la seule faveur de l'épreuve que font d'eux-mêmes ses propres *pouvoirs* ou ses propres *facultés*.

Pour saisir ce type d'incarnation, il convient évidemment de se méfier du langage en général, et en particulier de celui que Rousseau emploie dans le second *Discours*. En effet, quand il écrit que « le corps de l'homme sauvage [est] le seul instrument qu'il connaisse », et qu'il « l'emploie à divers usages » [1], il entend suggérer que c'est seulement dans la mesure où il ne joue pas pour lui-même – à l'état de nature – le rôle d'un instrument, que ce corps peut toujours nous apparaître à nous – êtres « civilisés » se tenant pour ainsi dire à l'extérieur d'eux-mêmes – comme le seul instrument dont l'homme naturel puisse être en possession. Preuve en est que son poignet, servant, d'après l'exemple que prend Rousseau, à briser des grosses branches, n'équivaut pas pour autant à une hache, c'est-à-dire à une « chose » dont on se servirait à distance, objet distinct de soi et utilisable une fois qu'un certain usage de la réflexion a été fait en vue de s'en servir … Comme l'exprime en effet une proposition fondamentale dont il faut dès à présent souligner l'importance, « l'état de réflexion est un état contre nature » [2]. Ce qui revient à dire que la naturalité de l'homme naturel se développe antérieurement à la levée d'un horizon réflexif, lequel est toujours ultimement l'horizon d'un monde de fins et de moyens. Ou bien encore que la vie, en son acception « primitive », c'est-à-dire auto-affective, est une « donnée » immédiate et immanente, qu'elle se déploie, en son *pur mouvement*, en dehors de toute extériorité, c'est-à-dire à l'intérieur non du monde, mais de soi-même – ce pourquoi elle ne saurait connaître ni fins, ni moyens, et *a fortiori* encore moins la délibération qui les mettrait en relation. Voilà pourquoi, lorsque le « sauvage » s'emploie à casser des branches, ce n'est jamais son poignet en tant que tel

1. DOI, 135.
2. DOI, 138.

(en tant que « membre » plus ou moins autonome de son corps organique et objectif) qui s'y porte tout d'abord : c'est bien plutôt le corps dans son ensemble, dans sa *puissance d'agir* incommensurable et diffuse, qui déploie alors sa force sans solution de continuité. Voilà surtout comment le corps naturel et vivant peut se permettre d'ignorer, dans l'exercice de sa puissance d'agir, donc dans l'expression même de sa vitalité, l'ouverture d'une dimension ontologique où le dénombrement des membres et des organes et l'identification de leurs fonctionnalités respectives seraient connus, reconnus et utilisables comme tels. Voilà enfin en quoi le corps « à l'état primitif » peut être dit « inconscient », « instinctif », « sauvage », « primaire » : il est, selon les propres termes de Rousseau dans le second *Discours*, sans cesse tout entier, et en tout point de sa chair, vivant « en lui-même » [1], ou, comme Rousseau le dit ailleurs, il est « tout pour lui-même » [2].

C'est précisément en tant qu'il est en lui-même et tout pour lui-même, que le corps se montre capable d'être « toujours prêt à tout événement » [3]. Autrement dit, ce qui rend le corps sans cesse disponible, c'est la *puissance* qu'il détient et qui lui donne le *pouvoir* d'entrer constamment *en possession de soi*, de ce « soi » qu'il éprouve précisément comme ce qui lui est toujours et déjà donné, au titre de sa nature. La nature définit ainsi la possibilité incessante de tout un chacun de disposer de soi. La première de ces *disponibilités* est celle du corps ; le corps est le mode premier (« primitif ») de la *disposition* de soi, laquelle disposition de soi est le mode originel sur lequel s'éprouve le sentiment de l'existence.

1. DOI, 193.
2. E, 249.
3. DOI, 136.

C'est dire que l'activité et la réactivation incessante du corps procèdent d'une Puissance intérieure à laquelle Rousseau, comme je l'ai indiqué, donne le nom de « premier principe de l'âme » et qu'il identifie à l'*amour de soi*, cette « passion primitive, innée, antérieure à tout autre, et dont toutes les autres ne sont, en un sens, que des modifications », selon la précieuse précision qu'il nous donne dans l'*Émile*[1].

Il existe certaines notations de Rousseau dont on aurait raison de penser rétrospectivement qu'elles pourraient apporter de l'eau au moulin d'une phénoménologie du « corps absolu », corps de chair dont l'essence se distingue réellement de la couche constituée du « corps propre », corps de chair qui joue même vis-à-vis du corps propre le rôle essentiel de *nature constituante* – une nature en tout point identique à la *vie* pour autant qu'elle « anime » le corps propre, qu'elle en est donc *l'âme* (s'il est vrai que depuis Platon, la philosophie appelle *âme* « ce qui se meut soi-même », ce qui jouit donc d'un pur mouvement, au sens où Rousseau lui-même emploie cette expression[2]). Parmi ces notations, il y a celle qui souligne *l'avantage* que détient le corps de l'homme sauvage sur celui de l'homme civilisé. Alors que l'homme civilisé ne cesse de s'objectiver son corps propre comme s'il n'appartenait guère au règne du vivant, ou plutôt comme si lui-même n'appartenait pas à la subjectivité de son propre corps, de sa propre « nature », l'homme sauvage, lui, ne se représente jamais son corps, il l'éprouve immédiatement *en* lui-même – et comme le *tout* de ce qu'il est. Tel est son insigne avantage – lequel lui vient donc de ce que le corps vivant « se porte, pour ainsi dire, toujours tout entier avec soi »[3].

1. E, 491.
2. *Cf.* DOI, 155.
3. DOI, 136.

Remarque sans précédent, s'il est vrai que ce qu'elle vise n'est rien de moins que ceci : que la vie affective du corps – cette vie qui en définit toute la réalité charnelle, qui répond de son incessante présence à soi, de son irrécusable auto-donation – ne se manifeste qu'à la faveur de la prise de possession toujours déjà exercée de sa *puissance d'agir*.

Ainsi, il y a, d'une part, la puissance d'agir – identifié au corps –; et d'autre part l'animation, c'est-à-dire la mobilisation de cette puissance d'agir, soit son entrée-en-possession permanente et absolue de soi – identifiée à l'âme. Dans l'âme consiste (au sens de : prend consistance, tient sa consistance de ...) l'essence originelle du corps, sa subjectivité, la possibilité qui lui est sans cesse donnée d'être à l'écoute de ses besoins, de développer ses facultés comme elle l'entend, de chercher à satisfaire ses désirs, bref, de répondre à l'événement quand il survient. Quant au monde extérieur auquel ce corps ne cesse de « se rapporter » par le truchement de ses pouvoirs, et à tout ce qui « arrive » dans ce monde sous forme de circonstances, d'accidents et d'obstacles, ils sont tout aussi originellement donnés au corps que le corps est donné à lui-même, mais ils sont alors donnés non pas à des organes, à des nerfs ou à des sens, lesquels réagissent par la médiation d'actes spécifiques et déterminés, mais à cette puissance d'animation (« l'âme ») qui est seule à même de faire naître chacun à sa subjectivité, c'est-à-dire à lui-même. L'âme est puissance transcendantale : elle soutient l'effectuation de la puissance d'agir en donnant à celle-ci la possibilité de s'emparer d'elle-même et ainsi de s'exercer. À quoi il faudrait ajouter que c'est justement dans la mesure où la puissance d'animation du corps vivant s'effectue antérieurement à toutes les facultés en acte et à tous les désirs particuliers qu'il lui appartient à l'occasion de mettre en œuvre, et dans la mesure aussi où cette puissance subjective (« sauvage » ou « instinctive », comme dit Rousseau) n'arrive jamais, du fait de son immanence principielle, à s'objectiver, à se manifester à la lumière du monde, – c'est pour ces deux raisons à la fois que le monde peut apparaître sous les traits d'une *altérité*, comme ce *milieu étranger* dans lequel le corps trouve un « terme » au rayonnement de sa puissance intrinsèque, au déploiement de ses forces. Car c'est à ce « terme » non encore posé comme tel par une conscience intentionnelle, que les pouvoirs du corps vivant ne cessent de se heurter. Un heurt qui témoigne d'une certaine *limitation* à partir de laquelle s'ordonne la manifestation de « l'extériorité » ; une butée qui, d'un point de vue généalogique, correspond au point-source de l'émergence du monde. Autrement dit, le monde ne se déploie pas à partir d'un centre de perspective, mais à partir d'un point de butée corporel : il « commence » là où quelque chose résiste aux pouvoirs agissants du corps.

Ce terme, point d'origine de l'extériorisation de l'extériorité, est celui que Maine de Biran, quelques décennies plus tard, identifiera sous le nom de *continu résistant.* Il résulte de ce que le corps subjectif et vivant, confronté à une première résistance, ne peut faire autrement que d'éprouver en retour la limite de sa capacité d'agir. Cette limite est comme sa mesure intrinsèque. Limite mobile, mesure variable, mais qui n'en demeurent pas moins, pour lui, indices de finitude. Il y a en effet un point à partir duquel le corps ne peut plus agir, ne peut plus rien faire, ne peut plus rien. Il existe pour n'importe quel corps un point de butée, où se révèle en un éclair l'impossible. Cet impossible n'est pas seulement formé de choses visées mais se tenant hors de portée. Il est aussi formé de ce qui excède ses forces, étant entendu que ce qui excède ses forces est *inhérent* à ces même forces. Ainsi, la première résistance, pour le corps, est-elle : lui-même. Nous verrons plus loin comment. Pour l'instant, n'en concluons pas qu'il est possible de quantifier ces forces, quand bien même il appartiendrait au corps d'être le plus souvent au fait de ses capacités. Disons en outre que de même qu'il est impossible de quantifier ces forces, de même il est impossible de hiérarchiser les êtres uniquement en fonction des forces qu'ils détiennent. Au plan de la nature, donc du sentiment intérieur, il n'y a pas de degrés de puissance en considération desquels certains types d'êtres se montreraient plus forts (plus capables) que d'autres. Rousseau le reconnaît explicitement : le corps de « l'homme sauvage », pour autant qu'il s'identifie à l'« animalité » qui est en lui, n'offre par lui-même aucun critère suffisant pour pouvoir se distinguer de celui des autres « animaux ». Pour qu'il y ait distinction entre les corps, pour qu'il y ait hiérarchisation quant à leurs puissances respectives, il faut s'appuyer sur autre chose que sur la seule considération de la force, de la puissance d'agir.

Ce qui permettrait peut-être une première distinction ou comparaison, ce serait l'habileté des gestes, des mouvements. « L'homme sauvage vivant dispersé parmi les animaux, et se trouvant de bonne heure dans le cas de se mesurer avec eux, il en fait bientôt la comparaison et sentant qu'il les surpasse plus en adresse qu'il ne les surpasse en force, il apprend à ne plus les craindre », écrit Rousseau[1]. Mais cette « adresse » ne relève que partiellement de la puissance corporelle de l'homme sauvage. Car ce dont elle participe surtout, c'est de « l'usage » que l'homme sauvage est susceptible de faire de cette puissance : usage

1. DOI, 136.

certes immédiat, non réfléchi, mais qui est déjà, selon Rousseau, le premier déploiement en lui d'une transcendance, celle de la *liberté*. En effet :

> À l'égard des animaux qui ont réellement plus de forces qu'il n'a d'adresse, il est vis-à-vis d'eux dans le cas des autres espèces plus faibles, qui ne laissent pas de subsister ; avec cet avantage pour l'homme, que non moins dispos qu'eux à la course, et trouvant sur les arbres un refuge presque assuré, il a partout le prendre et le laisser dans la rencontre, et le choix de la fuite ou du combat (DOI, 136).

Pour autant qu'il laisse fulgurer l'éclair de la liberté, ce *choix* – prendre ou laisser, fuir ou combattre – est l'expression de ce qui est imparti à la seule « humanité ».

Qu'en est-il, du coup, de cette liberté distinctive ?

Dans les analyses du second *Discours*, rien n'est plus frappant, à première vue, que cette mutation de l'animalité en humanité telle qu'elle recouvre le passage théorique allant du « côté physique » (côté qui offre son premier cadre à l'analyse de l'homme sauvage) au « côté métaphysique et moral », que Rousseau se sent contraint d'aborder pour circonscrire l'espace de jeu de la liberté humaine [1]. Et cependant, ici bien plus peut-être que partout ailleurs, on ne peut manquer de s'apercevoir que les distinctions âme/corps, humanité/animalité sont d'une aide limitée pour qui souhaite saisir le fond du problème. Voici ce que Rousseau écrit :

> La nature seule fait tout dans les opérations de la bête, au lieu que l'homme concourt aux siennes en qualité d'agent libre. L'un choisit ou rejette par instinct, et l'autre par un acte de liberté ; ce qui fait que la bête ne peut

1. *Cf.* DOI, 141.

> s'écarter de la règle qui lui est prescrite, même quand il lui serait avantageux de le faire, et que l'homme s'en écarte souvent à son préjudice. Autrement dit, ce n'est pas l'entendement qui fait parmi les animaux la distinction spécifique de l'homme que sa qualité d'agent libre (DOI, 141).

On notera le renversement : loin que la liberté dépende de l'entendement, c'est plutôt l'entendement qui dépend de la liberté. Plus exactement, le choix devant lequel se trouve la puissance d'agir repose moins sur l'appréhension intellectuelle de motifs que sur la libération de la liberté. Or cette libération s'éprouve dans la capacité d'acquiescer ou de résister, de se soumettre ou de tourner le dos aux *impressions* que l'homme reçoit ou plutôt qu'il subit. L'homme, explique Rousseau, se reconnaît libre d'acquiescer ou de résister à une impression à laquelle la bête, de son côté, ne peut manquer d'obéir[1]. Que la liberté suppose la sensibilité – une sensibilité que l'homme partage au demeurant avec la bête –, cela veut dire qu'elle se caractérise comme ce qui y *réagit*, que l'activité de l'agent libre, sa spontanéité, s'effectue toujours sur le fond d'une *passivité*, qu'elle apparaît donc, généalogiquement parlant, seconde sinon secondaire par rapport aux prescriptions principielles de la nature. Mais cela ne nous dit pas encore ce qu'elle est dans son fond.

Auquel cas, regardons d'un peu plus près quelles sont ces prescriptions principielles de la nature dont il vient d'être question. Rousseau déclare qu'elles sont toutes de l'ordre de la sensibilité. Ce sont toutes des impressions sensibles. Mais ces impressions sensibles ne se réduisent

1. *Cf.* DOI, 142.

justement pas à de « pures sensations » – à des *aisthèseis* au sens d'Épicure –, ce sont plutôt des sensations dont la caractéristique est qu'elles sont éprouvées comme ce qui « tend à détruire ou à déranger la machine ingénieuse » du corps[1]. Il s'agit donc d'*affections*, c'est-à-dire de sentiments pénétrés d'un « jugement » spontané, ainsi que Rousseau a été amené à le reconnaître avec un certain embarras, puisque des registres en principes hétérogènes (le sentir, le juger) semblent à ce niveau se confondre jusqu'à l'indistinction. Qu'est-ce en effet que ce rapport d'acquiescement ou de résistance qui transit, chez « l'agent libre », toute donation sensible[2] ?

C'est là qu'une première question se pose : du fait de cette soumission toute passive à la nature, celle-ci, en tant que pure immanence, ne serait-elle pas l'anti-essence de la liberté, une anti-essence dans laquelle cette liberté puiserait pourtant la force de se libérer et d'être ainsi pour elle-même ce qu'elle doit être, à savoir une liberté libre, une liberté constamment libérée *de soi ?* Mais s'il en est ainsi, peut-on encore parler de « liberté naturelle » ?

Chez la bête, la réaction sensible est qualifiée par Rousseau d'immédiate, en quoi elle équivaut à un « instinct ». Mais chez l'homme la liberté dépend de l'accomplissement d'une première *mise à distance* des impressions sensibles ; elle suppose une *projection* de l'être sensible sous un horizon d'intelligibilité grâce auquel il prend un sens, il apparaît *comme tel ou tel* – précisément

1. DOI, 141.

2. Dans le cadre de la doctrine d'Épicure, puisque je l'ai évoquée à l'instant, ce dont il est question ici correspondrait non aux *aisthèseis*, mais aux « affections », *pathè*, qui renvoient, elles, à l'aspect *affectif* – agréable ou désagréable – des impressions sensibles, aspect qui joue alors le rôle de critère du « bon » et du « mauvais ».

comme « agréable » ou « désagréable ». Cependant, et c'est tout l'intérêt de l'analyse rousseauiste, la liberté est loin de se réduire à un « recul » pris par rapport à l'affection des impressions sensibles, à un « jugement » posé immédiatement sur elles (que voudrait dire d'ailleurs « immédiatement » ?). Il consiste plutôt en ce que cette projection hors de soi de la sensibilité – cette libération à l'égard de la nature, qui est due à la *représentation* à laquelle cette nature se trouve alors soumise – apparaît *elle-même affective*. Autrement dit, la libération *de* la nature est une liberté elle-même *naturelle*. Et si cette liberté naturelle doit être considérée comme le propre de l'homme, c'est bien parce que chez l'homme, à la différence de ce qui se passe chez l'animal (ceci fait bien sûr l'objet d'une simple présomption, d'une conjecture ou d'une hypothèse, que rien de probant ne saurait établir avec certitude), la sensation ne prend jamais l'aspect d'une *pure* sensation : elle se présente, répétons-le, comme une *affection*, au sens où l'impression sensible ne se manifeste jamais qu'en se fondant dans une affectivité de principe – un pur « amour de soi » – qui donne à la sensibilité tout entière sa mobilité propre, celle qui consiste en son *acceptation* ou en son *rejet*. En effet, c'est à cette mobilité intrinsèque qu'il convient de rattacher la sorte d'« appréciation » dont la sensibilité est toujours déjà le siège ; en tout cas, c'est de cette même mobilité que résulte le fait que chez l'homme le cours des sensations n'est jamais *discontinu*, comme il l'est en revanche chez l'animal, qu'il n'y a donc jamais de pures sensations. En tant qu'elle s'éprouve sur un mode affectif, c'est-à-dire sur le mode de l'agréable ou du désagréable, du plaisir ou de la peine, l'impression sensible, la sensation, tend *par elle-même*, chez l'être humain, vers une *autre* impression sensible, laquelle en est la modification, l'altération, la transformation, en même temps qu'elle en est la « libération ».

Si donc l'animal non humain semble éprouver ses sensations les unes *indépendamment* des autres, dans une immédiateté et une discontinuité telles qu'elles font échec à leur temporalisation, l'homme, lui, paraît doué de la capacité d'éprouver ses sensations comme procédant les unes des autres selon une modification interne qui n'est autre qu'une *libération de leur charge oppressive*. Ce n'est pas dire que cette modification sensible, voire sensitive, est une affaire de temps. Car c'est bien plutôt le temps et sa loi de succession qui devraient être rattachés à la modification intra-subjective[1].

Il convient de le répéter, la source de cette modification est cette auto-affection que Rousseau a appelée *l'amour de soi* au terme d'une réflexion amorcée dans son second *Discours*, et dont le point d'achèvement sera trouvé à l'époque de l'*Émile*[2]. C'en est tant et si bien la source que c'est précisément dans cette « passion primitive, innée, antérieure à tout autre », qu'il s'agirait de fonder la liberté *naturelle*, celle-ci n'étant pas autre chose qu'une libération intra-affective. Ce qu'il importe de comprendre en effet, c'est que, dans son acception naturelle tout au moins, la

1. La *mobilité* de la sensibilité en tant qu'auto-transformation de l'impression n'assure pas seulement l'unité de son « flux » et sa continuité, elle est aussi à l'origine de la temporalisation de la conscience elle-même s'il est vrai que ce n'est qu'*à la seule faveur de l'impression*, ainsi que Husserl s'est efforcé de le montrer, que naît un premier écart temporel, lequel donne son lieu à ce qu'il est convenu d'appeler *la conscience* (au sens intentionnel) : « la conscience n'est rien sans impression », « l'impression originaire est [...] la source originaire de toute conscience et de tout être ultérieur », écrit Husserl dans ses *Leçons pour une phénoménologie de la conscience intime du temps* (trad. H. Dussort, Paris, P.U.F., 1964, p. 131 et p. 88).

2. *Cf.* E, 491.

liberté se déploie immédiatement au cœur de l'affectivité, donc que l'affectivité, en sa radicale mais non moins essentielle passivité, n'est rien d'autre que « l'élément » dans lequel la libération de la liberté s'effectue concrètement ; donc, que la liberté en son immédiate libération n'est pas un pouvoir qui viendrait s'ajouter comme par miracle à la sensibilité et qui lui « suppléerait » opportunément. Non, la liberté n'est rien de moins qu'une modalité de la sensibilité. Et c'est bien en quoi elle peut être qualifiée de « naturelle ». Bref, la liberté naturelle est d'abord le *sentiment* qu'une affection s'est *sua sponte*, d'elle-même, en elle-même et par elle-même, modifiée en une autre.

Ainsi la liberté naturelle présuppose-t-elle, en guise de fondement, et comme son constituant principal, la nature, *c'est-à-dire le sentiment intérieur*, lequel est toujours régi par l'amour de soi. (Je dis régi, et non pas gouverné, car l'amour-propre peut parfaitement, dans des conditions sociales déterminées, recouvrir sans pour autant l'annuler cela même qui le rend intrinsèquement possible, à savoir l'amour de soi.) Autant dire que l'être actif que je suis, la puissance d'agir qui est la mienne, en un mot le corps dont je jouis, ne s'oppose jamais au pur mouvement de la nature et à la *situation*[1] dans laquelle cette nature me jette à tout moment, que je le veuille ou non. Jamais la liberté ne se dresse à l'encontre du sentiment de l'existence et de la passivité absolue qui le caractérise. Jamais elle ne contredit non plus à cette impossibilité ou à cette impuissance d'être un autre que celui que je suis. En effet, comme le dit Rousseau dans une lettre à Henriette[2] où, peut-être sans s'en rendre compte tout à fait, il touche à la teneur

1. R, 995.
2. En date du 7 mai 1764, *LP*, 134.

ontologique du désespoir humain : « Il ne faut pas chercher à s'éloigner de soi, parce que c'est n'est pas possible, et que tout nous y ramène, malgré que nous en ayons ». Dans le même sens, Rousseau remarquera dans la *Profession de foi du Vicaire savoyard* :

> Sans doute je ne suis pas libre de ne pas vouloir mon propre bien, je ne suis pas libre de vouloir mon mal ; mais ma liberté consiste en cela même que je ne puis vouloir que ce qui m'est convenable, ou que j'estime tel, sans que rien d'étranger à moi me détermine (E, 586).

Ainsi, *liberté* se présente chez Rousseau comme un synonyme d'*indépendance*, mais cette indépendance, Rousseau ne se contente jamais de la constater comme une chose présente là-devant, sous la main ; il en éprouve bien plutôt tout le poids, la charge réelle, à la lumière d'une quatrième intuition. Il considère en effet qu'en vertu de l'affectivité foncière de mon être, en raison de l'amour de soi et de son envers, le désespoir, et surtout en dépit de ma liberté d'agir, *je ne suis jamais, en tant que puissance d'agir, c'est-à-dire en tant que corps, libre vis-à-vis de moi-même*. Aussi, ce dont il faut tenir compte, c'est du fait que le thème de l'indépendance, si important, si séduisant soit-il, cache toujours l'essentiel, à savoir l'absolue dépendance du moi vis-à-vis de soi, de son propre être-soi, de sa pure ipséité, soit ce que j'ai proposé ailleurs d'appeler *la butée sur soi* : limitation endogène et absolue par quoi peut être redéfinie la *finitude* du moi comme l'épreuve de l'*im-possible* – lequel *im-possible* s'impose à soi dans la mesure (non-mesurable, voire incommensurable) où c'est un *impouvoir* qui le caractérise *essentiellement*, impouvoir que désigne le fait de ne pas pouvoir être, dans l'auto-affection de son pouvoir d'agir, de son Je-peux, un autre être que soi-même [1]. D'où la question suivante : comment notre liberté d'agir peut-elle se concilier avec cette absence de liberté de soi par rapport à soi-même ?

On répondra : elle peut trouver matière à conciliation dans la mesure où la liberté *naturelle* est une *libération intra-affective, la substitution d'une affection à une autre affection* – auto-libération, auto-transformation qui, loin de représenter une quelconque abstraction de la pensée, se confondent bien plutôt avec la concrétude d'une existence éprouvant, par elle-même, dans et en vertu de son auto-affection constitutive, le besoin impérieux, irrépressible, irréductible de retourner, de *convertir* – pour reprendre le verbe qui brille de tout son éclat dans la huitième promenade [2] – un affect de mal-être (telle que la souffrance de l'auto-apitoiement) en un affect de bien-être (telle que la réjouissance comme disposition au bonheur).

Nul n'est maître d'être un autre que lui-même. Et cependant, comme Rousseau le déclare avec force dans un énoncé éblouissant qui servirait sans nul doute d'épigraphe à l'ensemble de son œuvre, et qui malheureusement est passé trop souvent inaperçu de ses commentateurs : « S'ensuit-il que je ne sois pas mon maître, parce que je ne suis pas le maître d'être un autre que moi ? » [3].

Rapportée au problème de la liberté naturelle, cette phrase se situe au cœur d'une ample réflexion philosophique,

1. Sur la *butée sur soi* comme concept de la finitude humaine, sur cette limitation inhérente à la subjectivité humaine, qui se soutient du rapport amour de soi/désespoir tel qu'il est lui-même constitutif du Fond affectif de la vie, donc de la « nature » au sens de Rousseau, je me permets de renvoyer à *Analyse du sentiment intérieur*, Lagrasse, Verdier, 2017, pp. 133-173.

2. R, 1074.

3. E, 586.

qui suit le parcours d'une liberté, à l'origine *naturelle*, devenant, suite à son inscription dans le monde, ou dans l'histoire, liberté *morale*. Parce que la nature est immanente et qu'elle est donc, à ce titre, « inaliénable », la libération de soi propre à la liberté naturelle ne trouve aucun de ses motifs en dehors d'elle-même. Naissant de l'insatisfaction que l'individu vivant (c'est-à-dire jouissant et souffrant) éprouve *quant à lui-même*, la liberté appartient, comme une de ses déterminations fondamentales, à la vie : elle est aussi immanente qu'elle, et elle l'est parce que cette vie l'est. Sa « motivation », si l'on peut encore employer ici un tel mot, ou, plus exactement, son principe, réside dans cette puissance d'agir (ou Je-peux) en vertu de laquelle notre volonté (ou Je-veux) « fait corps », comme c'est le cas de le dire, avec l'incessante mobilité et force de mobilisation de l'amour de soi. L'amour de soi est, au dire même de Rousseau, le plus puissant et le seul motif qui fasse agir les hommes[1]. C'est le seul qui soit réellement significatif, véritablement décisif. Il prime sur tout motif (rationnel ou non) qui entraîne toujours de l'extérieur le vouloir à agir. Sur l'amour de soi se fondent tous les motifs et les intérêts bien compris de l'action, et, par suite, tous les préceptes de la morale et de l'éthique. Telle est la raison pour laquelle Rousseau, souhaitant, dans le second *Discours*, prolonger la discussion sur la liberté du vouloir et de l'agir, n'aura pas manqué de faire allusion à cette *puissance* décisive – tout en prenant soin de dissiper au passage l'ambiguïté que contient le terme de « conscience » que nous trouvons également dans ce texte. Ici, en effet, une locution comme

1. « L'amour de soi-même est le plus puissant, et, selon moi, le seul motif qui fait agir les hommes » (lettre à l'abbé de Carondelet, 4 mars 1764, *LP*, 128).

« la conscience de la liberté » ne saurait renvoyer au rapport intentionnel par lequel l'entendement (la conscience qui connaît) viendrait à *se représenter* le fait d'être libre ; bien plutôt cette locution se réfère-t-elle exclusivement à ce pouvoir de manifestation qu'est le *sentiment intérieur* comme affection de soi par soi. Voici ce que Rousseau déclare :

> [...] car la physique explique en quelque manière le mécanisme des sens et la formation des idées, mais dans la puissance de vouloir ou plutôt de choisir, et dans le sentiment de cette puissance on ne trouve que des actes purement spirituels, dont on n'explique rien par les lois de la mécanique (DOI, 142).

Propos que le « Vicaire savoyard » cherchera à réaffirmer sans détour :

> Le sentiment de ma liberté ne s'efface en moi que quand je me déprave et que j'empêche enfin la voix [naturelle] de l'âme de s'élever contre la loi [physique] du corps (E, 586)[1].

La liberté ne se révèle jamais que dans le *sentiment* que nous en avons, c'est-à-dire dans le sentiment que notre volonté (en tant que puissance) a toujours et déjà d'elle-même. Que la liberté, qui est celle de vouloir ou, mieux, de choisir, puise sa réalité, c'est-à-dire son pouvoir de manifestation, dans la structure du sentiment, c'est bien là ce que confirme une fois de plus une proposition de l'*Émile* : « Je ne connais la volonté que par le sentiment de la mienne »[2]. Il s'agit par-là de dire : vouloir, choisir,

1. Le corps dont il est ici question est le corps *partes extra partes* du cartésianisme.

2. E, 586.

c'est d'abord quelque chose qu'il m'est donné d'éprouver, même si, avant d'agir, je ne sais jamais vraiment si je peux exercer ma volonté et ainsi l'accomplir. De ce que ce soit un sentiment qui manifeste en moi ma volonté, il résulte dans tous les cas – et dans la mesure même où « il n'y a point de véritable volonté sans liberté » – que « l'homme est libre dans ses actions, et comme tel, animé d'une substance immatérielle »[1].

Et pourtant ! Que la liberté soit une détermination à part entière de la vie, que la liberté ait pour statut d'être naturelle en même temps que spirituelle, cela ne signifie pas que la vie soit, à l'inverse, elle-même libre. Je l'ai souligné il n'y a pas longtemps : la liberté de « l'agent libre » se détache, en tant que liberté naturelle, sur le fond d'une non-liberté absolue, non-liberté qui s'enracine dans – et qui se justifie par – cette passivité ontologique originelle qui a pour nom, chez Rousseau, le sentiment de l'existence. Certes, que la liberté se déploie sur fond de nature, cela en fait une « actualisation » *de* la non-liberté, c'est-à-dire en somme une liberté imparfaite, incomplète, insatisfaisante. Mais c'est précisément cette imperfection qui pèse de tout son poids sur l'espace de jeu de la liberté naturelle, c'est cette imperfection, ou ce défaut dans la perfectibilité, qui va donner tout son sens et toute sa portée à l'exigence de liberté *morale*[2].

1. E, 586-587.

2. Il importe, je crois, d'éclaircir encore un point concernant cette modalité de la liberté que Rousseau qualifie de naturelle. Mais ce point peut et même doit être traité en marge du présent développement. – Voir « Note 2 », *Précisions*, *infra*, p. 241.

Car enfin, si « vivre, ce n'est pas respirer, c'est agir » [1], agir n'est-ce pas d'abord vouloir ? Mais qu'est-ce que vouloir ? Vouloir n'est-ce pas toujours et déjà choisir ?

De prime abord, vouloir, c'est, au moyen de désirs, de souhaits, d'aspirations, de résolutions, se diriger sur et s'attacher à *plus* que le trop que l'on a déjà et que l'on souffre, sur un certain plan, d'avoir. Ce *trop* peut être de l'ordre du manque, mais il peut aussi fort bien ne pas l'être. Sur le plan subjectif, la volonté, qui repose elle-même sur cette puissance de mobilisation du corps charnel que l'on appelle l'âme, elle ne peut pas non plus s'exercer – et libérer ainsi la liberté – sans l'aide de cette âme. Sans doute le vouloir, qui n'est jamais que la puissance d'agir se libérant de soi, veut-il ce que l'âme lui ordonne de vouloir. Mais pas seulement : comme je viens de le dire, en voulant la volonté vise aussi, et surtout, à s'excéder elle-même. Or en s'excédant, c'est-à-dire en cherchant à se libérer *de soi*, la volonté qui est comme telle une puissance en vient inéluctablement à se briser contre un « plus » qui se révèle alors à elle comme n'étant pas de son ressort. Ainsi toute volonté fait l'épreuve de sa limitation. La limitation de la volonté est due au fait que sa puissance ne cesse de se confronter à l'impossible, lequel, dit ailleurs Rousseau, laisse toujours entrer dans la vie le funeste cortège des passions tristes et haineuses, et se déchaîner les méchancetés – qu'elles se retournent contre soi ou qu'elles prennent les autres pour cible. En tout cas, « les concurrences, les préférences, les jalousies, les rivalités, les offenses, les vengeances, les mécontentements de toute espèce, l'ambition, les désirs, les projets, les moyens, les obstacles » [2],

1. E, 253.
2. D, 815.

pour Rousseau tout cela se déploie, chez l'être humain, *sur fond d'impossible*.

Il n'y a donc pas de puissance subjective qui ne se sache pas faible, intrinsèquement. Pour Rousseau, c'est sur la reconnaissance de cette faiblesse non contingente, non circonstancielle, non accidentelle, mais proprement ontologique, que se fonde la nécessité de la *sagesse humaine*. Là apparaît l'originalité de son éthique. Car ce à quoi cette sagesse nous convie, c'est à apprendre et à comprendre ce qui constitue ce « plus » sur lequel peut se briser le Je-veux dès lors qu'il s'exerce en sollicitant le Je-peux. On ne sera pas surpris que la sagesse de Rousseau tienne en une sentence, aussi simple que capitale :

> Mesurons le rayon de notre sphère et restons au centre comme l'insecte au milieu de sa toile, nous nous suffirons toujours à nous-mêmes et nous n'aurons point à nous plaindre de notre faiblesse ; car nous ne la sentirons jamais (E, 305).

Mais justement, que faut-il faire pour cela ? Comment parvenir à l'autosuffisance ?

Rousseau découvre, au cœur du rapport qui lie structurellement le vouloir à sa propre puissance, une loi de régulation interne ou de proportionnalité, dont les déterminations sont en fait des variations ou, mieux, des modalisations selon le plaisir ou la douleur, de la « spiritualité de l'âme » [1], de cette spiritualité qui ne se fonde nulle part ailleurs que dans l'amour de soi en tant que structure immanente de l'affectivité. C'est ainsi que le sentiment d'insuffisance naît d'une disproportion douloureuse, et celui de suffisance d'une égalisation heureuse, entre le Je-veux et ce qui le met en œuvre, à savoir le Je-peux. Au Livre II de l'*Émile*, Rousseau présente la loi modulant

1. DOI, 141.

l'équilibre de ces deux constituants de la subjectivité humaine que sont les désirs et les facultés. En référence au phénomène de la douleur, il note : « C'est dans la disproportion de nos désirs et de nos facultés que consiste notre misère ». Et, relativement à la modalité de la joie : « Un être sensible dont les facultés égaleraient les désirs serait un être absolument heureux »[1].

C'est en prenant appui sur ce rapport intime qui lie « ce que je veux » à « ce que je peux », que Rousseau trace les grandes lignes d'une éthique de l'affectivité, qui n'a en elle-même aucun caractère objectif ou général, aucune teneur axiologique préétablie. Le projet qui préside à sa constitution ignore les commandements ou les règlements impératifs. S'adressant à l'individu « en particulier », selon son pouvoir et son vouloir à chaque fois singuliers, cette éthique ne lui recommande qu'une seule chose, cruciale il est vrai. Elle lui recommande d'apprendre à *se connaître* afin de pouvoir *ajuster* entre eux le désir (limité) et la puissance (sans bornes) qui déterminent ensemble le sentiment de l'existence qui est chaque fois le sien.

Cette éthique qui fonde sa réalité sur la totalité des « potentialités » subjectives constitutives de l'unité du sujet agissant (et pour le sujet agissant les facultés ne sont rien sans les désirs qui les expriment, de même que les désirs ne sont rien sans les facultés qui les exercent : ce sont toujours les deux *ensemble* qui constituent sa « nature » individuelle), cette éthique, donc, est porteuse, à rebours de toute normativité transcendante, de régulations internes s'appliquant à l'affectivité du moi.

Cependant, pour que cette régulation éthique s'accomplisse réellement, il importe de ne pas privilégier telle ou telle faculté au préjudice des autres. Ce qui importe

1. E, 304.

tout autant, c'est de ne pas brider tel ou tel désir au profit de tel autre. Car les recommandations de l'éthique doivent reposer sur les propres prescriptions de la vie telles que le rapport ontologique puissance/vouloir les exprime singulièrement en chacun.

Ces prescriptions n'ont pas non plus pour but d'inciter à opter pour la réduction du désir au profit d'un accroissement de puissance, ou inversement ; et elles ne vont pas davantage dans le sens d'un encouragement à l'extinction totale de l'un ou de l'autre, car il n'en résulterait à chaque fois que frustration et tristesse. Afin que cette éthique ne suscite pas d'effets contraires à ceux qu'elle vise – à savoir « le vrai bonheur » –, il faut au contraire que celui qui en admet le principe ne se préoccupe que du libre et harmonieux développement des désirs en accord avec ses facultés propres. Un des textes les plus importants de Rousseau déclare en effet : « En quoi donc consiste la sagesse humaine ou la route du vrai bonheur ? Ce n'est pas précisément à diminuer nos désirs ; car, s'ils étaient au-dessous de notre puissance, une partie de nos facultés resterait oisive, et nous ne jouirions pas de tout notre être. Ce n'est pas non plus à étendre nos facultés, car si nos désirs s'étendaient à la fois en plus grand rapport, nous n'en deviendrions que plus misérables : mais c'est à diminuer l'excès des désirs sur les facultés, et à mettre en égalité parfaite la puissance et la volonté. C'est alors seulement que, toutes les forces étant en action, l'âme cependant restera paisible, et que l'homme se trouvera bien ordonné » [1].

Certes, telle qu'elle se trouve définie par une loi de régulation interne (ou de modération) – loi modulable en fonction de la *constitution particulière* de celui qui s'en

1. E, 304.

inspire –, la sagesse de Rousseau aurait eu toutes les chances de se montrer, à l'image de *L'Éthique* de Spinoza, bien « spéculative » si elle n'avait pas donné lieu à une caractérisation concrète du vivant humain. La possibilité de cette caractérisation concrète du vivant humain explique en tout cas qu'entre la généralité abstraite de la règle et l'extrême particularité de son application, Rousseau fait place à une *typique* des individus concernés ou non par l'effectivité de cette règle. Ainsi à la modalisation (selon le plaisir ou la douleur) de la structure ontologique puissance/désir, s'ajoute la prise en compte d'une modulation de cette même structure, selon qu'elle détermine les êtres « forts » ou les êtres « faibles ». En effet, après s'être demandé : « Quand on dit que l'homme est faible, que veut-on dire ? » Rousseau répond :

> Ce mot de faiblesse indique un rapport de l'être auquel on l'applique. Celui dont la force passe les besoins, fût-il un insecte, un ver, est un être fort ; celui dont les besoins passent la force, fût-il un éléphant, un lion ; fût-il un conquérant, un héros ; fût-il un dieu ; c'est un être faible (E, 305).

Et de fait, déterminer la force du fort en ne considérant que sa seule puissance, sa seule capacité, son aptitude en général, n'est-ce pas s'interdire l'accès à la spécificité de son être, à ce qu'il est en réalité ? Car ce qu'il est réellement, il l'est en tant qu'être vivant ; et comme, pour Rousseau, « vivre, [...] c'est faire usage de nos organes, de nos sens, de nos facultés, de toutes les parties de nous-mêmes qui donnent le sentiment de l'existence » [1], ce n'est jamais que dans l'action effectuée – quand, se sentant soi-même en tout point de son être, « toutes les forces [subjectives, toute

1. E, 253.

la puissance de l'âme entrent] en action »[1] – que peut et que doit se révéler enfin la *singularité* de son être, une singularité qui dépend pour partie de la teneur de ses désirs. C'est ainsi que l'âme la plus forte du point de vue de la puissance (un dieu par exemple) peut être, du point de vue de son action et, par conséquent, des désirs qui président à cette action, la plus faible, car ce qui est essentiellement en jeu dans l'agir, et ultimement dans le fait même de vivre (puisque vivre, c'est agir), c'est le rapport de proportion, l'ajustement réciproque du Je-peux et du Je-veux, des facultés et des désirs, de la puissance et des besoins, qui confère son ipséité incomparable à « l'agent libre ».

Malgré qu'il en ait, Rousseau ne fait pas profession d'anthropologue. Il ne se contente pas davantage, par exemple dans le second *Discours*, de constater – voire de déplorer – le devenir de notre « condition physique » ; il ne lui suffit pas de prendre acte de la manière dont on éprouve son corps à l'état de société, c'est-à-dire quand sa réalité – soit sa force motrice – paraît dépendre par nature de cet « hors de soi » qu'est l'horizon d'un monde déjà constitué. Ce qui l'intéresse avant tout, dans ce contexte bien précis, c'est de considérer d'un point de vue *généalogique* la naissance probable de la « technique ». Ainsi, au regard de l'essence de la corporéité, ce phénomène surgit comme la mise en œuvre d'une « suppléance » ayant pour effet de rompre l'immanence naturelle du corps vivant. C'est alors en un sens essentiel et non moral que la technique peut être dite « corruptrice » – la corruption (en tant que *dénaturation*) équivalant ici à la rupture d'avec l'immanence naturelle du corps vivant. L'essence de la technique fait

1. E, 304.

toujours de ce dont elle est l'essence le fruit d'une substitution, une « machine » représentative que la réflexion construit et dont la structure suscite la perpétuelle hésitation que connaît toute médiation, toute délibération ou toute association consciente des fins et des moyens. Tandis que le corps naturel est sûr de lui – il ne se pose aucune question au moment d'agir, il agit sans se réfléchir dans son acte –, le corps « civilisé », lui, est sans cesse hésitant. Rousseau déclare même que le corps « civilisé » ne peut que perdre peu à peu, mais irrémédiablement, sa *vigueur* constitutive, en proportion exacte du privilège qui se trouve accordé, dans les sociétés dites « évoluées », à sa représentation, à sa considération objective ou à sa manipulation fantasmatique. Le précepteur du jeune Émile en fera également la remarque, dès lors qu'il incitera son élève à exercer et à aiguiser sa sensibilité corporelle, c'est-à-dire à en éprouver les potentialités en se heurtant à l'altérité immédiate du monde environnant. Son but sera de lui indiquer que l'expérience immanente *de* la vie (soit cette épreuve que « l'existence » fait incessamment avec elle-même et que Rousseau appelle le sentiment de l'existence) prend sa source dans le corps charnel de l'individu vivant, et qu'il s'agit là d'un *savoir* à part entière, d'un savoir *non réflexif* en grâce duquel ce corps éprouve de l'intérieur l'expansion (l'ampleur et la portée) de ses facultés et de ses possibilités d'agir. Rousseau le déclare alors sans détour :

> Les premiers mouvements naturels de l'homme, étant donc de se mesurer avec tout ce qui l'environne, et d'éprouver dans chaque objet qu'il aperçoit toutes les qualités sensibles qui peuvent se rapporter à lui, sa première étude est une sorte de physique expérimentale relative à sa propre conservation, et dont on le détourne par des études spéculatives avant qu'il ait reconnu sa

> place ici-bas. Tandis que ses organes délicats et flexibles peuvent s'ajuster aux corps sur lesquels ils doivent agir, tandis que ses sens encore purs sont exempts d'illusion, c'est le temps d'exercer les uns et les autres aux fonctions qui leur sont propres ; c'est le temps d'apprendre à connaître les rapports sensibles que les choses ont avec nous. Comme tout ce qui entre dans l'entendement humain y vient par les sens, la première raison de l'homme est une raison sensitive ; c'est elle qui sert de base à la raison intellectuelle : nos premiers maîtres de philosophie sont nos pieds, nos mains, nos yeux. Substituer des livres à tout cela, ce n'est pas nous apprendre à raisonner, c'est nous apprendre à nous servir de la raison d'autrui ; c'est nous apprendre à beaucoup croire, et à ne jamais rien savoir (E, 369-370)[1].

Il arrive cependant que nous ne coïncidions plus avec notre propre nature, avec ce que la nature a « voulu » que nous soyons, pour reprendre une autre expression de Rousseau. Il arrive que nous ne soyons plus des *sujets de l'amour de soi* et que nous devenions des *jouets de l'amour-propre*, ce synonyme de l'égocentrisme. Dans ces conditions proprement corruptives, la subjectivité qui est la nôtre – c'est-à-dire la manière que nous avons de nous éprouver nous-mêmes en nous-mêmes, cette manière grâce à laquelle nous devenons chaque fois ce que nous sommes –, cette

1. D'où il s'ensuit que « tous ceux qui ont réfléchi sur la manière de vivre des anciens attribuent aux exercices de la gymnastique cette vigueur de corps et de l'âme [n'est-il pas remarquable que Rousseau ne cherche pas à les différencier ici ?] qui les distingue le plus sensiblement des modernes. La manière dont Montaigne appuie ce sentiment montre qu'il en était fortement pénétré ; il y revient sans cesse et de mille façons. En parlant de l'éducation d'un enfant, pour lui raidir l'âme, il faut, dit-il, lui durcir les muscles ; en l'accoutumant au travail, on l'accoutume à la douleur ; il le faut rompre à l'âpreté des exercices, pour le dresser à l'âpreté de la dislocation, de la colique et de tous les maux ... » (E, 371).

manière que nous sommes ne répond plus aux prescriptions de la nature. Nous nous éprouvons alors comme divisés d'avec nous-mêmes, nous nous sentons comme séparés de ce qui donne « lieu » (nous devrions dire : de ce qui donne son site « naturel ») à l'insondable réalité de notre ipséité. Et nous nous apercevons du même coup que ce qui nous sépare en tout premier lieu de cela même qui pourtant nous pose dans l'être et que Rousseau appelle nature, c'est *l'image* que tend en toutes circonstances à substituer à notre ipséité la *représentation* que nous nous faisons de nous telle qu'elle surgit à la faveur *d'un usage irréfléchi de notre pouvoir de réflexion.*

C'est alors que se produisent l'aliénation du moi, la corruption de l'âme, la dénaturation subjective de la vie.

Une vie dénaturée, c'est une vie qui *refuse de devenir* ce que la nature voudrait qu'elle soit. C'est ce qui arrive inéluctablement quand, se transportant hors de soi, l'âme *rompt* avec son immanence naturelle, en lâchant la bride à l'égoïsme et à « l'orgueil de son petit individu » [1]. Cette rupture d'avec l'immanence naturelle, cette co-(r)-ruption ontologique [2] se produit chaque fois que l'ipséité de l'âme n'est plus assurée par le seul amour de soi, donc quand ce

1. E, 602.

2. La rupture d'avec l'immanence naturelle – la co-(r)-ruption ontologique – a fait, chez les commentateurs de Rousseau, l'objet de nombreuses métaphores. À titre d'exemple, j'en citerai une qui paraît tout particulièrement juste ; on la doit à Geoffrey Bennington : « Il y a, dit-il, [...] chez Rousseau une *déchirure* dans le tissu naturel, et cette déchirure s'appelle "l'homme" [G.B., selon toute vraisemblance, pense ici au sens que prend ce mot dans la locution typiquement rousseauiste "l'homme de l'homme"]. [...] Ce que Rousseau appelle la "perfectibilité" marque cette non-coïncidence entre homme et nature » (*Dudding. Les noms de Rousseau*, Paris, Galilée, 1991, p. 38 ; c'est moi qui souligne et ajoute les crochets). Déchirure, non-coïncidence, c'est exactement de cela qu'il s'agit.

qui *singularise absolument le moi* n'est pas l'affectivité de la vie mais ce qui lui est, à elle, radicalement hétérogène. Au premier rang de ce qui lui est hétérogène, on trouve : la figure que l'on se donne, l'importance que l'on s'accorde, toutes les déclinaison du désir de « distinction ». Mais on trouve aussi, en plus de tout ce qui contribue à l'identité civile du moi, « toutes les passions repoussantes et cruelles » telles que « l'envie, la convoitise, la haine » et surtout l'amour-propre, passions « qui rendent pour ainsi dire la sensibilité non seulement nulle, mais négative, et font le tourment de celui qui les éprouve » [1].

Ce tourment reçoit le nom de *contradiction*. La contradiction en question n'est pas d'ordre logique, mais existentiel. Le terme renvoie toujours à un déchirement de l'âme, et signifie le plus souvent que l'amour-propre contredit à l'immanence radicale de la subjectivité, que le moi prend sa mesure au-dehors, *là où il ne se singularise plus mais se distingue seulement*. Ne pas contredire à l'immanence de la subjectivité veut dire par conséquent : ne pas déroger à tout ce que l'amour de soi, en tant que premier principe de l'âme, commande de faire à celle-ci. Mais Rousseau donne aussi à cette contradiction existentielle un autre nom : aliénation. Car en prenant sa mesure ailleurs qu'en elle-même (dans la relation intrinsèque qui lie le Je-veux au Je-peux, par exemple), et en se livrant tout entière au-dehors, l'âme y devient comme étrangère à elle-même : aliénation *à* soi, et *dans* autre chose que soi.

Mais quels sont les moyens dont dispose le moi pour *être soi* – c'est-à-dire pour « exister selon sa nature » [2], pour s'accorder au Fond affectif de la vie – si, par ailleurs,

1. E, 506.
2. E, 591.

c'est « l'extériorité » qui régit le tout de son existence ? Entre nécessité intérieure et contrainte extérieure, entre les lois de la nature et les obligations dictées par la société, y a-t-il place pour une liberté effective ? Nous en revenons ainsi à la question cardinale.

Y répondre exige à tout le moins d'interroger le néologisme que Rousseau a créé à l'époque du second *Discours* pour traiter du rapport intérieur/extérieur, à savoir « la perfectibilité ».

La « faculté de se perfectionner » [1], la perfectibilité, loin de faire jeu égal avec la sensibilité, la volonté, l'imagination, le jugement, l'entendement, etc., se présente comme la faculté de toutes ces facultés, la puissance qui les mobilise, les dépasse et les contient toutes en retenant chacune d'elles auprès de soi. Ainsi Rousseau reconnaît-il à la perfectibilité d'être la faculté « qui [...] développe successivement toutes les autres » [2] ; elle est cette puissance « presque illimitée », comme il le dit aussi [3], en vertu de laquelle la subjectivité trouve sa propre unité dans ces puissances elles-mêmes subjectives qui définissent son être naturel et qu'elle déploie chaque fois selon ses besoins.

Le terme « perfectibilité » désigne le *développement progressif* des possibilités imparties à la subjectivité humaine. Non seulement ce développement dépend du « pur mouvement de la nature », mais il s'identifie proprement à lui. La perfectibilité détermine *a priori* tout ce qui arrive ou peut arriver à l'âme humaine – tout ce qui la concerne directement et indirectement, tout ce qui la « touche » de près ou de loin, que ce soit en bien ou en

1. DOI, 142.
2. *Ibid.*
3. *Ibid.*

mal, pour le meilleur ou pour le pire. Pour le meilleur, c'est-à-dire conformément à l'équilibre interne du Je-veux et du Je-peux. Mais aussi pour le pire, puisqu'il arrive, comme on le sait, que la subjectivité se dénature ou que l'intérieur (l'âme) se corrompt, selon que l'extérieur se compose et dès lors que s'y actualisent des potentialités telles que l'entendement, la réflexion, la prévoyance, la mémoire, la curiosité, autant de puissances subjectives qui, par définition pour ainsi dire, se rapportent toujours à quelque chose d'autre que l'âme et entraînent du même coup, au gré de cette projection au « dehors », celle-ci à sortir de soi, là où elle ne peut se tenir sans qu'elle n'ait d'abord *rompu avec* sa propre immanence naturelle. Autant dire qu'il faut toujours tenir compte d'un certain mode d'exercice de la perfectibilité, qui va dans le sens *contraire* du « pur mouvement de la nature », mode au sujet duquel Rousseau a justement déclaré, se situant alors délibérément sur le plan de la morale, que « nous sommes forcés de convenir que cette faculté distinctive et presque illimitée [la perfectibilité], est la source de tous les malheurs de l'homme »[1].

Ce n'est aucunement un hasard si l'analyse des tenants et des aboutissants de la perfectibilité rejoint l'approche phénoménologique des potentialités de la vie. Voici en effet ce que Michel Henry écrit à ce sujet :

> […] dans la vie les potentialités s'impliquent les unes les autres, l'actualisation de l'une suscite, entraîne celle de toutes les autres, en sorte que la vie, pour autant qu'elle suit son cours spontané, prend la forme d'un déploiement progressif de tous ses pouvoirs, même si ce déploiement revêt nécessairement la forme d'une succession […]

1. DOI, 142.

> [Ainsi] la positivité d'une actualisation ne réside pas seulement dans la positivité du vécu phénoménologique qu'elle amène à l'être, mais aussi bien dans celles des actualisations à venir [...] [1].

Et cependant ces « corrélations naturelles » concernent aussi bien, c'est-à-dire au même titre, la motivation ultime de l'action humaine, son mobile profond. Car ce mobile, comme nous l'avons sans doute déjà compris, ne se fonde nulle part ailleurs que dans l'amour de soi, c'est-à-dire dans ce « penchant aveugle » [2] qui entraîne sans cesse, et inéluctablement, la vie à devoir produire sans relâche les conditions de sa propre conservation.

Ainsi le second *Discours* n'a-t-il pas d'autre but que de relater, de mettre en récit l'histoire intérieure, radicalement subjective, que le moi développe en lui-même pour autant qu'il fait l'expérience mêlée de sa souffrance et de sa jouissance de vivre, en montrant comment cette histoire – l'histoire du *cœur* humain, qui bat au rythme de ses besoins et de ses passions – forme la condition de possibilité de l'Histoire en tant que succession objective et compréhensive des événements du monde.

Du coup, il apparaît que la perfectibilité, cette archi-faculté dont la structure est modale, se dédouble selon la fonction qu'elle remplit, c'est-à-dire la visée qui est à chaque fois la sienne. Cela se passe de la façon suivante :

1. Soit elle accomplit une possibilité qui n'a en soi aucun moyen de s'effectuer et c'est alors qu'on a affaire à une faculté qui, de manière intentionnelle, se projette

1. M. Henry, *Marx*, I. *Une philosophie de la réalité*, Paris, Gallimard, 1976, p. 263. Voir aussi, du même auteur, *Marx*, II. *Une philosophie de l'économie*, Paris, Gallimard, 1976, p. 63-66.

2. DOI, 164.

vers une possibilité non seulement purement imaginaire, irréelle, mais proprement *irréalisable*. La perfectibilité s'avère dans ce cas inéluctablement décevante, frustrante et attristante ; c'est une « passion factice et mauvaise »[1], « irascible et haineuse »[2], qui donne lieu à une « jouissance purement négative »[3].

2. Soit, au contraire, cette puissance quasi illimitée (quasi, car néanmoins finie) se trouve éthiquement accordée à ce que « veut » la nature, et dans ce cas, la possibilité vers laquelle elle se projette n'est rien de moins que *réelle*, au sens d'intrinsèquement effectuable.

Mais, on l'aura sûrement deviné, la perfectibilité n'a pas qu'une signification morale, et en ce cas, ou positive ou négative. Elle désigne d'abord une caractéristique *ontologique*. En ce sens, elle ne saurait être ni positive, ni négative, d'autant plus qu'elle renvoie à la structure interne de l'âme et à sa dénaturation potentielle, à son éventuelle contradiction au-dedans / aliénation au-dehors. Il semble dès lors qu'avec ce concept clef nous accédions à *l'objet essentiel* de la pensée de Rousseau. Un objet qui ne confère pas seulement son bien-fondé à l'analyse généalogique proposée dans le second *Discours*, mais qui situe aussi sur un même plateau théorique l'ensemble des analyses critiques que Rousseau voue aux phénomènes civilisationnels (langues, techniques, arts, corps politique, etc.). Car c'est précisément dans la loi de perfectibilité en tant que trait d'essence capable de distinguer l'homme de l'animal, c'est dans cette loi que s'articule originellement le rapport unissant « l'extérieur » à « l'intérieur ». C'est la théorie de la perfectibilité qui explique en quoi plus l'intérieur se

1. D, 806.
2. D, 670.
3. *Ibid.*

corrompt et plus l'extérieur se compose. C'est elle aussi qui permet de démontrer avec le plus d'acuité possible qu'il n'y a pas de relation de soi à quelque altérité que ce soit, pas même de relation de soi au monde, sans que ce rapport n'exprime plus ou moins secrètement la position qu'une âme prend, qu'elle le veuille ou non, qu'elle le sache ou non, par rapport au Fond affective de la vie.

C'est ainsi que le sentiment intérieur, de par son auto-affection constitutive, peut, dans certaines circonstances et sous certaines conditions, venir rappeler à l'âme qui en éprouve le « pur mouvement », qu'il est précisément un sentiment *de soi* et que ce n'est que conformément à ce sentiment de soi que l'ipséité de cette âme peut s'édifier. Il peut arriver en effet qu'au plus profond de la contradiction éprouvée par l'homme, ou au plus fort de son aliénation, le sentiment de soi ramène à soi son moi jeté hors de lui-même – en l'éveillant au Soi qu'il est et dont il se soutient. C'est à ce curieux phénomène, à cet étrange éveil, à ce rappel soudain, à cette « impulsion », à cet « instinct divin » ou à cette « immortelle et céleste voix » [1], que Rousseau a décidé de donner le même nom que celui que Malebranche, avant lui, avait donné au « sentiment intérieur » : la *conscience*.

En rapportant la perfectibilité au phénomène de la conscience, deux possibilités se laissent entrevoir :

1. Ou bien la dénaturation subjective ne rompt pas tout à fait avec le Fond affectif de la vie, et dans ce cas il demeure permis à la « conscience » de rappeler le moi à l'ordre – à l'ordre du Soi. Du coup, la question : Quand est-ce que s'accomplit pour l'homme ce que Rousseau appelle la *liberté morale ?* il paraît tentant de répondre que la liberté morale s'accomplit lorsque les pouvoirs de l'esprit

1. *Cf.* E, 600.

– en particulier la raison – se rangent, pour leur déploiement, *sous la tutelle de la conscience*. Car s'il est vrai que « c'est la raison qui fait l'homme », mais que « c'est [toujours] le sentiment [et par conséquent le sentiment intérieur] qui le conduit [dans la vie] »[1], alors il faut concevoir la perfectibilité, dans ce contexte éthique particulier, comme l'acte de « perfectionner la raison par le sentiment »[2].

2. Ou bien, tout au contraire, le rappel à l'ordre de la « conscience » n'a pas lieu en raison du fait que le Fond affectif de la vie est trop recouvert, trop enfoui, trop dissimulé, par les exigences de l'existence sociale, par les artifices de la civilisation, à l'image de la statue de Glaucus que Rousseau évoque dans le second *Discours*[3] ; et dans ce cas, ce qu'il faut craindre surtout, c'est que la perfectibilité ne devienne la cause de la « perdition » de l'homme, de son échappement total à soi-même, de sa distraction et de sa captation sans retour dans la dimension aliénante de la représentation et des possibilités de vie non effectuables et, par là même, impossibles.

Dire que la liberté est naturelle, c'est dire qu'elle s'incarne dans le corps et se rapporte à lui, à ses désirs, à sa volonté, à ses capacités. Mais si la liberté est l'apanage du corps agissant, c'est bien avant qu'elle ne transite par l'esprit où, de naturelle qu'elle était, elle devient aussi morale. Que la liberté soit qualifiée de morale est alors l'indice que la conscience détermine de part en part l'expérience qu'on en a. De même, si l'on admet que la liberté naturelle tire le présent vivant du côté du passé, donc d'une certaine façon du passif, c'est-à-dire du déjà-

1. NH, 319.
2. E, 481.
3. *Cf.* DOI, 122.

donné, du déjà-là, il faut admettre également que la liberté morale tire le présent vivant du côté de l'avenir, donc d'une certaine façon de l'actif, c'est-à-dire du pas-encore-donné, du pas-encore-là. Et, de fait, il n'est pas de perfectibilité imaginable sans qu'une orientation, une direction, un sens ne soient donnés au pas-encore-là.

Sans doute plus l'extérieur se corrompt et plus l'extérieur se compose. Mais fort heureusement il est du ressort de l'intérieur – de la nature, du sentiment intérieur – de se rappeler à nous en nous appelant à notre naturalité constitutive, à notre affectivité de principe, à l'amour de soi comme premier principe de l'âme. L'existence d'une vie éthique dépend tout entière d'un tel *rappel*, dont la fonction – la fonction de rappel à l'ordre ou de rappel à soi – est remplie par la conscience au sens rousseauiste du terme.

Ainsi l'accomplissement éthique et moral de la subjectivité humaine prend-il chez Rousseau les traits d'une sagesse individuelle où il revient à la voix de la conscience d'éveiller le moi quant aux périls de son éventuelle aliénation. L'édification d'un moi « libre » en dépend. Libre, en ce sens, c'est être délivré de sa contradiction/aliénation.

En tout état de cause, l'âme humaine – en tant que principe d'animation de la puissance d'agir – demeure tributaire d'un équilibre à trouver entre son vouloir et son pouvoir, entre ses facultés et ses désirs, entre le monde des possibles et la sphère des nécessités. Mais pour que cet équilibre puisse être instauré, encore faut-il s'éveiller à sa contradiction. En effet, la dénaturation subjective ne peut en appeler au ressaisissement de l'âme, cet appel étant assuré par la voix de la conscience, que si la nécessité morale de ce ressaisissement est entendue. L'âme doit donc s'y *disposer*.

Comment cette disposition est-elle susceptible de se produire ? C'est ce que nous allons entrevoir en recourant à la brève analyse d'un épisode de la vie de Rousseau auquel ce dernier a estimé devoir donner un fort retentissement au livre II des *Confessions*. Il s'agit de l'épisode dit du ruban de Marion [1]. En prenant appui sur l'enchaînement des actes (plus encore que des faits) que Rousseau décrit dans son livre, je me bornerai à égrener les cinq remarques suivantes :

1. L'objet (le ruban) attire le regard de l'enfant (Jean-Jacques). Par cet attrait, le regard devient désir, et ce désir ne s'accomplit que dans la possession de l'objet (le vol).

2. Rousseau dira plus tard qu'il songeait à faire cadeau de ce ruban à Marion. Mais c'est là un *motif* qui s'ajoute de l'extérieur à l'acte. Son mobile, en revanche, consiste dans le désir qu'il éprouve de se saisir d'un objet attirant, dans ce désir de possession d'où s'engendre son regard. Toutefois, qu'au mobile s'ajoute après coup un motif ne fait pas du motif quelque chose de moins *authentique* que le mobile.

3. Rousseau, que l'on accuse de vol, accuse à son tour la jeune Marion. Dire que Rousseau accuse Marion pour se sauver ne suffit pas. Il faut encore comprendre la logique de cette « autodéfense ». Car enfin, pourquoi accuser la personne à qui il souhaitait manifestement faire plaisir ? Pourquoi ajouter le mensonge et la calomnie au larcin, et transformer, par là même, son péché (la concupiscence) en crime (en méchanceté) ? Réponse : parce qu'il est arrivé

1. C, 84-87.

que trop de regards soient braqués sur Rousseau et qu'il en a eu *honte*. (« Je craignais peu la punition, je ne craignais que la honte ; mais je la craignais plus que la mort, plus que le crime, plus que tout au monde. [...] l'invincible honte l'emporta sur tout, la honte seule fit mon impudence, et plus je devenais criminel, plus l'effroi d'en convenir me rendait intrépide » [1].) Du coup, sa seule défense a été l'attaque. Une attaque qui n'aura donc été possible que dans la mesure où le regard concupiscent qu'il portait à l'origine en direction du ruban est venu s'opposer au regard accusateur de tous. Ainsi le sauvetage est-il passé par l'inversion des signes, au sens où le regard de convoitise (soi) est apparu bien moins coupable que le regard d'accusation (les autres). C'est que le regard des autres a eu pour conséquence de le mettre, en son être, *hors de soi*. À partir de ce moment-là, rien ne pouvait être autrement que sens dessus dessous.

4. Deux objets, par conséquent, sont incriminés : le regard, la société. *Exit* le désir, qui retourne dès lors à son innocence originelle. Rousseau déclare (mais rétrospectivement) : « Je l'accusai [Marion] d'avoir fait ce que je voulais faire » [2]. En effet, souhaitant offrir le ruban à Marion, voilà que Rousseau, une fois confronté à la révélation du vol, est contraint d'accuser Marion de le lui avoir offert. Mais l'important, c'est ce que les autres comprennent de toute cette affaire ; or ce qu'ils comprennent, c'est uniquement ce que leur dictent leurs *préjugés*. En effet, un don de Marion à Rousseau est quelque chose qui leur semblait plausible, alors même qu'il ne s'agissait là que d'une allégation fallacieuse propagée par Rousseau.

1. C, 86.
2. C, 86.

La vérité, seule Rousseau la connaissait ; les autres n'y avaient guère accès. Pourtant ces derniers ont bien cru la connaître – et c'est cette présomption, cette seule présomption, qu'il importe, à ce stade, de reconnaître, voire de dénoncer. Il va aussi de soi que la leçon de l'épisode peut être élargie à l'ensemble des *Confessions*. Cette évidence tient au fait que Rousseau a tout fait pour conférer à l'épisode une valeur emblématique. Et cependant, ce ne sont ni l'effet ni la cause – c'est-à-dire ni le remords qui s'en est suivi, ni le mensonge originel – qui fondent aux yeux de Rousseau l'exemplarité de l'épisode, c'est seulement la leçon que l'on est en droit d'en tirer si l'on désire comprendre que ce qui paraît vrai au regard de « l'esprit social » ne l'est pas dans l'économie de la nature comme vie.

5. Au final, quelle morale tirer de cet apologue ? Que la honte est diabolique. Qu'elle est à l'origine du mal pour autant qu'elle est le fruit de l'amour-propre, si bien que c'est l'amour-propre qui est en dernier ressort la vraie source du mal. Et cependant l'amour-propre n'est pas originel, l'âme n'a pas pour principe universel l'amour-propre. Son principe premier est l'amour de soi. En tant que « principe de l'âme », l'amour de soi est au fondement de l'unification du Soi. D'une part, donc, l'amour-propre caractérise le « moi social » en tant qu'il est sans cesse *hors de lui* : ainsi est-ce par amour-propre que l'on ne cesse pas de *se préférer* aux autres et, ainsi, de *se distinguer* des autres. D'autre part, l'amour de soi caractérise le fait que cet « être passible et mortel » qu'est l'homme, dans son « état naturel et simple [1] »,

1. « L'état naturel d'un être passible et mortel tel que l'homme est de se complaire dans le sentiment de son existence, de sentir avec plaisir ce qui tend à le conserver et avec douleur ce qui tend à la détruire, c'est

ne peut se mettre à distance de lui-même, sauf au moyen de la réflexion et de la prévoyance. De même que la nature est le nom que Rousseau donne au plan d'immanence qu'il découvre ou invente, l'amour de soi est celui qu'il donne à la structure de l'affectivité. Si donc l'amour de soi n'était pas au principe de son âme, la conscience – désignée dans le texte des *Confessions* sous le nom de « remords » – n'aurait pu rappeler Rousseau à « soi », pas plus que la honte ne se serait manifestée en lui. L'amour-propre, qui repose sur la réflexion et la prévoyance, aurait alors pris le pouvoir dans son âme et Rousseau, affranchi de toute résistance, se serait satisfait de sauver son honneur, voire sa peau, quand bien même ce sauvetage se ferait au détriment d'un tiers. Or non seulement ce tiers est d'une certaine façon le même que lui (c'est bien, au plan humain, un « semblable »), mais la conscience est ce qui, dans l'âme, rappelle le Soi à lui-même dès lors qu'il lui arrive de se soumettre à la loi des autres (au regard adverse) sous l'impulsion de son amour-propre.

Voici donc, en résumé, ce que cet épisode aide à comprendre : que l'amour-propre ne peut étouffer tout à fait l'amour de soi, et que c'est bien parce que l'amour de soi ne saurait être étouffé que la conscience peut toujours, à partir de l'amour-propre et de l'aliénation qu'il produit, ramener le Soi à lui-même, c'est-à-dire l'arracher à cette inévitable dénaturation subjective à laquelle le condamne son assujettissement, par pusillanimité et conformisme, à

dans cet état naturel et simple qu'il faut chercher la source de nos passions. On s'imagine que la première est le désir d'être heureux et on se trompe. *L'idée du bonheur est très composée*, le bonheur est un état permanent dont l'appétit dépend de la mesure de nos connaissances, au lieu que nos passions naissent d'un sentiment actuel indépendant de nos lumières » (MLM, 1324).

l'esprit social ; que la corruption de l'âme n'est jamais complète, et que la dénaturation de la vie n'est jamais totale, tant que l'homme n'a pas perdu toute idée de ce qui fait en lui le fond de son humanité [1], car, dans le cas contraire, cette perte n'entraînerait rien de moins que sa perdition.

1. Soit les deux principes de l'âme : l'amour de soi et la pitié. – La question de la subjectivité compassionnelle n'a pas été abordée ici ; elle ne concerne que lointainement la maxime fondamentale de Rousseau. Je me permets toutefois, pour un éventuel complément d'analyse, de renvoyer à certains de mes travaux antérieurs : *Rousseau : une philosophie de l'âme*, *op. cit.*, p. 105-133 et p. 421-433 ; *L'Empire de la compassion*, Paris, Agora-Pocket, 2021, notamment p. 122-135 ; *Analyse du sentiment intérieur*, *op. cit.*, p. 247-294.

CHAPITRE II

LE PROBLÈME DE L'EXISTENCE POLITIQUE

(Lire Rousseau avec Granel, et vice-versa)

La pluie de commentaires et d'explications qui s'est abattue sur *Du contrat social* depuis sa parution en 1772 n'a jamais empêché quiconque de convenir au moins d'une chose, à savoir que ce que Rousseau appelle, en s'emparant d'une expression reçue, « le contrat social » n'a rien à voir avec un contrat, et rien non plus de social. Il s'agit plutôt de l'instauration d'un fondement, lequel est politique. En d'autres termes, il s'agit des *raisons qu'ont les hommes – des raisons qu'ils pourraient ou devraient avoir – de faire corps entre eux*, donc de faire Un, par le truchement d'une *entente*, que Rousseau appelle un « pacte ». Un pacte qui, justement à ce titre, et à ce niveau d'origine, ne peut être qualifié que de *constitutif.* Un pacte qui, parce que constitutif du corps politique lui-même, se définit comme « l'acte par lequel un peuple est un peuple » [1].

Le dégagement des tenants et des aboutissants de l'institution du peuple en tant que peuple, c'est-à-dire l'appréhension des raisons que les hommes ont de s'unifier en un corps : telle est la « tâche » que Rousseau se sera

1. CS, 359.

proposée d'accomplir dans *Du Contrat social* et qu'il définit en ces termes très simples : *fonder l'État sur sa base* – ce programme étant énoncé en toutes lettres, de façon récapitulative, dans la conclusion du traité[1]. Cette formule, dont la simplicité donne le change, aurait d'ailleurs dû éveiller davantage l'attention : car la fondation philosophique que Rousseau appelle de ses vœux et qu'il réalise, de fait, en rédigeant *Du Contrat social*, cette fondation n'est celle de l'État que dans la mesure où elle est surtout et avant tout une *refondation de la liberté.* En effet, s'il convient de fonder l'État sur une base qui est pour ainsi dire *toujours déjà la sienne*, à savoir sur l'existence du « peuple » en tant que corps politique souverain, cette base ne saurait être elle-même que celle d'un *être libre*.

Précisons. Pour Rousseau, la liberté est l'alpha et l'oméga d'un ordre proprement humain, à telle enseigne que « renoncer à sa liberté, c'est renoncer à sa qualité d'homme, aux droits de l'humanité, même à ses devoirs »[2]. C'est pourquoi penser « l'essence du corps politique »[3] n'exige pas seulement de méditer l'essence de la loi, cela demande aussi, et peut-être même surtout, de faire en sorte que la liberté puisse toujours reposer *sur elle-même*, c'est-à-dire sur ses propres conditions de libération, étant donné qu'il n'est pas de liberté en général sans un se-libérer de la liberté elle-même, pas plus qu'il n'existe de corps politique qui, pour être régi et structuré de part en part par la loi, ne suppose l'expérience d'un *accord* aussi singulier que fondamental : « l'accord de l'obéissance et de la liberté »[4].

1. CS, 470.
2. CS, 356.
3. CS, 427.
4. CS, 427

Or, justement, une liberté, de quelque ordre qu'elle soit, ne se contredit-elle pas sitôt qu'elle obéit ? Ou bien n'est-on libre qu'à la condition d'obéir à la loi que l'on s'est soi-même prescrite ? Comment faire pour que celui qui se soumet à la loi en soit aussi l'auteur, de sorte à ne plus obéir qu'à lui-même ? « L'impulsion du seul appétit est esclavage, et l'obéissance à la loi qu'on s'est prescrite est liberté »[1], note au début du *Contrat social* un Rousseau dont on sait qu'il aura, à cet égard, une influence certaine sur Kant. Et pourtant, une liberté qui n'obéit qu'à elle-même n'est-elle pas aussi paradoxale que cette obéissance à laquelle elle se range ? En outre, une liberté qui s'autodétermine, qui se soumet donc uniquement à sa propre loi, une liberté qui s'oblige elle-même, qu'implique-t-elle sur le plan strictement politique ? Implique-t-elle qu'il faille faire dépendre la politique de la morale ?

Même s'il reconnaissait que la liberté est ce qui demeurera à tout jamais incompréhensible, Kant n'en avait pas moins réussi à élever la liberté au concept en montrant que seule l'impérativité catégorique de la loi morale pouvait expliquer son apparent paradoxe. Mais telle ne fut pas la voie empruntée par Rousseau. Celui-ci se sera bien plutôt convaincu qu'il revient au droit et, plus singulièrement, au « droit politique » (celui sur lequel repose l'autorité de l'État), de susciter l'auto-obéissance de la liberté. Ici donc la question est de droit et non de morale. C'est tout l'enjeu du *Contrat Social*, que son sous-titre – « Principes du droit politique » –, choisi au terme de moult hésitations, exprime du reste parfaitement et que confirme, si besoin est, l'affirmation que « le sens philosophique du mot liberté »

1. CS, 363

ne sera pas son « sujet »[1]. Ne faut-il pas en effet, avant que de commencer à s'interroger sur l'essence de la liberté, que nous la rencontrions, cette liberté « obligatoire » ? Ne devons-nous pas en faire l'épreuve – ou l'expérience ? Mais alors, où l'expérimentons-nous ? Quelles sont les conditions de sa réalisation ? Ces conditions, dit en résumé Rousseau, dépendent exclusivement de l'existence de l'État en tant qu'État de droit. La question est donc de savoir à quelle nécessité répond celui-ci et comment, dans ses grandes lignes, il fonctionne.

Reprenons.

Pour exister, mais aussi pour fonctionner, tout État exige d'être constitué. La constitution de l'État est indissociable de la formation du corps politique, dont les membres sont précisément les citoyens de l'État. Former le corps politique ne suppose pas de le soumettre à une constitution, mais à une institution. Que veut donc dire : instituer un peuple, dès lors qu'il lui appartient de donner forme à une République, une Cité, un État ?

Pour Rousseau, l'État désigne, outre un « corps moral et collectif »[2], un système de gouvernement par la loi, doté d'une autorité souveraine, s'exerçant sur une multitude unifiée d'individus dont le nom est *peuple*. Dans ce contexte, la notion de peuple ne renvoie pas à une certaine classe sociale ; le mot nomme une entité politique ayant comme telle des droits et des devoirs bien définis. En ce sens très différent de la population, le peuple constitue sur un mode actif ce que l'État est sur un mode passif[3] : l'un est ce au nom de qui la loi s'exerce, l'autre est ce sur qui la loi s'exerce, la double fonction d'« exécution des lois » et de

1. CS, 363.
2. CS, 361.
3. CS, 362.

« maintien de la liberté tant civile que politique » étant dévolue au gouvernement, « suprême administration »[1], « active comme le souverain, passive comme l'État »[2].

De son côté, le gouvernement peut être qualifié de démocratique quand le gouvernement du peuple est assuré par le peuple lui-même. Mais en règle générale l'exécution des lois n'est pas forcément assurée par ce au nom de qui elles existent et à qui elles s'appliquent, même si elles ont toujours les citoyens pour objet. Comment le gouvernement agit-il ? Au moyen d'un ensemble réglé d'institutions au sein desquelles le pouvoir se distribue par *autorisation*, donc de façon ouvertement légitime. Aussi, de proche en proche, la question décisive devient-elle celle de la *légitimité* du pouvoir, de ses sources autant que des mécanismes institutionnels qu'il lui arrive d'instaurer. À cet égard, telle est la position exprimée par Rousseau : le pouvoir ne jouit d'une légitimité que si « tout le peuple statue sur tout le peuple »[3], c'est-à-dire quand il décide librement de la façon dont il sera lui-même gouverné. Il pourrait tout à fait se résoudre à ne pas se gouverner lui-même, mais du seul fait de cette décision, le gouvernement auquel il se pliera n'en sera pas moins légitime. Dans cette perspective, la question de la légitimation de l'exercice du pouvoir et celle de la légitimité même du pouvoir, les deux se présentant comme l'alpha et l'oméga de la réalité politique, ont conduit Rousseau à donner crédit, à son tour, à la notion de pacte social en tant qu'origine et fondement de l'État. C'est là une très ancienne notion[4], dont Rousseau assume l'héritage à l'unique condition qu'il lui donne un sens particulier,

1. CS, 396.
2. CS, 398.
3. CS, 379.
4. Voir S. Goyard-Fabre, *L'Interminable querelle du contrat social*, Ottawa, Éditions de l'Université d'Ottawa, 1983.

quasi contradictoire. Chez lui, le contrat social est fonction d'un « pour ainsi dire », qui l'éloigne de son sens obvie. C'est qu'il s'instaure bien moins entre les membres d'une société donnée (car s'il est à l'origine de la réalité, c'est-à-dire de l'unité spécifique, de cette société, on ne doit justement pas la présupposer) qu'à l'intérieur de tout particulier qui deviendrait, par elle, membre d'une telle société. Le vrai contrat social est celui que « chaque individu contract[e] pour ainsi dire avec lui-même »[1]. Il repose sur une décision qu'il prend quant à lui-même, c'est-à-dire quant à sa liberté : une décision, libre en elle-même, consistant, pour la liberté, à demeurer fidèle à elle-même, c'est-à-dire à « rester aussi libre qu'auparavant »[2], alors même qu'elle est passée entre-temps de l'état d'*indépendance* à l'état d'*obligation*.

Pourquoi pareille transformation des prérogatives de la liberté initiale ? Parce que la liberté des uns (leur indépendance) finit toujours par se heurter à celles des autres, dans un contexte où nul ne peut survivre *seul*. Ce que l'on comprend alors, c'est que « la liberté consiste moins à faire sa volonté qu'à n'être pas soumis à celle d'autrui » ; qu'elle « consiste encore à ne pas soumettre la volonté d'autrui à la nôtre »[3]. Le contrat social exprime la décision que la liberté prend quant à elle-même sur la base d'une telle compréhension. Ce qui revient à dire que si cette compréhension n'avait pas lieu, le pacte social n'aurait pas lieu non plus. Cette compréhension est par nature individuelle, et elle se double, dans le meilleur des cas, d'une autre : qu'il existe des modalités différentes d'être libre, et que la perte d'un premier genre de liberté

1. CS, 362.
2. CS, 360.
3. LEM, 841.

peut se « compenser » par le gain d'un autre genre de liberté. Car « il faut bien distinguer la liberté naturelle qui n'a pour bornes que les forces de l'individu, de la liberté civile qui est limitée par la volonté générale »[1]. Ainsi :

> Ce que l'homme perd par le contrat social, c'est sa liberté naturelle et un droit illimité à tout ce qui le tente et qu'il peut atteindre ; ce qu'il gagne, c'est la liberté civile et la propriété de tout ce qu'il possède (CS, 364).

La question du pacte social est donc celle d'un *qui perd gagne*. Ce que l'on perd (volontairement) d'une main, il est possible de le regagner (gracieusement) d'une autre : à condition que le Je-peux devienne un J'ai-le-droit, que la possession se transforme en propriété, et que l'illimitation solipsiste d'une volonté donnée, rendue infernale au contact d'une autre volonté, admette une certaine limitation qui lui viendrait du général. Mais qu'est-ce que le général ? Plus exactement : qu'entendre par ce mot quand il se trouve rapporté à « l'intérêt » du citoyen, au « bien » que celui-ci aurait avec un autre en partage ? Renvoie-t-il à l'intérêt de *tous*, identique au dénominateur commun des intérêts de *chacun ?* Ou renvoie-t-il à un intérêt tout autre, qui transcenderait ceux-ci en tout point ?

Ce que le pacte social traduit sous la forme d'une décision supposément prise par tout le monde, c'est ce qui n'aura été en réalité décidé par personne. Par son étrange « formulaire »[2], elle offre un fondement vraisemblable et, par ce fait, une forme intelligible à ce qui, en soi, ne saurait être déterminé par quoi que ce soit d'autre que soi-même : la liberté humaine. C'est dans cette optique exclusivement qu'il convient de supposer, et uniquement de supposer,

1. CS, 365.
2. CS, 364.

que le « corps politique », c'est-à-dire aussi bien le peuple que l'État, résulte d'un contrat social originel, signé à l'unanimité par tous ses membres. Cette unanimité est supposée, tout comme est supposé le pacte qui en résulte, mais cette double supposition n'a de sens, finalement, que sur les plans heuristique et pragmatique : car elle est à la fois principe d'intellection et principe de fonctionnement. En rapportant la réalité politique à un antécédent « mythique » censé lui servir d'*origine*, le contrat social donne, aussi bien sur le plan de la connaissance que sur celui de l'action, un *fondement* à cette réalité en rattachant sa « formation » à une cause première, dont les effets se sont eux-mêmes toujours déjà produits. Cette notion assure donc l'intelligibilité d'un processus, qui est celui d'une mise en forme (la forme-État), pour autant qu'elle impute à un acte en particulier la transformation d'une pluralité naturelle et disparate d'individus en un ensemble lié par une convergence d'intérêts – sous la bannière du « bien commun ». En d'autres termes, la supposition du pacte social a pour fin de rendre compte de la métamorphose de la liberté, qui passe de l'indépendance à l'obligation, autant que de la substitution du général au particulier, par quoi *tous* devient *tout*.

> Si donc on écarte du pacte social ce qui n'est pas de son essence, on trouvera qu'il se réduit aux termes suivants : « Chacun de nous met en commun sa personne et toute sa puissance sous la suprême direction de la volonté générale ; et nous recevons en corps chaque membre comme partie indivisible du tout. » (CS, 361).

Telle est la parole du corps politique. La parole du corps politique s'exprime pour désigner la généralité de son vouloir. Elle a sa logique propre : en tant qu'elle est traversée par les idées de perte et de gain, donc par l'idée d'un changement, d'une transformation, d'une substitution, en tant qu'elle est aussi écartelée entre deux pôles, celui du don et celui de la réception – don de sa personne effectué par soi et réception en son corps effectuée par soi –, il lui faut rendre compte d'un processus dont la spécificité est qu'il prend son essor dans un sujet individuel, déterminé par des intérêts qui lui sont propres, qui sont donc *particuliers*, pour aboutir à l'instauration d'un autre sujet individuel, qui est à la fois le même et un autre, puisque cet autre sujet ne défend plus ses intérêts particuliers, mais ce qui s'impose alors à lui comme *intérêt général*.

En fait, si, au départ, le sujet se trouve situé sous le rapport de la particularité, à l'arrivée (c'est-à-dire suite au pacte social) il se retrouve situé sous le rapport de la généralité. Or celle-ci lui confère du même coup une singularité. Le sujet individuel (« chacun de nous » : chacun *en particulier*) se donne à *tous* (donc aussi bien au *tout* qui n'existe pas encore comme tel) par le seul fait de placer sous la tutelle du *général* son être – son vouloir et son pouvoir –, cette « mise en commun » constituant un « corps » (un *tout*) dans lequel chacun devient, du *tous* dont il faisait d'abord partie (« nous »), mais de manière extérieurement constitutive, une partie cette fois indivisible, c'est-à-dire intrinsèquement constitutive, soit un « chacun de nous » non plus particulier, mais *singulier*.

L'existence politique n'est jamais donnée : non seulement elle implique que le particulier soit aux prises avec le général, mais elle suppose encore que ce particulier se singularise en se requalifiant, en changeant de statut. Qu'il se singularise, en effet, en devenant *citoyen* – sujet de droits et de devoirs. L'existence politique du sujet individuel est d'abord et surtout fonction d'une singularisation de son être. Or si le sujet particulier se singularise en tant que citoyen, c'est uniquement au sein d'une collectivité, *dans l'un-tout d'un corps politique*, tout comme il se particularisait déjà (comme un parmi tant d'autres) *en fonction de tous ses semblables*, c'est-à-dire en comparaison avec n'importe qui. Le formulaire du pacte social, qui rend compte du processus généralisant une volonté particulière, dissimule le changement sous le lexique de l'échange (donner/recevoir). Si ce processus de singularisation est instantané, il n'en demeure pas moins énigmatique.

L'essentiel est que le passage du pluriel (tous) au singulier (tout) pour dire l'un-tout du corps politique ne ramène plus celui-ci à la particularité de chacun. Car il s'accompagne d'une singularisation, qui est elle-même l'ombre portée d'une requalification préalable de tout un chacun. Cette requalification se produit au moyen et sous l'égide du phénomène juridique. C'est au prisme de la loi que l'on devient sujet de droits et de devoirs. Mais la loi, support de toute obligation, fait plus à chaque fois qu'unifier le pluriel : elle préside à la mise en mouvement du tout, donc à la vie du corps politique. L'originalité de la pensée politique de Rousseau tire exactement de là son expression la plus frappante.

> Par le pacte social nous avons donné l'existence et la vie au corps politique ; il s'agit maintenant de lui donner le mouvement et la volonté par la législation : car l'acte primitif par lequel ce corps se forme et s'unit ne détermine rien encore de ce qu'il doit faire pour se conserver (CS-1, 312)[1].

1. Notons en passant qu'il n'y a rien, dans cette phrase décisive, qui ne soit rigoureusement semblable à ce qui sera dit dans la version définitive, au début du chapitre 6, Livre II, chapitre qui précède immédiatement celui qui traite du législateur, et qui s'intitule « De la loi ».

À la question centrale : par quel moyen l'animation, la mise en mouvement du corps politique se produit-elle ? la réponse donnée est clairement la suivante : par la législation, soit, explique encore Rousseau, toutes les fois que s'exerce la *volonté générale* du peuple souverain.

La volonté générale, ce n'est rien de moins que *l'âme* du corps politique, lequel est déjà venu à l'existence par la grâce du pacte social. Que la volonté générale s'exerce ici et maintenant, voilà qui constitue l'*energeia*, l'actualisation ou l'être-en-acte du corps politique ; elle est ce par quoi « tout le peuple statue sur tout le peuple »[1]. Car la volonté générale ne fait qu'une chose : légiférer. En effet, telle est *la loi* : un « acte » dont « la matière sur laquelle on statue est générale comme la volonté qui statue »[2]. Ainsi toute législation a-t-elle pour sujet (auteur de la loi) et pour objet (contenu de la loi) le général lui-même et comme tel, soit : le peuple, pour une part, et le bien commun, pour une autre part. Deux formes du « tout », appréhendées dans une interrelation politico-juridique. Et ce tant et si bien que lorsqu'on évoque la volonté générale on désigne essentiellement par ces mots la volonté *du* général, au double sens, subjectif *et* objectif, du génitif.

L'existence de l'État de droit soulève bien sûr de lourds problèmes, sans cesse réélaborés. Parmi ces problèmes, il en est un, que Rousseau qualifie de fondamental et auquel l'être humain, s'il se veut libre, se doit de trouver une solution de la même façon que le mathématicien ou le physicien s'emploient à résoudre une difficulté rencontrée en géométrie ou en chronométrie. La présentation que le

1. CS, 379.
2. *Ibid.*

philosophe donne du « problème politique » dans une lettre à Mirabeau datée du 26 juillet 1767 a été rendue célèbre :

> Voici, dans mes vieilles idées, le grand problème en politique, que je compare à celui de la quadrature du cercle en géométrie et à celui des longitudes en astronomie : *Trouver une forme de gouvernement qui mette la loi au-dessus de l'homme*.
> Si cette forme est trouvable, cherchons-la, et tâchons de l'établir (*LP*, 167).

Les prémices de cet établissement, la possibilité même de la trouvaille, le socle de la solution, tout cela tient d'abord à cette intuition capitale :

> S'il n'y avait pas quelque point dans lequel tous les intérêts s'accordent, nulle société ne saurait exister (CS, 368).

Or, justement, il ne fait aucun doute que les sociétés humaines existent. Certes, sur le plan strictement politique, elles existent mal, ou difficilement, elles s'exposent constamment à la violence ou au déchirement, mais cela est loin de les empêcher d'exister. C'est même toujours dans la violence et le déchirement qu'elles existent – disons mieux qu'elles subsistent. Aussi, ce qu'il importe de faire, c'est de remonter jusqu'aux *principes* qui rendent cette subsistance possible. Tel sera l'enjeu de la démarche généalogique de Rousseau, une démarche qu'à la suite de Jean Bodin et de Thomas Hobbes, ses grands prédécesseurs, il aura partagée avec bon nombre de ses contemporains, mais dont il se sera acquitté de façon unique, en rattachant au pouvoir politique une nouvelle source de *légitimité*.

Or, un des traits distinctifs de cette démarche incomparable est le traitement de la question comme s'il s'agissait d'un problème de mathématique. Dans cet esprit en effet, Rousseau n'a pas hésité à recourir à des représentations arithmétiques et algébriques pour tenter de rendre compte de ce qu'il appelle, de manière cardinale, le rapport « du tout au tout, ou du souverain à l'État »[1] : rapport *constitutif* de cet État de droit ou de cette « République » où un peuple donné se voit libre d'exercer sa pleine souveraineté, de la même façon que le gouvernement se trouve autorisé à mettre en œuvre le pouvoir qui lui est dévolu par la seule décision du souverain. Rousseau écrit notamment à cet égard :

> On peut représenter ce dernier rapport [*i.e.* le rapport du tout au tout, ou du souverain à l'État] par celui des extrêmes d'une proportion continue, dont la moyenne proportionnelle est le gouvernement. Le gouvernement reçoit du souverain les ordres qu'il donne au peuple ; et, pour que l'État soit dans un bon équilibre, il faut, tout compensé, qu'il y ait égalité entre le produit ou la puissance des citoyens, qui sont souverains d'un côté et sujets de l'autre (CS, 396).

Produit et *puissance* sont employés ici dans leur sens mathématique. *Raison doublée* et *exposant*, que l'on trouve quelques lignes plus bas[2], relèvent du même vocabulaire. Ainsi l'équation fondamentale du politique pourrait-elle se formuler de deux manières :

1. $S/G = G/E$ – soit : le pouvoir que le Gouvernement (G) exerce sur les sujets, lesquels, en tant que sujets de droit, constituent l'État (E), doit être proportionné au pouvoir que les citoyens, qui forment le Souverain (S), exercent déjà, dès l'origine, sur le Gouvernement.

1. CS, 398.
2. CS, 397-398.

2. $G^2 = S \times E$ – c'est-à-dire que la force du Gouvernement (donc le Gouvernement en tant qu'il est placé sous le régime de la *puissance*) équivaut à la force du Souverain (donc des citoyens à l'origine des lois, pouvant en tout cas en répondre) multipliée par celle de l'État (donc des citoyens soumis aux lois dont ils sont eux-mêmes à l'origine) ; la force du Gouvernement est donc en soi le produit d'une force qui se redouble, puisque, sous un certain rapport, $S = E$.

Que la puissance soit un concept majeur de la politique, cela se traduit donc mathématiquement, et ce pour autant que, selon le *Dictionnaire encyclopédique des mathématiques* de d'Alembert dont Rousseau selon toute vraisemblance s'est servi, *puissance* est le terme d'arithmétique et d'algèbre qui « se dit du *produit* d'un nombre ou d'une quantité multipliée par elle-même un certain nombre de fois » [1].

En fait, c'est l'ensemble du *Contrat social* qui semble avoir été bâti à l'image d'un traité de mathématiques, s'il est vrai qu'il tente de résoudre à sa façon, du premier chapitre au dernier, toute une série de « problèmes » [2]. Voici le tout premier problème, celui qui donne son départ en même temps que son sens à l'ouvrage tout entier :

1. *OC* II, 681.

2. Sur la volonté de Rousseau de traduire en langage mathématique la problématique du contrat social, il faut toujours se reporter à l'article, désormais classique, de Marcel Françon, « Le langage mathématique de Jean-Jacques Rousseau », repris dans l'importante livraison de la revue de l'ENS, *Cahiers pour l'analyse*, n° 8, 1967, pp. 85-89. Cet article conclut à la pertinence de certaines assertions de Rousseau dont des commentateurs avaient pourtant prétendu qu'elles n'avaient aucune signification, sans tenir compte précisément du fait que les expressions mathématiques employées par Rousseau sont celles « qui avaient cours à l'époque où il écrivait », si bien que « pour les comprendre, il faut leur redonner le sens précis qu'elles avaient » (p. 88).

> L'homme est né libre, et partout il est dans les fers. Tel se croit le maître des autres, qui ne laisse pas d'être plus esclave qu'eux. Comment ce changement s'est-il fait ? Je l'ignore. Qu'est-ce qui peut le rendre légitime ? Je crois pouvoir résoudre cette question (CS, 351).

Aussi fameux que le premier est le second problème, qui renvoie, lui, à l'équation impossible sur laquelle le contrat social semble fondé :

> « Trouver une forme d'association qui défende et protège de toute la force commune la personne et les biens de chaque associé, et par laquelle chacun, s'unissant à tous, n'obéisse pourtant qu'à lui-même, et reste aussi libre qu'auparavant. » Tel est le *problème fondamental* dont le contrat social donne la solution (CS, 360).

Et voici enfin, corrélativement au dernier, quoiqu'il soit moins connu, mais tout aussi important, sinon peut-être plus important encore, le troisième problème en politique :

> Comment une multitude aveugle, qui *souvent ne sait ce qu'elle veut, parce qu'elle sait rarement ce qui lui est bon*, exécuterait-elle d'elle-même une entreprise aussi grande, aussi difficile qu'un système de législation ? De lui-même, le peuple veut toujours le bien, mais de lui-même, il ne le voit pas toujours. La volonté générale est toujours droite, mais, le jugement qui la guide n'est pas toujours éclairé (CS, 380).

Ce dernier problème touche à la modalité à la fois conditionnelle et factuelle (« souvent », « rarement ») d'effectuation de la volonté générale. L'effectuation se produit au moyen de la loi ; c'est « l'ouvrage de la loi » [1] qui, en y assujettissant les hommes, les rend libres, au sens

1. CS-1, 310.

où par la *limitation* de leur « vouloir » à laquelle elle oblige, ils s'exposent le moins possible au malheur de se retrouver en contradiction avec eux-mêmes. Mais encore faut-il que le corps politique sache ce qu'il veut, c'est-à-dire ce qui est bon pour lui. Or, c'est un fait, il le sait rarement ; souvent il se trompe, il s'égare, il s'aveugle quant à son propre intérêt.

> Supposons les [particuliers] toujours soumis à la volonté générale [comme c'est le cas dans un État de droit, lequel État, soit dit en passant, « n'a qu'une existence idéale et conventionnelle » et ce d'autant plus « que ses membres n'ont aucune sensibilité naturelle et commune » (CS-1, 309)], comment cette volonté [générale] pourra-t-elle se manifester dans toutes les occasions ? Sera-t-elle toujours évidente ? L'intérêt particulier ne l'offusquera-t-il jamais de ses illusions ? (CS-1, 309-310).

De ce risque d'absence d'évidence constante de la volonté générale, comme de celle de son corrélat, l'intérêt général ou le bien commun, il est besoin qu'agisse une puissance capable de se comporter en *facteur d'évidence*, si l'on peut dire, et en *dissolvant de l'offuscation* des illusions liées à la prégnance et à la préséance des intérêts particuliers.

En tant que tel, le pacte social repose sur un certain nombre de clauses, toutes si « déterminées par la nature de l'acte » [1] qu'elles ne supportent pas la moindre modification. Or ces clauses « se réduisent toutes à une seule : savoir *l'aliénation totale* de chaque associé avec tous ses droits à toute la communauté : car, premièrement, chacun se donnant tout entier, la condition est égale pour tous ; et la condition étant égale pour tous, nul n'a intérêt

1. CS, 360.

de la rendre onéreuse aux autres »[1]. Le contrat social est un acte d'aliénation ; sans cette condition, il demeure non seulement incompréhensible, mais sans nécessité et proprement inconsistant. De plus, l'aliénation est totale et définitive – Rousseau la dit ailleurs « sans réserve » et « aussi parfaite qu'elle peut l'être »[2]. Ce qui ne veut pas dire qu'elle annule la liberté : au contraire, elle la conforte, elle la renforce, parce que, d'abord, elle la *métamorphose* : elle fait d'un « individu » un « citoyen », elle fait même d'une « personne particulière » une « personne publique », formée alors « par l'union de tous les autres » membres de ce qui devient alors, par la seule grâce du pacte, un « corps moral et collectif »[3].

Qu'est-ce à dire ? Rappelons d'abord que tout tient à cette question capitale :

> Comment se peut-il faire que tous obéissent et que nul ne commande, qu'ils servent et n'aient point de maître ; d'autant plus libres en effet que sous une apparente sujétion, nul ne perd de sa liberté que ce qui peut nuire à celle d'un autre ? (CS-1, 310).

Il y a dans la résolution de ces contradictions flagrantes, on l'imagine aisément, quelque chose qui s'apparente à un prodige. Une opération magique, merveilleuse, alchimique. Comment une sujétion peut-elle être synonyme de liberté ? Comment une contrainte peut-elle être libératoire ? Le grand problème en politique consiste à transformer le plomb en or, c'est-à-dire la non-liberté en liberté. Par quel miracle ? Rousseau écrit :

1. CS, 360-361.
2. CS, 361.
3. *Ibid.*

> Ces prodiges sont l'ouvrage de la loi. C'est à la loi seule que les hommes doivent la justice et la liberté. C'est cet organe salutaire de la volonté de tous, qui rétablit dans le droit l'égalité naturelle entre les hommes (CS-1, 310).

Sur cette base, revenons-en à la question de l'aliénation qui, là aussi, et contre tout attente, détient une valeur positive. Et avançons à ce sujet une première explication : si, dans le pacte social, l'aliénation est dite totale, c'est en deux sens : *a)* parce que ce qui est en jeu est la *totalité* des individus qui s'aliènent ; *b)* parce que ce qui change est la *totalité* de ce qui fait de chaque être un individu proprement dit, soit sa nature, sa subjectivité, sa liberté. C'est *toute* sa manière d'être – autant dire : son être même – qui bascule de la sorte dans une nouvelle dimension. Par le pacte social, un individu ni ne vend ni ne donne une partie de son être : il devient tout entier *un autre*. Et, si étonnant que cela puisse paraître, ce devenir-autre, ce changement du tout au tout, cette transformation d'être va dans le sens de son être même, puisqu'il ne renonce pas à sa liberté, mais en substitue une forme à une autre. En d'autres termes, si l'aliénation se produit, elle se produit à l'intérieur de sa subjectivité et dans l'immanence radicale de sa nature. Alors pourquoi parler d'aliénation, qui dénote *a priori* une négation ? Pour les trois raisons que voici et qui sont toutes liées à l'action que le contrat social exerce sur la *liberté* de l'homme[1] :

1. Parce que le contrat social produit une *obéissance* à la volonté générale, c'est-à-dire prescrit des limites à la liberté.

2. Parce que le contrat social produit une *perte* de liberté dont il ne saurait y avoir de récupération possible et ce d'autant moins qu'elle donne lieu à un étrange gain : c'est

1. *Cf.* CS, 364.

en passant par une espèce de dénaturalisation que l'individu trouve en effet – certes, artificiellement, car juridiquement – les conditions insoupçonnées de son autonomie.

3. Parce que le contrat social produit une *privation*, celle des « avantages » dont l'individu jouissait en termes de liberté en raison de sa nature, mais qui n'en faisait alors – plongé qu'il était dans « l'état de nature » – qu'un « animal stupide et borné », tout juste bon à « écouter ses penchants » ; privation compensée toutefois, et largement, par le fait que cet animal à la merci de ses penchants devient, à la faveur du pacte, « un être intelligent et un homme », décidant de lui-même.

Rassembler n'est pas unir. Une foule se rassemble mais elle n'est pas unie ; au contraire, elle va, comme on dit, dans tous les sens. Seul le corps politique constitutif de l'État fait l'objet d'une union à proprement parler [1]. Et ce

1. « Il y a mille manières de rassembler les hommes, il n'y en a qu'une de les unir » (CS-1, 297). Pour autant que « la société naturelle du genre humain » soit une multitude, non un peuple, elle est sujette à un rassemblement, non à une unification. L'unification, pour Rousseau, en est même impossible, pour des raisons qui tiennent à l'impossibilité de la hisser sur un plan autre que celui de la *nature*. Cela peut se faire d'un groupe homogène, mais pas d'une multitude aussi indéfinie et aussi vaste. « Il est certain que le mot de genre humain n'offre à l'esprit qu'une idée purement collective qui ne suppose aucune union réelle entre les individus qui le constituent » (CS-1, 283). Toute la suite du texte (texte que nous renonçons à reproduire ici en raison de sa longueur), en insistant sur l'absence de consistance politique qui caractérise le « genre humain », donne à penser que le point de vue de Rousseau ne fait aucune place au cosmopolitisme. Or il n'en est rien. Sur la base d'une critique du concept de droit naturel aboutissant au moins à la distinction du « droit naturel proprement dit » et du « droit naturel raisonné » (CS-1, 239), Rousseau n'a pas manqué de célébrer le cosmopolitisme, évoquant au passage ces rares « grandes âmes cosmopolites, qui franchissent les barrières

qui unifie ce corps en lui-même, ce qui réunit ses membres, n'est autre que ce phénomène de nature fort complexe (dont Bergson se préoccupera d'étudier le mécanisme) qui a pour nom *l'obligation* :

> Qu'est-ce qui fait que l'État est un ? C'est l'union de ses membres. Et d'où naît l'union de ses membres ? De l'obligation qui les lie (LEM, 806).

D'un point de vue formel, l'obligation est une forme de ligature, de lien, qui elle-même fait loi. C'est aussi l'inverse : l'obligation est le fait d'une loi qui forme en tant que loi une ligature, un lien. Elle est l'intériorisation d'une extériorité donnée ou d'une donnée extérieure. Ce lien cependant ne se noue pas une fois pour toutes ; il est à forger *sans cesse*, afin que le corps politique tout à la fois vive et survive, se mette en mouvement et se conserve. C'est qu'il existe dans le temps, et cette durée se heurte à la temporalité de la décision (l'acte de souveraineté, l'expression volontaire générale) par quoi le corps politique se conserve. Étant donné qu'il « est absurde que la volonté se donne des chaînes pour l'avenir » [1] – cela est dit sur le plan des principes –, et que « l'acte d'hier ne dispense pas d'agir aujourd'hui » [2] – cela est dit sur le plan des faits –, il s'ensuit que « chaque acte de souveraineté ainsi que chaque instant de sa durée est absolu, indépendant de celui

imaginaires qui séparent les peuples et qui à l'exemple de l'être souverain qui l'a créé, embrassent tout le genre humain dans leur bienveillance » (DOI, 178). Ce n'est pas le lieu de se pencher sur cette question. Renvoyons, en guise de pierre d'attente, si jamais nous y revenions, au remarquable article de Patrick Hochart « Droit naturel et simulacre », *Cahiers pour l'analyse*, n° 8, Paris, Seuil, 1967, p. 65-84.

1. CS, 368-369.
2. LEM, 815.

qui précède et jamais le souverain n'agit parce qu'il a voulu mais parce qu'il veut »[1]. Ainsi, la loi, qui est l'expression de la volonté générale, s'exprime *à chaque fois* qu'elle le peut, renouant alors *à chaque fois* le fil qui assure la cohésion et l'unité du corps politique autour de ce qui lui importe essentiellement, à savoir lui-même. Par son instantanéité et son indépendance absolues par rapport à l'acte qui la précède, l'expression de la loi comme acte de souveraineté fait office de *refondation* du corps politique – une refondation analogue au battement de cœur qui donne à un corps de vivre et de durer. J'y reviendrai spécifiquement.

Le plus important à ce stade de la réflexion est de souligner que le corps politique est unifié par cela même vers quoi il *tend*, et que ce vers quoi il tend n'est pas autre chose que *lui-même*. Seulement ce « soi » vers lequel il tend a ceci de particulier qu'il s'unifie à chaque fois en lui-même par la force du système légal qui, justement, *par statut*, le transforme en cet être non-naturel, en cet « être de raison » qu'il est en tant que « personne morale »[2]. Ce qu'on décrit là, ce sont des relations qui s'ordonnent entre le Souverain (S) et l'État (E), entre le peuple et les sujets, entre les pôles actif et passif d'une seule et même entité, cet ordonnancement passant par l'instauration du gouvernement (G) en tant que magistrature suprême, c'est-à-dire *puissance exécutive*[3] responsable de faire appliquer la loi[4]. Rousseau circonscrit cette instance de multiples

1. CS, 485.
2. CS, 372.
3. CS, 395.
4. « Qu'est-ce donc que le gouvernement ? Un corps intermédiaire établi entre les sujets [E] et le souverain [S] pour leur mutuelle correspondance, chargé de l'exécution des lois, et du maintien de la liberté, tant civile que politique » (CS, 396).

façons. Il en est une qui a le mérite de faire signe en direction de « l'existence *idéale* et conventionnelle »[1] du corps politique : « Le souverain [donc le peuple], dit-il, par cela seul qu'il est, est toujours ce qu'il doit être »[2]. L'être qu'il est induit si immédiatement son propre devoir-être qu'il a tout lieu de se confondre avec lui. Mais justement, par quoi le souverain *est*-il ? On l'a dit : par la volonté générale, qui s'exprime en décidant de la loi. Cette volonté qui s'exprime au présent, elle le constitue à la fois dans son être et son devoir-être, les deux, dans ce seul cas, s'écrasant l'un sur l'autre. Mais au-delà de son identification formelle, qu'est-ce donc que la volonté générale ? Qu'est-ce qu'une loi, concrètement parlant ?

La volonté générale qui s'exprime dans la loi, la loi qui est « l'unique mobile »[3] du corps politique, l'une comme l'autre, le pôle subjectif autant que le pôle objectif de la législation « tend[ent] toujours à l'utilité publique »[4]. La fin que la législation poursuit est l'instauration d'une « personne publique »[5], capable d'affirmer à la fois son individualité et son autonomie. Rousseau ajoute toutefois : cette appétence dirigée, obligée, et tout à fait irréductible, le contenu insigne d'une pareille « intention » supposent une forme de *rectitude*. Rousseau va même jusqu'à penser que la rectitude de la volonté générale est « naturelle »[6], c'est-à-dire de structure. Seulement cette rectitude ne s'étend pas aux *délibérations* du sujet de la volonté générale, qui est le peuple souverain :

1. CS-1, 309.
2. CS, 363.
3. CS, 310.
4. CS, 371.
5. CS, 361.
6. CS, 373.

> La volonté générale est toujours droite [...], mais il ne s'ensuit pas que les délibérations du peuple aient toujours la même rectitude. On veut toujours son bien, mais on ne le voit pas toujours (CS, 371).

En raison de leur difficulté et de leur densité, ces énoncés capitaux, répétés au moins à deux reprises [1], demandent à être interprétés. Dès lors, commençons par souligner que Rousseau conçoit la volonté générale comme un acte de conscience ayant un objet intentionnel spécifique : c'est un se-diriger sur l'utilité publique, le bien commun, l'intérêt général. Mais cette volonté, si consciente de soi qu'elle puisse être, n'en est pas moins le plus souvent privée de la capacité de *voir* ce vers quoi chaque fois elle se projette. À quoi cet aveuglement est-il dû ? Le cartésianisme de Rousseau va le conduire à montrer que cet aveuglement supposé repose sur la séparation de la volonté du peuple d'avec son entendement, son entendement l'entraînant quasi inéluctablement à croire qu'il se trouve davantage unifié par l'addition des membres du corps politique que par la visée du bien commun. Autrement dit, la volonté générale s'aveugle quant à ses fins en pensant qu'elle est la volonté de tous. Telle est la confusion initiale qui explique l'errance du peuple, là est le plan sur lequel se dresse sa plus grave illusion.

En fait, la rectitude de la volonté est constante, et s'il lui arrive de se livrer à une forme de distorsion, c'est parce qu'elle prête le flanc à une opinion, pour elle tout à fait mortifère, qui prétend la guider en lui montrant un objet qui n'est pas le sien propre. La volonté en soi ne saurait être « corrompue » ; elle ne saurait disparaître ; en revanche, ce qui porte atteinte à son intégrité est le fait qu'elle soit

1. CS, 380 et 381.

déviée de sa fin véritable. Si ce détournement est au principe de son « errance »[1], force est de reconnaître qu'il détermine sa destinée aussi bien. Que la destinée d'un peuple (d'un corps politique) se soutienne de l'errance de la volonté générale, cela veut dire en même temps que sa liberté est dans son fond une non-liberté. Et que ce qui libère précisément cette liberté de sa propre « nullité », ce qui la rend pour ainsi dire à elle-même, représente l'événement le plus marquant qui puisse échoir à un peuple digne de ce nom. La libération de la liberté du corps politique est identique à la rectification de la délibération dont dépend, pour son exercice autant que pour son expression, la volonté générale. Voir son bien est, pour le peuple, l'évènement « providentiel » par excellence.

Montrer la nécessité de cet événement, c'est montrer que la libération de liberté est chose possible, donc que le peuple peut exister en tant que souverain. Or s'il souhaite prétendre à cette souveraineté qui, dans une République, lui revient toujours de droit, le peuple ne doit dépendre que de lui-même. Il doit se tenir au fondement de lui-même. Voilà pourquoi *Du Contrat social* expose une pensée de *la Chose politique* où libération de la liberté et auto-fondation du corps politique sont le Même sous le rapport de la volonté générale, laquelle s'affirme à la faveur d'un acte législatif dont la fin consiste à statuer en toute clarté sur l'existence même de la loi.

Pour que cette clarté advienne, il importe cependant que la volonté générale s'assume en tant que telle, c'est-à-dire dans la généralité qui est la sienne. Mais cela, elle ne peut le faire qu'à la condition de s'arracher à son entente fallacieuse, mais si courante, si ordinaire, en tant que

1. CS, 371.

« volonté de tous ». La volonté de tous étant la somme des volontés particulières, il est rare qu'on puisse la qualifier de « générale ». On n'a droit de le faire qu'en cas d'*unanimité*. Or s'identifier à la volonté de tous comme somme des volontés particulières demeure la tentation permanente du corps politique, une tentation qui consiste principalement dans le fait que chaque citoyen « songe à soi-même en votant pour tous » [1], ce qui se produit quand chaque votant est victime de « la séduction des volontés particulières » [2]. Rousseau explique :

> Il y a souvent bien de la différence entre la volonté de tous et la volonté générale ; celle-ci ne regarde qu'à l'intérêt commun ; l'autre regarde à l'intérêt privé, et n'est qu'une somme de volontés particulières (CS, 371).

Telle est la faiblesse de la volonté générale, telle la puissance de séduction du peuple par des volontés particulières plus ou moins coalisées, qu'il n'y a pas d'autre moyen pour l'une et l'autre que de se soumettre à une certaine *faculté de réflexion* dont le schème opératoire a la forme d'un « si ceci … alors cela … ». Dès lors, tout se met à reposer sur le raisonnement suivant : si l'on poursuit la réalisation de l'intérêt général, alors il est besoin de tel ou tel moyen, besoin de considérer telle ou telle condition, besoin d'emprunter telle ou telle voie, besoin de provoquer tel ou tel événement, besoin de profiter de telle ou telle occasion, etc. C'est-à-dire que tout se fonde sur le rapport qu'une fin déjà vue, déjà comprise par le pouvoir législatif, entretient avec les moyens (conditions, voies, occasions) censés assurer ou garantir au mieux sa réalisation.

1. CS, 373.
2. CS, 380.

Et tout cela, enfin, en raison de quoi ? En raison du sempiternel hiatus où s'articule le « problème politique » : ce hiatus qui existe inévitablement entre les intérêts particuliers et le bien commun, entre la propriété privée et la chose publique, entre la volonté de tous et la volonté générale. Un hiatus de nature phénoménologique, si l'on s'avise qu'il s'agit bien, en tout dernier ressort, d'admettre ce qu'on n'arrive pas encore à *voir* autant que de bien *voir* ce qu'on refuse encore d'admettre. La formule de Rousseau à cet égard est suffisamment significative : c'est dans la mesure où, dit-il, « les particuliers voient le bien qu'ils rejettent » et que « le public veut le bien qu'il ne voit pas », qu'il est besoin de « guides »[1]. Des guides appelés *législateurs* quand bien même ils n'assureraient plus aucune fonction législative (au sens technique du terme) au sein d'un État qui serait, lui, déjà instauré, constitué, structuré par une Loi fondamentale[2].

L'EXISTENCE POLITIQUE MODERNE d'un individu vivant en société, c'est-à-dire le principe de citoyenneté, repose sur la reconnaissance de cette « chose publique » que l'on appelle l'État. L'État est le nom qui convient à l'ordonnance légale de ce « tout » qu'est le « corps politique ». Les citoyens, qui représentent les membres du corps politique, sont soumis aux règles de fonctionnement de l'État. Ces règles sont de plusieurs sortes. Dans *Du Contrat social*, Rousseau distingue quatre genres de *lois* réglant les rapports qui déterminent le tout. Il y a, selon lui, (1) les lois qui traduisent « l'action du corps entier agissant sur lui-même »,

1. CS, 380.
2. Voir « Note 4 », *Précisions*, *infra*, p. 267 *sq*.

qui règlent donc « le rapport du tout au tout »[1] : ce sont, dans sa terminologie, les lois politiques ou lois fondamentales, telles qu'elles se rassemblent au sein du Droit constitutionnel. Il y a (2) les lois qui règlent la relation « des membres entre eux, ou avec le corps entier » : ce sont les lois civiles qui assurent la « parfaite indépendance » du citoyen par rapport à tous les autres en même temps que son « excessive dépendance de la Cité »[2]. Conjoint au Droit civil, il y a en plus (3) les lois formant le Droit pénal ou criminel, soit celles qui s'appliquent à la « relation entre l'homme et la loi »[3], qui statuent sur les infractions, les manquements, les transgressions, et sur les peines et les sanctions qui leurs sont rattachées. Enfin, il y a (4), toujours au dire de Rousseau, un dernier genre de lois : ce sont les lois qui s'imposent à une quatrième relation, celle, « la plus importante de toutes, qui ne se grave ni sur le marbre ni sur l'airain, mais dans les cœurs des citoyens »[4]. Est évoqué ici un ensemble formé « des mœurs, des coutumes, et surtout de l'opinion »[5], donc de tout ce qui relève de la moralité partagée : les règles coutumières non-écrites, les habitudes de comportement et les formes de pensée qui fixent et réfléchissent ce qu'il est convenu d'appeler « l'esprit d'un peuple ». Pour Rousseau, c'est de ce genre de lois que dépend la « véritable constitution de l'État », lesquelles se renforcent tous les jours du fait que, « lorsque les autres lois [constitutionnelles, civiles, pénales, etc.] vieillissent ou s'éteignent », elles parviennent à les « ranim[er] ou les supplé[er] », ce qui a pour

1. CS, 393.
2. CS, 394.
3. *Ibid.*
4. *Ibid.*
5. *Ibid.*

conséquence de « conserve[r] un peuple dans l'esprit de son institution », et de « substitu[er] insensiblement la force de l'habitude à celle de l'autorité »[1].

Au sujet de ce quatrième genre de lois, qui n'en sont pas au sens juridico-politique, mais seulement par les effets de contrainte et de détermination *a priori* que leur normativité produit, Rousseau précise qu'elles sont celles « dont le grand Législateur s'occupe en secret, tandis qu'il paraît se borner à des règlements particuliers qui ne sont que le cintre de la voûte, dont les mœurs, plus lentes à naître, forment enfin l'inébranlable clef »[2].

Qui est donc ce « grand Législateur » ? De quelle mission secrète s'acquitte-t-il ? Et comment surtout s'en charge-t-il ?

Si l'on admet avec Rousseau que « ce qu'un homme, quel qu'il puisse être, ordonne de son chef n'est point une loi », si l'on convient encore avec lui que « ce qu'ordonne même le souverain sur un objet particulier n'est pas non plus une loi, mais un décret ; ni acte de souveraineté, mais de magistrature »[3], alors, on en conclura :

– qu'un homme seul n'est jamais en position de pouvoir légiférer (il n'en a ni le pouvoir, ni le droit) ;

– et qu'un peuple ne peut légiférer si l'objet de la loi est particulier (s'il ne concerne pas le corps politique en entier).

La science de la législation, explique Rousseau dans le *Contrat social*, au début du Livre II, réside uniquement dans la capacité de la volonté générale à « diriger les forces de l'État selon la *fin* de son institution, qui est le bien

1. CS, 394.
2. *Ibid.*
3. *Ibid.*

commun »[1]. Le savoir propre à cette science concerne donc, en deçà ou au-delà de l'aspect technique de la fabrication de la loi, le rapport nécessaire, le rapport qui doit toujours pouvoir s'établir entre la fin visée et les moyens dont on dispose ici et maintenant pour y atteindre. Comment *approprier* les moyens (l'édiction de la loi positive) à sa fin (la réalisation du bien commun) ? Comment rapporter la lettre à l'esprit, le concret à l'abstrait, le fait à l'idéal ? Comment rattacher la visé ultime de toute législation (l'intérêt qualifié de général) aux conditions de son établissement (le vote des lois), sachant que peut toujours y entrer en ligne de compte un intérêt partial (un intérêt de classe, par exemple), voire cette synthèse d'intérêts particuliers qui forme, par définition, le contenu de la « volonté de tous » ?

Que l'on se dise bien, en effet, que la volonté de tous ne recouvre la volonté générale qu'en cas de décision *unanime*. Et qu'à cet égard, l'on se rappelle également un des énoncés les plus important du *Contrat social*, à savoir qu'« il y a souvent bien de la différence entre la volonté de tous et la volonté générale ; celle-ci ne regarde qu'à l'intérêt commun ; l'autre regarde à l'intérêt privé, et n'est qu'une somme de volontés particulières »[2].

Comme on vient de le dire, outre la différence des genre d'intérêts, le problème de la législation – au sens strictement politique du terme – repose sur une autre condition : l'impérieuse obtention d'un *savoir.* Le savoir en question concerne la juste adaptation des moyens aux fins, l'élévation de la particularité à l'universalité, l'articulation de la contingence et de la nécessité, la

1. CS, 368.
2. CS, 371.

convergence entre puissance et justice. Tous ces phénomènes doivent être conjointement pris en compte à l'instant où la volonté générale se déclare. Dans cet ordre de choses, le fait de se demander en quoi consiste la « fin » de toute législation – c'est-à-dire : quel est le contenu de l'intérêt général et/ou du bien commun – ne peut que se doubler d'une interrogation portant sur ce qui fonde en droit l'existence de l'État et justifie du même coup l'institution réglée d'un gouvernement soucieux de ne pas « usurper la souveraineté » [1].

À tout prendre, l'existence et le fonctionnement de l'État dépendent de l'assomption d'une double contrainte : il est nécessaire, d'une part, que s'actualise la souveraineté du peuple, c'est-à-dire que le corps politique s'anime législativement, et il faut, d'autre part, et toujours en même temps, que s'affirme l'autorité du gouvernement, c'est-à-dire que la volonté de donner force à la loi soit assurée et mise en œuvre par le truchement d'un pouvoir légitime. Ces contraintes s'unifient dans la mesure où l'autorité n'est conférée au gouvernement que si la souveraineté est reconnue au peuple, de sorte que le « droit politique » tient tout entier à l'articulation des deux, qu'il s'agisse de l'édiction et de l'exécution des lois civiles et politiques ou de l'établissement et du respect de la Constitution comme Loi fondamentale.

Du contrat social est à sa façon un de ces « calmes blocs ici-bas chus d'un désastre obscur » que l'Histoire – autant celle des hommes que celle de leurs idées – nous invite à ranger sous la rubrique des chefs-d'œuvre. Et cependant, une assignation de ce type ne ferait que

1. CS, 423.

dissimuler à quel point il y va en l'occurrence d'un paradoxe. Car, à la vérité, l'ouvrage n'est rien de moins qu'une victoire remportée sur fond d'échec.

À la vérité, sur le fronton de ce « petit traité », comme le surnomme Rousseau dans l'« Avertissement » qu'il place à la première page de son ouvrage, au seuil de cet écrit qui ne se sera pas contenté de faire couler des rivières d'encre, puisqu'il aura contribué aussi à changer, à un certain égard, la face du monde, dès les premières lignes de ce discours à très longue portée Rousseau rappelle qu'il n'y a fait que rassembler, faute de mieux, divers morceaux qui lui ont semblé pouvoir survivre au naufrage ayant déjà emporté dans l'abîme un projet philosophique bien plus considérable, et autrement plus ambitieux, qui devait s'intituler *Institutions politiques*. Cet « ouvrage plus étendu » mais « abandonné depuis longtemps » est présenté alors, par pudeur ou par habileté, l'on ne sait pas très bien, comme une tâche qui s'est avérée, chemin faisant, au-dessus de ses forces. Est-ce la seule raison de l'abandon? Demandons-nous plutôt si c'en est la raison véritable. Car on sait, par ailleurs, qu'il est déjà arrivé à Rousseau de n'avoir pas été en mesure de mener à bien au moins un projet d'envergure – celui censé fonder et développer une philosophie du sentiment sous le titre de *Morale sensitive*. Or si l'on décidait de rapprocher ces deux *gestes* d'interruption [1] et qu'on les comparait l'un à l'autre, il

1. Je reprends le mot « geste » au philosophe français Gérard Granel (1930-2000) dont il va être longuement question. Au sujet de Rousseau, celui-ci affirme en effet à la page 298 des *Écrits logiques et politiques* (Paris, Galilée, 1990) qu'il aurait « commis dans sa vie » deux « gestes » et deux gestes *seulement*, à savoir « brûler le manuscrit de ses *Institutions politiques* (dont, par un bel acte manqué, il laisse cependant subsister le *Contrat*) et, tout à fait à la fin, tâcher d'innocenter une dernière fois son

apparaîtrait aussitôt que si Rousseau n'est pas parvenu à réaliser ses deux plus grands projets philosophiques, ce n'est pas parce que son ambition dépassait ses moyens intellectuels – qui le croirait ? –, mais parce que leur mise en œuvre s'est heurtée, dans l'un et l'autre cas, à un obstacle insurmontable.

Ailleurs [1], j'ai tenté de montrer qu'à l'heure où il composait sa *Morale sensitive*, Rousseau n'était pas encore entré en possession de ce qui allait bientôt libérer sa pensée (je veux dire la libérer de la tradition dont lui-même se croyait pourtant jusque-là l'hériter, la sortir notamment de l'emprise exercée sur lui par la pensée de Descartes aussi bien que par celle de Condillac), à savoir une distinction nette, et légitimée par l'analyse même du « sentir », entre sensibilité et affectivité. Qu'en est-il, du coup, de l'autre « échec », les *Institutions politiques ?* Quel est l'obstacle dirimant qui aura eu raison de la construction logique de

"écritoire" en ne le faisant plus servir qu'aux descriptions d'un herbier, tenter de faire taire l'écriture en n'y faisant plus rien résonner d'autre que ce qu'elle a toujours aimé, et toujours trahi : le clapotis silencieux de l'existence, pour lequel il n'y a point de cité ». Citant cette phrase, je me dois de dire que sa beauté recouvre fort heureusement la *méprise* profonde et dommageable qu'elle recèle. Car ici Granel, une fois n'est pas coutume, se trompe du tout au tout : en faisant peu de cas de – ou en faisant un sort injuste, et totalement hors de propos aux – *Rêveries du promeneur solitaire*, il passe malheureusement à côté de ce chef-d'œuvre d'écriture et de pensée dont j'ai tenté, pour ma part, dans *Rousseau : une philosophie de l'âme*, de montrer en quoi il forme le véritable sommet de l'œuvre rousseauiste, et le dénouement éthique que son auteur a remarquablement offert à toutes les contradictions qui étouffaient son esprit depuis le jour où il a commencé d'écrire. Ce qui « résonne » par conséquent, ce n'est aucunement le clapotis silencieux de l'existence, mais le chant alterné du sentiment de l'existence dans ce qu'il a de plus riche et de plus vibrant.

1. Dans *Rousseau : une philosophie de l'âme*, *op. cit.*

cet ouvrage, du moins dans la forme que son auteur, à l'origine, avait imaginée pour lui ?

Il est important, je crois, de se poser pareille question quand on entame la lecture du *Contrat social*. Ainsi aborde-t-on l'analyse de ce « contrat », de cet acte censé donner « l'existence et la vie au corps politique » [1], en ayant présent à l'esprit qu'il est davantage le nom d'un problème que celui d'une solution et que le traité qui en développe la signification, plutôt que de présenter la sortie de l'aporie rencontrée par Rousseau lors de la rédaction des *Institutions politiques*, en est au contraire l'exposition même. Car c'est précisément le caractère foncièrement *problématique* du propos, c'est le fait que Rousseau a bel et bien *buté* sur quelque chose, que quelque chose lui a donc résisté – nous verrons bientôt quelle est cette pierre d'achoppement, grâce à la lecture que Gérard Granel a faite de Rousseau –, qui explique que *Du Contrat social* ait été recouvert, depuis sa parution en 1762, par une vague ininterrompue de commentaires qui ont tenté, chacun à sa façon, d'identifier ce qui pourrait faire, à la charnière de deux mondes, celui de Rousseau et le nôtre, *l'unité de sens* d'une telle pensée.

Comme on sait, ce livre de peu de pages a valu à Rousseau condamnation (de son vivant) et admiration (après sa mort). Et depuis le jour de sa publication, on n'a pas cessé, un peu partout dans le monde, et à chaque génération, de s'interroger sur ce qui fait ou non l'actualité de ce traité fondateur, peu importe que l'on soit ou non républicain et démocrate. Or, cette actualité ne saurait, à quelque époque ce soit, se détourner de ce que le texte indique prioritairement, à savoir que sa visée première ne consiste pas seulement à dégager les « principes du droit

1. CS, 378.

politique » (c'est, je l'ai déjà indiqué, le sous-titre de l'ouvrage), mais à rendre compte aussi, et peut-être même surtout, du principe (au singulier) censé régir l'existence politique moderne que l'on désignera d'un mot : la citoyenneté. C'est ce principe de toute citoyenneté réelle que Rousseau pose en effet quand il s'interroge sur le fondement de « l'accord qui règne [disons mieux : qui est supposé pouvoir et devoir régner] entre l'autorité de la loi et la liberté des citoyens »[1]. Et c'est probablement le dégagement de ce principe qui aura fait dire à Gérard Granel que Rousseau est « *le plus grand penseur politique de la modernité* »[2].

Sans doute n'est-il guère besoin d'ingéniosité pour reconnaître que ce principe a d'abord (je dis bien d'abord) partie liée avec la défense de ces réalités intimement liées dans l'esprit de Rousseau que sont la *liberté* et l'*égalité*.

La *liberté* des citoyens est cependant celle dont Granel aura eu à cœur de montrer qu'elle est loin de pouvoir se libérer complètement (c'est précisément le cas de le dire) du « système de la propriété (et/ou de la division du travail), dans lequel la liberté n'est que celle du riche et le contrat seulement un leurre idéologique, le terme ultime du discours du riche au pauvre, qui permet au premier d'organiser à son profit la production moderne en tant que production infinie et d'inventer l'universalité apparente des formes politiques nécessaires à cette même production »[3].

Quant à l'*égalité* des citoyens, elle est celle dont Granel aura pris sur lui de montrer également qu'elle doit aller plus loin que la seule égalité formelle de tous les citoyens

1. EP, 263.
2. G. Granel, *Apolis*, Mauvezin, T.E.R., p. 115.
3. G. Granel, *Écrits logiques et politiques*, *op. cit.*, p. 298.

devant la loi, puisqu'elle doit au moins reposer sur un autre fondement que celui qui est à l'origine du « mauvais contrat » étudié et condamné dans le second *Discours*, à savoir le travail – « le travail en sa division » telle qu'il détermine originairement « le pouvoir historial de la richesse » et fait de la « société civile », comme on l'appelle, « le lieu d'un contre-sens réalisé, le lieu de l'impossible ad-sociation d'intérêts essentiellement dissociés et dis-sociants, le Temple de la Richesse où habite le Travail-Division » [1].

Je présume au demeurant – peut-être devrais-je le dire par parenthèse uniquement – qu'en écrivant ces dernières phrases Granel avait à l'esprit ce passage du *Contrat social* où Rousseau, parlant, de son côté, des peuples et non des individus, se demande comment « l'État doit se donner une certaine base pour avoir de la solidité ». Car il est de fait que « tous les peuples ont une espèce de *force centrifuge*, par laquelle ils agissent continuellement les uns contre les autres et tendent à s'agrandir aux dépens de leurs voisins, comme les tourbillons de Descartes ». Et Rousseau d'ajouter aussitôt ce qu'il convient, de mon point de vue, de rapporter aux comportements individuels autant qu'à ceux des groupes pris dans la force centrifuge de leurs intérêts particuliers, à savoir que dans ce tourbillon naturel [2] « les faibles risquent d'être bientôt engloutis, et nul ne peut guère se conserver qu'en se mettant avec tous dans une espèce d'équilibre, qui rende la compression partout à peu près *égale* » [3]. Ce texte, capital s'il en est, désigne ce que

1. *Ibid.*, p. 359-360.

2. Si ce tourbillon peut être dit *naturel*, c'est dans le mesure où cet *entraînement* relève d'une sorte de seconde nature ; en ce sens, il s'agit du « naturel » *dans* l'état de société.

3. CS, 388.

l'on serait en droit d'appeler une égalité non pas matérielle, mais « matériale ». Car c'est bien à « une espèce d'équilibre », équilibre susceptible de maintenir la cohésion, voire l'unité de la force centrifuge du peuple, c'est donc à une certaine modalité de la *forme* que l'on a affaire ici. Or l'adjectif « matérial » ne renvoie pas à une matière qui se prêterait, le cas échéant, à l'apposition d'une forme, mais à *une forme prise en tant que matière*.

Cela dit, s'il est vrai que c'est à l'aune de ces deux principes (la liberté et l'égalité) que l'essentiel de « l'*experiri* politique »[1] se mesure à l'époque dite moderne, cette expérience ne cesse pas moins de buter sur eux, en ce sens qu'elle y rencontre son point d'arrêt, un « arrêt » qui ne saurait lui-même se confondre avec cette autre sorte d'arrêt qui définit, au dire de Granel, le prononcé de la loi[2]. En tout cas, la considération de ce point d'arrêt ou de butée est ce à quoi, après plus de deux siècles de discussions et de commentaires portant sur la philosophie politique de Rousseau, ou sur sa politique philosophique, comme on préfèrera peut-être le dire, les derniers textes publiés par Granel nous convient.

Ainsi, sous la lumière des éclaircissements de Granel, il apparaît sans intérêt de vouloir rouvrir *Du Contrat social* sans se demander au préalable, à titre de fil conducteur des interrogations que la lecture de ce traité pourrait légitimement susciter, quelle importance la pensée qui s'y exprime doit encore revêtir à nos yeux, c'est-à-dire dans la situation politique dans laquelle nous nous trouvons présentement. Mais sans doute y a-t-il plus : car la principale question qui vaut d'être posée va bien au-delà la situation politique

1. G. Granel, *Écrits logiques et politiques*, *op. cit.*, p. 359.
2. Voir *ibid.*, p. 353.

présente, dans la mesure où elle ne concerne rien de moins que les suites à donner à un problème qu'en lecteur avisé de Rousseau, Granel aura su magistralement poser en ces termes : *est-ce que nous pouvons – et si oui, comment – « surmonter la déficience originelle de la réalité sociale en matière politique, [qui,] si elle peut à la rigueur se concevoir quand il s'agit de doter un peuple d'une constitution [...], devient tout à fait invraisemblable dès lors que de la fondation des institutions on passe au travail législatif, multiple et quotidien » ?* [1].

Dans l'esprit de Granel, le problème découlant d'une lecture attentive et peu conciliante du *Contrat social* consiste donc essentiellement dans le fait que « "prendre les sujets en corps et les actions dans l'abstrait" [la formule est tirée du *Contrat social*[2]] n'est qu'une formulation *juridique* de l'universalité des lois, qui n'assure en rien l'indépendance *effective* de celles-ci par rapport aux intérêts de telle ou telle partie du corps social en tant que corps productif[3] »[4].

1. G. Granel, *Apolis*, *op. cit.*, p. 120.

2. CS, 379.

3. *Ibid.* Ce texte comprend la *deuxième* occurrence d'une citation du livre II, chapitre 6 du *Contrat social* dans l'œuvre à ce jour publiée de Granel. Il est à noter que sa reproduction est fautive puisqu'il ne s'agit pas dans l'original de « prendre » mais de « considérer » les sujets en corps. Je citerai plus loin la *première* occurrence de cette phrase (dans *L'Époque dénouée*) et m'appesantirai à l'occasion sur ce verbe « considérer » que Granel, à la faveur d'un lapsus calami qui n'est pas sans intérêt, tant s'en faut, a remplacé ici par autre chose.

4. Je ferais observer par parenthèse qu'il ne s'agit pas ici – pas plus pour Granel que pour Rousseau d'ailleurs – de revenir sur le sempiternel problème qui touche à « l'universalité de la loi » tel que Platon, par exemple, l'a soulevé en premier dans une digression mémorable du *Politique*. J'en rappelle brièvement les données : « Jamais la loi ne pourra, en embrassant exactement ce qui est le meilleur et le plus juste pour tous,

Chez Rousseau, le mot de « peuple » ne désigne le *socius* que pour autant que celui-ci cherche à « former par agrégation une somme de forces qui puisse l'emporter sur la résistance », et à former cette somme en mettant « en jeu » les forces existantes « par le seul mobile » de sorte à « les faire agir de concert » [1]. C'est donc le mobile choisi et la façon de le mettre en œuvre qui fait toute l'existence d'un peuple. Aucune autre caractéristique ne s'y rattache ; d'où la différence entre peuple et nation. La nation a des traits distinctifs (psychologiques, historiques, géographiques, etc.) ; le peuple n'en a pas, à l'exception de celui-ci : il est composé de citoyens « comme participants à l'autorité souveraine » et de sujets « comme soumis aux lois de l'État » [2]. Étant donné que les citoyens-participants sont aussi des sujets-soumis, le peuple est cette entité *bifrons* qui est à la fois *instituante* et *instituée*. L'« acte par lequel un peuple est un peuple » [3], cet acte qui répond au nom de « contrat », suppose donc que l'unité du peuple ne lui vient que du rapport entre sa « volonté » et son « corrélat », le mobile. Mais qu'est-ce que cette volonté ? Comment peut-

ordonner ce qui est le plus parfait, car les dissimilitudes et des hommes et des actes et le fait que presque aucune chose humaine n'est jamais en repos ne permettent d'énoncer rien d'absolu et allant pour tous les cas et pour tous les temps dans aucune matière et pour aucune science. [...] Or nous voyons que c'est à cela que la loi veut parvenir, c'est-à-dire énoncer des absolus valant pour tous et pour tous les cas, comme un homme arrogant et ignare qui ne permettrait à personne de rien faire contre ses ordres ni de lui poser des questions, ni même, si quelque chose de nouveau survenait, de faire mieux que ce que postule la loi en dehors de ses prescriptions » (Platon, *Le Politique*, 294 a-b). – Je cite la traduction que Castoriadis a donnée de ce texte dans ses leçons *Sur* Le Politique *de Platon* (Paris, Seuil, 1999, p. 158).

1. CS, 360.
2. CS, 362.
3. CS, 359.

elle être celle de tous (de tous les « associés » comme « membres » du *socius*) ? Dire « tous », est-ce dire la même chose que « tout » ?

Tout est fonction justement de cette dimension grammaticale et de cette considération logique. Tout tient à cette distinction modale à la fois décisive et imperceptible. Au point que la seule question qu'il faille se poser maintenant est la suivante : comment placer la *politique* à la mesure de ce distinguo *logique ?* Peut-on penser le logique et le politique *ensemble ?* Où et comment se soutiennent-ils l'un de l'autre ? Qu'est-ce qui les fait tenir l'un avec l'autre ?

Évidemment il ne s'agit pas de se demander à quelles conditions la politique est une affaire de raison. Il s'agit bien plutôt d'approcher du point où une véritable (et inédite) logique « matériale » (logique des formes prises comme matière, logique de la matérialité des formes) s'efface devant ce qui s'oppose le plus à elle : une logique de la représentation.

Nul penseur autre que Rousseau ne se sera posé la question en ces termes; personne autant que lui n'aura estimé nécessaire de faire en sorte que le politique relève du logique. Aussi est-il tout à fait dans l'ordre que Granel y soit sans cesse revenu (si la singularité de la conjonction de coordination dans le titre de son recueil *Écrits logiques et politiques* a pu surprendre et arrêter certains, elle s'éclaire, je crois, parfaitement à la lumière des questions rousseauistes, lesquelles sont, de fait, souvent présentes dans ce livre), et cela quand bien même il entendait tresser des couronnes au « bon Hume ». Et c'est bien la réponse inouïe, géniale – mais profondément aporétique – que Rousseau a cru devoir apporter à la question posée, qui en aura fait justement toute la gloire. Que dit-il ? Pour lui, logique et politique se soutiennent réciproquement dans l'espace-temps de la Forme-loi. Seulement voilà : cet espace n'est pas du monde et ce temps n'est en rien historique. L'espace-temps de la Forme-loi est si peu « matériel », il est si étranger au « réel », que Rousseau estime nécessaire de demander au *divin* (à un Dieu qui n'est pas de ce monde) de servir de pierre d'angle à l'édifice politique, de faire, autrement dit, d'une postulation infinie le principal arc-boutant de celui-ci.

Tâchons de voir tout cela de plus près.

Le principe supposé régir l'existence politique *moderne*, nombreux sont les commentateurs, dont Gérard Granel lui-même [1], qui ont montré que Rousseau s'était efforcé de l'appréhender en termes d'« autonomie », et cela même si ce terme n'apparaît pas en bonne et due forme chez Rousseau mais chez Kant seulement, qui en reprend à Rousseau l'idée en la faisant alors passer du domaine politique à celui de la morale. Certes, l'autonomie est un autre nom de la liberté en ce sens que les sujets qui ont à se soumettre à une législation s'y soumettent d'autant plus volontiers qu'ils en sont les auteurs. Mais cette condition, si nécessaire soit-elle, cette condition *politique* s'il en est, ne suffit pas à définir dans son entièreté le principe régissant l'existence politique moderne. Ce qu'il faut inscrire *en plus* dans le tissu de ce principe, c'est l'exigence *logique* d'une torsion aussi invisible qu'effective, d'une transmutation de la matière qui passe par une permutation de la forme – acte qui modifie l'ensemble du tout au tout, puisqu'il

1. Voir *L'Époque dénouée*, *L'Époque dénouée*, textes réunis, annotés et préfacés par É. Rigal, Paris, Hermann, 2012, p. 197 : « […] l'expression de la "volonté générale" (c'est-à-dire de l'autonomie comme principe de l'existence politique). »

le fait passer du mode « tous » au mode « tout ». Or ce changement qui modifie en modulant, et qui déplace sans altérer, n'est rien d'autre qu'une affaire de *considération*, qu'un changement de *point de vue* sur le Même (les mots soulignés sont ceux de Rousseau, comme on va bientôt le voir). Le contrat social est ce pacte individuel tout à fait singulier qui crée l'existence politique de l'être social par la seule vertu du fait que l'individu « contract[e] pour ainsi dire avec lui-même »[1]. Nous avons déjà souligné l'importance de cette formule, où le syntagme « pour ainsi dire » concentre en lui à la fois la difficulté logique et l'originalité politique, soit cela même qui sépare Rousseau de tous les autres penseurs du pacte social, notamment des jurisconsultes à la manière de Grotius, Pufendorf ou Burlamaqui, et des écrivains politiques de langue anglaise tels que Hobbes, Locke ou Hume. Le fait que le contrat se trouve chaque fois passé *avec soi-même* veut dire précisément que cet acte s'accomplit sous la forme d'un changement de point de vue qui ne laisse plus rien en l'état. Car ce changement dans la considération n'en est pas moins *performatif* dans ses effets (au sens que la philosophie du langage donne à ce terme), puisqu'il crée, de fait, un « tout » en lieu et place d'un « tous », et qu'il le crée, ce « tout », disons mieux : ce « corps », d'autant plus sûrement que la performativité en question relève d'un acte de langage que Rousseau appelle : *déclaration*. C'est en effet la « déclaration de la volonté générale »[2] qui est, dans cette affaire, la puissance opérante et créatrice, et c'est elle, par conséquent, qui définit le mieux (le plus phénoménologiquement) la loi. Autant dire que la déclaration de la volonté générale

1. CS, 362.
2. CS, 430 ; 441 ; 458.

réalise à elle seule l'auto-institution du peuple, au sens où elle fait passer celui-ci du statut de l'institué (possible) à celui de l'instituant (réel), le TOUS prenant ainsi la forme (actuelle) du TOUT, sans qu'aucune virtualité ne demeure en réserve. Mais, comme on ne peut éviter de s'en apercevoir, ce passage sans passage se produit sans intermédiaire (fût-il un discours) et « dans l'instant », comme dit très bien Rousseau, c'est-à-dire tout à fait miraculeusement, étant donné qu'il s'agit de faire en sorte que, sur le plan non pas du temps intuitif, mais du *temps logique*, l'Antérieur dépende du Postérieur pour *être*. Sans cette torsion, comme je l'ai appelée, sans ce pivotement déclaratif et performatif du regard signifiant, et sans le déplacement de point de vue qu'il provoque, il n'y aurait tout simplement pas d'existence politique moderne.

Ce déplacement n'est pas réel. Il est seulement logique, on ne le répètera jamais assez. Aussi n'apparaît-il jamais. Ou s'il apparaît, c'est comme n'étant pas grand-chose. Mais ce peu de chose décide en fait de tout. Je dirais même qu'il décide du Tout lui-même et comme tel, dans la mesure où il se présente comme la condition de possibilité du devenir-Tout de « tous ». Telle est la grandeur indépassable de Rousseau, penseur politique, penseur de la et du politique, d'avoir su et voulu placer un presque-rien logique à l'endroit où il assure le presque tout-politique.

Quant à Granel, il nous aura appris à placer ce presque-rien au sein du « rapport du peuple-en-tant-que-tout à soi-même [1] » et à le concevoir comme sa manière exclusive d'être présent à soi. Or, et c'est là que le bât blesse, cette manière est telle qu'elle inscrit d'emblée le corps politique dans l'ordre de la « représentation totale », c'est-à-dire de

1. G. Granel, *Écrits logiques et politiques*, *op. cit.*, p. 353.

la totalité représentée. Et que cette inscription, qui relève de ce que Granel désigne du nom d'« axiomatique subjective-transcendantale[1] », n'a pas pour effet autre chose que sa *déréalisation* même. Aussi, pour le faire mieux comprendre, et pour parodier un autre fameux texte de Rousseau[2], nous pourrions dire ceci à notre tour : Celui qui voulut que l'homme fût *citoyen* toucha du doigt l'axe du Particulier et l'inclina sur l'axe du Général. À ce léger mouvement on voit changer la face des sociétés et décider de la vocation politique de l'être humain. C'est que les auteurs de la loi doivent pouvoir différer d'eux-mêmes pour être ce qu'ils sont, c'est-à-dire qu'ils doivent différer (non pas réellement, mais logiquement) de ces sujets qu'ils sont par ailleurs aussi bien, et que cette différence d'avec soi ne s'instaure qu'à la condition que vienne s'interposer entre soi et soi, dans la pure présence à soi du peuple-en-tant-que-tout, une *représentation totale de soi*, une représentation de soi *comme un tout*, un « objet entier » dit Rousseau, qui se confond avec la position d'un statut juridique tel qu'il s'impose à soi à la faveur de l'expression d'une loi, c'est-à-dire d'une « déclaration » de la volonté générale.

1. *Ibid.*, p. 357.

2. Je pense à cet extrait du chapitre IX de *L'Essai sur l'origine des langues* : « Celui qui voulut que l'homme fût sociable toucha du doigt l'axe du globe et l'inclina sur l'axe de l'univers. À ce léger mouvement je vois changer la face de la terre et décider la vocation du genre humain : j'entends au loin les cris de joie d'une multitude insensée ; je vois édifier les palais et les villes ; je vois naître les arts, les lois, le commerce ; je vois les peuples se former, s'étendre, se dissoudre, se succéder comme les flots de la mer : je vois les hommes rassemblés sur quelques points de leur demeure pour s'y dévorer mutuellement et faire un affreux désert du reste du monde, digne monument de l'union sociale et de l'utilité des arts » (EOL, 401).

Cette déclaration, c'est en effet l'acte même de la loi dont la Forme donne le peuple (« tous ») à lui-même en tant que TOUT. Or cette loi à laquelle « tous » souscrivent librement, elle est telle qu'elle *considère* d'emblée (c'est son *a priori*, disons même que c'est là toute sa « forme ») « les sujets en corps et les actions comme abstraites » et « jamais un homme comme un individu ni une action [comme] particulière » [1]. Granel, qui rappelle à deux reprises ce texte essentiel de Rousseau, commence, dans un premier temps, par faire remarquer ceci :

> Dire qu'une matière est particulière devrait être une redondance, puisqu'il n'existe pas de matière générale. C'est justement cet obstacle que la théorie politique moderne du pouvoir-de-la-loi est contrainte de lever ; il lui faut, pour pouvoir commencer, avoir d'abord achevé l'invention d'une matière générale [2].

À la suite de quoi Granel cite cet autre passage du livre II, chapitre 6 du *Contrat social* :

> Mais quand tout le peuple statue sur tout le peuple, il ne considère que lui-même, et s'il forme alors un rapport, c'est de l'objet entier sous un point de vue à l'objet entier sous un autre point de vue, sans aucune division du tout. *Alors la matière sur laquelle on statue est générale comme la volonté qui statue* (CS, 379).

(On remarquera que le commentateur arrête là la citation, mais Rousseau, lui, conclut l'alinéa sur cette dernière phrase, capitale s'il en est : « C'est cet acte [celui, donc, d'une volonté générale statuant sur l'ensemble du corps politique] que j'appelle une loi ».)

1. CS, 379.
2. G. Granel, *L'époque dénouée*, *op. cit.*, p. 197.

Sans doute le peuple est-il ce « tout » qui est toujours, sous un autre point de vue, et qui le demeure à tout jamais, un « tous » puisque, d'après Rousseau lui-même, « le Souverain [*n'*est] formé *que* des particuliers qui le composent »[1]. Pourtant le peuple ne se contente justement pas d'être une association de particuliers (un collectif soumis à un même mobile), puisqu'il éprouve aussi le besoin de *statuer* sur lui-même, c'est-à-dire de donner forme unitaire à sa matière par définition divisée, parcourue de particules insensées, tirant à hue et à dia, et surtout s'entrechoquant, d'unifier et de totaliser cette matière pareille aux tourbillons de Descartes, la donation de ce statut supposant de *considérer* le TOUS qu'il est justement comme un TOUT. C'est ainsi que le peuple se donne une existence « en tant que corps », une *existence politique* en d'autres termes, et cette existence politique (cette forme) est ce que le peuple (ou sa matière) est obligé de recevoir afin, dit Rousseau, de pouvoir *se conserver* comme tel.

Or la question qui se profile à l'arrière-plan de cette donation d'existence consiste à se demander si *intérêt personnel* et *intérêt commun* peuvent être irréductibles l'un à l'autre ou s'ils ne sont pas plutôt, en tout état de cause, intrinsèquement et indissolublement liés l'un à l'autre. Est-ce qu'il y aurait entre eux séparation possible ou est-ce que cette séparation (sans nul doute souhaitable sur le plan idéal) ne serait pas, pour des raisons de fond, inenvisageable ? Et dans le cas où la séparation serait inenvisageable, à quoi cet enchevêtrement tiendrait-il ? Tendrait-il à l'essence même de l'intérêt, à quelque domaine qu'appartienne cet intérêt ? Ou aux conditions que la *modernité* impose à sa poursuite ?

1. CS, 363.

On se souvient que dans une de ses lettres à Mirabeau Rousseau explique que son dessein, en matière de réflexion politique, consiste à « trouver » une solution au « grand problème en politique » qui s'énonce comme suit : quelle est la « forme de gouvernement » susceptible de mettre « la loi au-dessus de l'homme » ? Mais ne voilà-t-il pas qu'il s'empresse d'ajouter que cette forme « malheureusement [...] n'est pas trouvable » ? Si introuvable qu'il faut dans un premier temps reconnaître « ingénument » qu'elle n'existe pas pour, dans un deuxième temps, « passer à l'autre extrémité et mettre tout d'un coup l'homme autant au-dessus de la loi qu'il peut l'être, par conséquent établir le despotisme arbitraire et le plus arbitraire qu'il est possible ». Et Rousseau d'insister sur ce point :

> Je voudrais que le despote pût être Dieu. En un mot, je ne vois point de milieu supportable entre la plus austère démocratie et le hobbisme le plus parfait (*LP*, 167-168).

Par ces mots, Rousseau tente, comme il le fait aussi ailleurs, comme il le fait du reste le plus souvent, ce que Granel appelle « un passage d'écriture vers le divin en fuite [1] », ce qui ne fait qu'inscrire davantage cette pensée au centre du projet où s'exprime le sens même de la Modernité telle que la définit Granel quand, au terme de nombreuses analyses au premier rang desquelles il faut placer son admirable explication de la *Mathesis Universalis* [2], il déclare que ce qui constitue l'essence de la production et des institutions modernes qui en assurent l'effectivité n'est autre que « leur caractère d'infinité » – ce « par quoi il faut entendre le règne historial de l'*a-peiron* : [soit] ce

1. G. Granel, *Écrits logiques et politiques*, *op. cit.*, p. 358.
2. Voir G. Granel, *L'Époque dénouée*, *op. cit.*, p 51-105.

à quoi manque essentiellement le *peras*, c'est-à-dire l'être comme finitude, et par conséquent aussi l'achèvement, le *telos* ("*peras gar telos*")[1] ».

Ainsi, dans le *Contrat*, la figure du *théologico-politique* qui se détache de la conjonction positive du divin et du despotique – une figure que l'élévation « historiale » de la Chose politique à l'Infinité aura donc investie chez Rousseau –, cette figure pourrait bien se traduire sous cette forme discursive : « Ah, si seulement la voix du peuple était celle de Dieu ! Dans ce cas, la démocratie se présenterait comme une forme de la théocratie, et tout irait pour le mieux dans le meilleur des mondes politiques ! » En prenant appui sur le texte de Rousseau, il y aurait une autre façon de le formuler, à savoir : « Ah, si seulement l'accord de tous les intérêts n'avait pas à se former par opposition à celui de chacun ! Car dans ce cas, c'est-à-dire "s'il n'y avait point d'intérêts différents, à peine sentirait-on l'intérêt commun qui ne trouverait jamais d'obstacle : tout irait de lui-même, et la politique cesserait d'être un art"[2] ».

Mais cela même est-il « trouvable » ? En tentant d'échapper aux apories d'un problème assimilé à la quadrature du cercle en géométrie ou aux longitudes en astronomie[3], ne risque-t-on pas de se heurter à un second, plus insoluble encore, qui concerne l'être même du peuple souverain. En effet : comment départager absolument et,

1. *Ibid.*, p. 183.

2. CS, 371, note.

3. *Cf.* LP, 167. Voir aussi la reprise du thème dans ce passage des *Considérations sur le gouvernement de Pologne* : « Mettre la loi au-dessus des hommes est un problème en politique, que je compare à la quadrature du cercle en géométrie. Résolvez bien ce problème, et le gouvernement fondé sur cette solution sera bon et sans abus. Mais jusque-là soyez sûrs qu'où vous croirez faire régner les lois, ce seront les hommes qui règneront » (GP, 955).

bien sûr, le plus durablement possible, le *populaire* du *tyrannique ?*

Granel, à qui l'on doit de s'être posé toutes ces questions, s'autorisait pour sa part d'un passage de l'article consacré à l'*Économie politique* ; Rousseau y écrit :

> En établissant la volonté générale pour premier principe de l'économie publique et règle fondamentale du gouvernement, je n'ai pas cru nécessaire d'examiner sérieusement si les magistrats [= les gouvernants] appartiennent au peuple ou le peuple aux magistrats, et si dans les affaires publiques on doit consulter le bien de l'État ou celui des chefs. Depuis longtemps cette question a été décidée d'une manière par la pratique, et d'une autre par la raison ; et en général ce serait d'une grande folie d'espérer que ceux qui dans les faits sont maîtres, préféreront un autre intérêt au leur. Il serait donc à propos de diviser encore l'économie publique en populaire et tyrannique (EP, 247) [1].

Mais *pour nous*, cette « division » est-elle toujours de mise ? Ne s'est-elle pas dissipée ? N'est-elle pas devenue une pure vue de l'esprit ? Du moins n'est-elle pas devenue bien plus théorique que pratique ? Ou bien plus idéale que réelle ? Désormais n'avons-nous pas affaire, en guise de condition de l'existence politique moderne, à du *tyrannique populiste* ou à du *populaire tyrannique ?*

Lisant le texte que je viens de citer, Granel fait justement remarquer que tout son sens dépend de l'emploi du conditionnel ; revenant sur la dernière phrase citée de Rousseau, il remarque :

1. Ce texte de Rousseau (dans lequel je souligne *serait*) est cité par G. Granel dans *Écrits logiques et politiques*, *op. cit.*, p. 358-359.

> Ce *serait* à propos, s'il n'était (« depuis longtemps ») trop tard. Depuis quand exactement ? Depuis que l'« intérêt » de la volonté moderne s'est déterminée ontologiquement par la richesse tout aussi originellement (tout aussi divinement et tout aussi formellement) que sa "raison" s'est déterminée par la présence-à-soi. Et donc son intérêt *est* aussi sa raison, déterminant le rationnel moderne comme système de la richesse logique (où la logique du logique même se déploie comme capitalisation du sens : science) [1].

Sans doute Rousseau aurait-il souhaité tabler sur l'infinité de Dieu plutôt que d'être obligé de compter sur le désir humain de s'enrichir. Il aurait souhaité jouer le qualitatif à la place du quantitatif. Il aurait souhaité quitter le cercle pour la tangente, et le quitter aussi par cette tangente à laquelle il donne un nom ancien : la loi. Mais Rousseau – et c'est peut-être là que brille le plus son incomparable génie politique – voyait bien que la Richesse est « le dieu moderne [2] », tout comme il voyait comment et pourquoi « tous les rapports humains au sein de la production deviennent des rapports de domination [3] ». Aussi se reposait-il sans arrêt le problème politique majeur, celui de la quadrature du cercle législatif.

Mais à quoi servirait-il de vouloir rapporter le populaire, fût-il sanctifié *ad majorem libertae gloriam*, fût-il divinisé, à la forme despotique, comme l'entrevoit Rousseau dans sa lettre à Mirabeau ? Est-ce une solution raisonnable ? Est-ce même une solution viable (sous-entendu : à l'aune du vivre-ensemble) ? La tyrannie de TOUS est-elle préférable à la tyrannie de l'UN – celui-ci serait-il de l'ordre de

1. G. Granel, *Écrits logiques et politiques*, *op. cit.*, p. 359.
2. *Ibid.*, p. 360.
3. G. Granel, *Apolis*, *op. cit.*, p. 118.

l'UN-TOUT ? Cette tyrannie de TOUS ou de l'UN-TOUT est-elle même conforme à l'idée de démocratie, celle-ci aurait-elle la forme « la plus austère » ? N'est-elle pas plutôt son envers redoutable, et à raison redouté ? Bref, si l'on entend échapper à la forme oligarchique du pouvoir, si l'on désire ne pas servir les intérêts particuliers des « puissants » (des « décideurs », comme on le dit aujourd'hui euphémiquement), ne faut-il pas se garder d'aller jusqu'à consacrer le *populisme* sur le même autel que celui sur lequel le peuple aura été sacrifié au *populaire ?*

Les questions que je viens de dérouler, il est à craindre, à l'heure où je m'exprime, qu'elles demeurent des plus brûlantes ; en tout cas, elles donnent plus de consistance encore à ce que Granel annonçait gravement, il y a déjà plus de vingt ans, à savoir que « les années 30 sont devant nous [1] ». Car qu'est-ce que ce peuple dont les uns et les autres, qu'ils soient de droite ou de gauche, se réclament dans le jeu plus ou moins convenu de leur affrontement ? N'est-il pas déjà lui-même, sous sa forme *populaire*, comme une figure projetée, un phantasme ? Le populaire, sous couvert de manifester le *quomodo* du peuple, n'est-il pas l'occultation la plus perverse de son *quid?* Quand le peuple se veut populaire, quand il se désire « en peuple », que fait-il en effet, sinon exprimer son défaut d'être, son absence de statut, voire son inexistence tout court – Granel dit : son « manque à être », en se plaçant alors, sans le dire, dans les pas de Jacques Lacan – tout en cherchant en même temps à y parer, à le combler, à lui trouver un substitut, en se prêtant à une captation imaginaire en laquelle il se *projette* – lui qui n'est pourtant qu'une pure matière sans

1. Voir G. Granel, *Études*, Paris, Galilée, 1995, p. 67-89. Voir aussi, et peut-être d'abord, *Écrits logiques et politiques*, *op. cit.*, p. 369-372.

forme pré-donnée – dans la figure d'un Peuple-Idéal ou d'un Idéal du Peuple (comme on parle en psychanalyse du Moi idéal et de l'Idéal du Moi) : autant d'instances qui, dans leur sublimité même, dans leur « relève » ou leur « assomption » salvatrice, ne sont jamais (et c'est là tout le problème) sans faire du défaut ontologique de forme dont le peuple est affecté par nature la *faute* même de sa matière, laquelle se présenterait alors sous la forme d'« un pur possible sans stature (ni statut)[1] » éprouvant, de surcroît, le besoin d'exister à quelque prix que ce soit. Écoutons à cet égard Granel :

> Le « populaire » est l'émergence d'une conscience obscure du « manque à être » dans le peuple, où le peuple s'exprime comme pure matière, toujours enrôlée et toujours rejetée par le peuple-forme, enrôlé-rejeté par ce qu'il *devrait* être et ne *peut* être, existence coupable absolument, existence coupable d'inexistence[2].

Précisément, comment exister, comment le peuple-matière peut-il prétendre à une existence effective, à une existence dûment reconnue, honorée et respectée dans sa pure matérialité, ce qui revient à dire : dans sa non-possessibilité et sa non-maîtrisabilité absolue (s'il est vrai que dans la Cité-Production, le pouvoir institué se rend toujours maître et possesseur du peuple), oui, comment ce peuple assurerait-il les conditions de son existence (je ne dis surtout pas : de sa subsistance), quand l'« intérêt » de la Volonté moderne (l'en-vue-de-quoi de la subjectivité) n'est plus déterminé que par la richesse, la production de richesse, la production comme cause de richesse et la richesse comme but de production ? Cette question,

1. G. Granel, *Écrits logiques et politiques*, *op. cit.*, p. 364.
2. *Ibid.*

considérable à tous égards, aura tellement hanté l'esprit de Granel qu'il n'hésita pas à consacrer ses dernières forces à élever au rang de concept la distinction du peuple comme « pure matière » et du peuple comme « simple forme », du peuple qui se forme lui-même dans sa forme de peuple par le truchement et sous l'égide transcendantale de la Forme-loi – le peuple auto-institué, donc, par la grâce du Contrat –; ce peuple-matière qui diffère en tout point du peuple-forme n'étant, à ses yeux, rien de moins que « l'*exclu* du temple contractuel comme du temps industriel » – « ce qui ne l'empêche pas, au contraire, [le peuple-matière,] d'être enrôlé sur tous les rôles de la politique et de l'emploi, mais explique peut-être pourquoi il figure d'abord, et pour ainsi dire par vocation, sur les listes de la police [1] », ainsi qu'il l'ajoutait dans une forte parenthèse (mais ce sont bien souvent les parenthèses qui sont les plus significatives dans les écrits de Granel).

On voudrait tant que cette leçon porte. On le voudrait, tant elle supporte déjà notre détresse.

Ce que l'on voudrait en tout cas, c'est que l'on se rende compte que dans ces conditions disons phénoménologiques (car Granel est bien le seul auteur, à ma connaissance, à avoir cherché à tracer les grandes lignes de ce que j'appellerais une *phénoménologie du peuple*, comme il est un des plus importants penseurs de ce que l'on désigne aujourd'hui sous le nom de « mondialisation »), le peuple

1. *Ibid.* Il est à noter que Granel répète ce même propos sous une autre forme quelques pages plus loin : « Le populaire est l'exclu de *tout* discours politique-philosophique moderne, comme il est le déchet de *toute* pratique politique moderne, qu'elle soit capitaliste ou "marxiste" (au sens des "marxistes réels", qui ont tous campé dès le début sur le versant métaphysique de "Marx", pour en dévaler ensuite la pente jusqu'à atteindre eux aussi le fond sans fond de l'Horrible) » (*ibid.*, p. 370).

se présente comme ce qui, *par essence*, « n'*est* jamais à sa place » ; que tout au moins il ne l'est en aucune façon dans toutes ces places que l'on estime, ici ou là, devoir lui assigner. Ainsi le peuple n'est-il à sa juste place ni dans le peuple bourgeois qui se réclame de la positivité du Contrat ou de l'efficacité de la Production, ni dans ce peuple soi-disant premier et authentique qui répond au nom de « prolétariat » ; et sans doute est-il encore moins à sa place dans ce « populaire » qui s'enorgueillit de le manifester comme tel (et dans lequel il s'invente constamment des histoires, voire une langue, où il se donne à reconnaître « objectivement »), comme il ne l'est pas du tout dans ce « populisme » qui, on ne sait comment, se croit autorisé à s'autoriser de lui. Et c'est bien pour cette raison, en raison de cette non-assignation et de cette non-figurabilité fondamentales dont le peuple fait l'objet, c'est parce que ce dernier se trouve voué comme par nature à une sorte de *dissidence* foncière et radicale, d'insoumission à toute formalité abstraite, à toute représentation formelle, donc à une *clandestinité* proprement matériale, que le peuple (au-delà ou en deçà, donc, de toute figure productive-industrieuse / populaire / prolétarienne) se voit toujours exposé à « se faire "remettre à sa place" [1] », comme Granel le remarque avec une pertinence et une impertinence délectables.

Que le peuple soit l'objet sempiternel d'un paternalisme politicien et qu'il n'ait cure de se montrer ainsi tout à fait réductible au populaire, lequel populaire ne fait que le *représenter* dans l'ordre de la figuration ; que le populaire ne soit donc pas le *propre* du peuple, mais seulement *le peuple au figuré*, c'est là, pour peu qu'on fasse l'effort de

1. G. Granel, *Écrits logiques et politiques*, *op. cit.*, p. 365.

le dégager, ce qui ressort à mon sens des brèves, mais non moins décisives, réflexions que Granel consacre à cette réalité résolument phénoménale[1]. En ces années que nous traversons de chômage massif, de pauvreté honteuse et de richesse insolente, de désespérance sociale et de programmes à la petite semaine prétendument réparateurs, de populisme

1. La figuration du peuple : elle va le plus souvent jusqu'à l'identification du populaire à un certain usage de la langue – « le langage fleuri du peuple ». Alors, une question se pose notamment : si l'idiome caractérisé comme celui « du peuple » (argot, langage de la rue, verlan, etc.), si les « tournures » dites populaires sont si métaphoriques, n'est-ce pas parce que le populaire repose toujours comme tel sur un dé-placement (*metaphora*) du peuple hors de son lieu sans lieu, ce déplacement, je le répète, étant sa propre élévation à la *figurabilité ?* Sans doute est-ce en raison même de sa non-figurabilité fondamentale ou de son inassignabilité radicale, que le peuple en vient inéluctablement à se projeter dans toutes sortes de figures (peuple-bourgeois, peuple-prolétaire, « populo », « public », « plèbe », etc.), chaque figure n'en étant pas moins, chaque fois, une dé-figuration.

Sur le langage populaire et son rapport à la littérature, on tirera profit de l'analyse de Pascal Durand, « Allégorie et langue peuple : de Rictus à Mallarmé » – article datant d'avril 2006 et trouvable sur le site http://www.bon-à-tirer.com.

Sur l'existence d'une « plèbe » comme « cible constante et constamment muette des dispositifs de pouvoir », on se référera aux suggestives remarques de Michel Foucault, « Pouvoirs et stratégies (entretien avec Jacques Rancière) », *Dits et Écrits*, III, 1976-1979, Paris, Gallimard, 1994, p. 421-422, et notamment ceci : « Il n'y a sans doute pas de réalité sociologique de la "plèbe". Mais il y a bien toujours quelque chose, dans le corps social, dans les classes, dans les groupes, dans les individus eux-mêmes qui échappe d'une certaine façon aux relations de pouvoir; quelque chose qui est non point la matière première plus ou moins docile ou rétive, mais qui est le mouvement centrifuge, l'énergie inverse, l'échappée. [...] Cette part de plèbe, c'est moins l'extérieur par rapport aux relations de pouvoir, que leur limite, leur envers, leur contrecoup; c'est ce qui répond à toute avancée du pouvoir par un mouvement pour s'en dégager; c'est donc ce qui motive tout nouveau développement des réseaux de pouvoir. »

tous azimuts et de non-popularité du politique, nous voudrions, oui, que l'on s'en souvienne ; que l'on tente même de prolonger l'enseignement (quelquefois exagérément elliptique) que contiennent les pages 363-366 des *Écrits logiques et politiques* – et notamment ces lignes dont la compréhension nous semble encore à venir :

> Être dans la ville et non dans la cité, être dans la production en tant que matière première du raffinement industriel elle-même absolument non raffinée, produit non auto-produit, rejet d'usine sans projet, toujours projeté dans l'*autre* projet, celui qui projette (qui planifie) son emploi *comme* rejet (et ce aussi bien dans l'« emploi » que dans le « désemploi », dans l'embauche que dans le dégraissage), cela peut faire de la mauvaise graisse où ruminent les pires « projets », projets de rien issus d'une hargne absolue. L'*une* des formes de la projection de soi du populaire [allons même jusqu'à dire : du « peuple »], du sans-forme ni projet [car tel est bien le *peuple-matière*, et non le *populaire* qui n'en est pour le coup qu'un *aspect*] est alors en effet le « populisme » [ainsi, le populisme n'est-il pas une forme du peuple-matière, mais une forme de ce qui en est déjà une figure possible, privilégiée, peut-être unique : le populaire] [1].

1. D'ailleurs, Granel fournit un peu plus loin une précision cruciale qui suffit, à mes yeux, à justifier la correction qu'à l'instant j'ai cru bon de lui apporter. Parlant de l'Europe au mitan du XXe siècle, il écrit : « "Populisme" signifie alors que le peuple est pris pour la première fois en une acception "populaire". Pour la première fois, parce que ni le peuple contractuel bourgeois, ni le peuple productif bourgeois, ni même ce peuple "vrai" que désigne le concept de prolétariat – réalisation et dépassement des deux précédents, sur le versant métaphysique de Marx – ne contiennent ni ne libèrent encore un atome de peuple en son acception *populaire* » (G. Granel, *Écrits logiques et politiques*, *op. cit.*, p. 369-370 et p. 364-365.).

Sur cette base reposons la première question : qu'est-ce qui fonde la réalité effective du droit politique et justifie, de ce fait même, la nécessité d'un vivre-ensemble *institué ?* La réponse est : c'est l'existence de ce que Rousseau appelle « l'intérêt public » ou « l'utilité commune ». Intérêt public ou utilité commune constitue le fondement de la société civile dans la mesure où, « s'il n'y avait pas quelque point dans lequel tous les intérêts s'accordent, nulle société ne saurait exister ». C'est donc, poursuit en toute logique Rousseau, « uniquement sur cet intérêt commun que la société doit être gouvernée » [1].

Sur l'intérêt public ou l'utilité commune repose aussi bien le fonctionnement de l'État. Non l'État dans le sens actuel du terme, mais l'État dans l'acception particulière que Rousseau confère à ce mot dans *Du Contrat social* et qui en déporte la signification au plus loin de l'idée d'un « appareil séparé concentrant l'essentiel des pouvoirs, chargé à la fois des principales décisions et de leur exécution ». Pour Rousseau, en effet, l'État n'est rien d'autre que la société en tant qu'elle est gouvernée ; il désigne par conséquent le corps politique lui-même, lequel, en se prenant pour objet de considération, comme on l'a vu, se donne à lui-même (donc à sa matière) un nom : celui de *peuple*. Mais l'État n'est le peuple qu'à la condition que ce dernier soit appréhendé d'un certain point de vue : ce n'est pas le peuple en tant qu'il s'institue lui-même par la loi ou par l'instauration du règne de la loi à laquelle il décide librement de se soumettre, c'est le peuple en tant qu'il se trouve gouverné, c'est-à-dire placé sous l'autorité effective de la loi. Cette différence de points de vue par où le corps politique se considère, rend compte de la

1. CS, 368.

distinction « logique » du Souverain et de l'État, même si, dans les faits, il s'agit de la même chose, de la même totalité, du même corps politique. Seulement dans le cas du Souverain, le corps est actif, au sens où il est tout entier sujet de la loi – non pas sujet au sens où il lui serait assujetti, mais au sens où il est en mesure de *répondre* de son existence –, alors que dans le cas de l'État, ce même corps est passif – passif au sens très exactement de l'*arkhestai* d'Aristote [1], au sens donc où le corps politique est sujet de la loi, sujet, cette fois, étant pris dans un sens différent, dans le sens d'être assujetti à la règle commune, d'être placé sous son autorité concrète et soumis aux obligations qu'elle prescrit.

D'où l'on voit que pour bien comprendre que le Souverain et l'État désignent le même sujet, à savoir le corps politique lui-même, et ce quand bien même la « subjectité » de ce sujet n'aurait pas le même sens dans les deux cas, la première étant active quand la seconde n'est que passive, pour bien comprendre cela, il est nécessaire d'introduire une *instance tierce*. Cette troisième instance est le Gouvernement ou le Prince. Celui-ci sert à la « communication de l'État et du Souverain », à leur « mutuelle correspondance », en ce sens qu'il est un « agent » de la « force publique » dont la fonction consiste dans le fait de se charger d'exécuter les lois et de maintenir la liberté tant civile que politique [2]. Ce qui revient à dire que cette force publique est là pour obliger le Souverain, pour le contraindre à respecter sa propre volonté, c'est-à-dire à appliquer sur lui-même la loi dont sa volonté est pour ainsi dire toujours déjà à l'origine.

1. *Cf. Éthique à Nicomaque*, V, 10, 1134 *a* 30-32.
2. CS, 396.

Mais pourquoi est-il si nécessaire de le contraindre ? Je vais bientôt aborder ce point-là. Il me faut seulement, avant cela, souligner encore une dernière chose, à savoir que si le Gouvernement n'existait pas, l'État n'existerait pas non plus, et ce alors même que l'État ne pourrait en aucune façon se confondre avec le Gouvernement (l'État, on l'aura compris, est l'incarnation d'une multitude, d'une totalité, celle du corps politique dans toute son extension, tandis que le Gouvernement est un « corps intermédiaire »[1], composé de quelques membres, sinon à la limite d'un seul).

Si la loi n'avait pas besoin de la force pour s'appliquer à tous, il n'y aurait pas besoin de gouvernement. Or, quand est-ce qu'il est besoin de force pour appliquer la loi ? Quand *l'unanimité* n'est pas là, c'est-à-dire quand le corps dont le vote a permis l'adoption d'une loi n'est pas identique au corps sur lequel cette loi a vocation à s'appliquer. Quel est donc ce corps sur lequel la loi est toujours censée s'appliquer ? Il s'agit évidemment du corps politique dans son entier, étant donné que « l'objet de la loi est toujours général »[2]. Mais la loi ne conjugue-t-elle pas à la généralité de son objet la généralité de la volonté qui statue sur elle-même ? Rousseau dit bien que « toute loi que le peuple en personne n'a pas ratifiée est nulle ; [que] ce n'est point une loi »[3]. Autant dire qu'une loi qui ne s'appliquerait pas à

1. CS, 396.
2. CS, 379.
3. *Cf.* CS, 430. Je signale d'ailleurs au passage que cette dernière phrase porte à confusion, la locution « en personne » ne voulant pas dire, comme on pourrait être tenté de le croire, « en chair et en os » ; il ne s'agit pas d'un appel à la démocratie directe ; la phrase se réfère plutôt à cette « personne publique » ou à cet « être moral », ou encore à ce « corps artificiel » qu'est, selon Rousseau, le corps politique en tant que *peuple souverain*.

tous n'est pas une loi, et aussi qu'une loi qui, tout en s'appliquant nécessairement à tous, ne procèderait pas de la volonté générale, n'en est pas une non plus ; car il n'y a de légalité que légitime – telle est la révolution rousseauiste – et il n'y a de source de légitimation que dans la seule volonté générale. Et pourtant, la volonté générale ne se confond qu'extrêmement rarement (pour ne pas dire jamais) avec une volonté unanime – et c'est précisément cette non-équivalence qui pose problème, qui soulève le problème à la fois logique et politique de la différence logico-politique entre TOUS et TOUT.

Il y a donc bien un problème de la *légitimité* chez Rousseau. Le problème touche même le processus de légitimation en tant que tel, et s'il n'en allait pas ainsi, il n'y aurait pas non plus de problème relatif non seulement à l'institution mais à l'existence politique proprement dite. En tout cas, c'est bien l'articulation de la légitimité avec la souveraineté, et seulement cette articulation, qui aura transformé de fond en comble la conception de cette dernière. Rousseau a repensé et requalifié la souveraineté en s'opposant notamment à l'usage que Hobbes avait fait de ce concept. Jusqu'à Rousseau en effet (et beaucoup aussi après lui), on avait considéré la souveraineté comme une caractéristique du *pouvoir*. Le souverain, disait-on, comme certains du reste le disent encore, est l'être à qui l'on a conféré le pouvoir le plus haut, le pouvoir suprême. Quelle est la marque d'une telle suprématie ? Elle se découvre dans cette situation exceptionnelle, prévue par la loi, où le titulaire du pouvoir suprême exerce un droit particulier, à savoir celui de *se soustraire* à l'autorité de la loi dont lui-même est par ailleurs le garant.

Rousseau récuse cette approche. Il comprend que si le gouvernant n'était pas lui-même gouverné, s'il n'était pas, d'une certaine façon, contraint, alors c'est l'État qui ne se retrouverait plus « fondé sur sa base », car celui qui aurait le pouvoir suprême devrait, en toute rigueur logique, s'autoriser lui-même du pouvoir qu'il exerce. Or, en s'autorisant lui-même du pouvoir qu'il exerce, il abolirait précisément l'autorité dont il dépend pour exercer son pouvoir, autrement dit : il se délégitimerait dans le même temps qu'il il-limiterait le pouvoir qu'il exerce. Voilà pourquoi, dans ces conditions où c'est la légitimité du pouvoir qui prime sur le pouvoir lui-même, il importe, *premièrement*, que le titulaire du pouvoir ne soit pas le même que celui qui a l'autorité et, *deuxièmement*, que la souveraineté (la supériorité de la puissance) échoit à l'autorité et non pas au pouvoir.

Mais que serait cette autorité qui supplante le pouvoir ? Et qui en serait le détenteur légitime ?

Si la souveraineté n'est plus une caractéristique du pouvoir et qu'elle nomme le principe de légitimation de tout pouvoir à l'intérieur de l'État, on comprend mieux pourquoi, avec Rousseau, il n'est plus possible de parler en toute rigueur d'un *pouvoir souverain*. La seule expression qui convienne est : autorité souveraine. Que, pour Rousseau, « le principe de la vie politique est dans l'autorité souveraine »[1], et non dans l'obtention ou la détention du pouvoir, qu'il n'est pas non plus dans l'exercice ou la conservation de celui-ci, cela s'explique donc par le fait qu'un pouvoir, quand il est mis en position de souveraineté, au mépris de l'autorité qui pourtant l'« autorise », c'est-à-dire le rend effectivement *possible*, demeure en règle

1. CS, 424.

générale et quel que soit la fonction qu'il assure ou la finalité qu'il poursuit, proprement *illégitime.*

Derechef, que faut-il entendre par autorité souveraine ? De quoi cette souveraineté dont Rousseau a repensé le concept intégralement est-elle constituée ? – La souveraineté, affirme Rousseau, n'est que *l'exercice* de la volonté générale. Ce n'est pas l'exercice d'un pouvoir institué, c'est la mise en acte d'une puissance (d'une « volonté ») instituante. Cet exercice d'institution, cette activité instituante est ce en quoi consiste la *législation.* Seule la législation constitue la souveraineté. Autrement dit, la volonté générale exerce sa souveraineté par la seule expression de la loi. Rousseau résume la chose en disant que « la *déclaration* de la volonté générale se fait par la loi » [1].

J'ai déjà eu l'occasion de dire que ce mot de « déclaration » est capital. Ce qu'il fait apparaître d'essentiel, c'est que la simple généralité de l'objet de la loi ne suffit pas à assurer sa légalité. Cette légalité doit reposer sur sa légitimation préalable, c'est-à-dire sur la généralité non plus de son objet, mais de la volonté qui préside à son instauration (à son « prononcé » dirait Granel). Or, pour que cette légitimité ait lieu, il est nécessaire que la volonté générale *se dégage*. Qu'elle se manifeste ou se phénoménalise, au sens des « phénomènes de la phénoménologie », au sens donc de « ce qui, de prime abord et le plus souvent, *ne* se montre justement *pas* », de « ce qui, par rapport à ce qui se montre de prime abord et le plus souvent, est *en retrait*, mais qui en même temps appartient essentiellement, en lui procurant sens et fondement, à ce qui se montre de

1. CS, 458.

prime abord et le plus souvent[1] ». C'est dans ce sens très précis qu'un « dégagement » de la volonté générale est nécessaire. Seul ce dégagement peut légitimer la loi. Mais ce dégagement ne peut être en même temps qu'un auto-dégagement.

La volonté générale a deux façons de se dégager. Ou elle se dégage avant la décision législative, ou après, une fois la décision actée. Dans le premier cas, il faut que la volonté générale se montre identique à la volonté de *tous*, c'est-à-dire qu'elle s'exprime par l'*unanimité* du suffrage au travers duquel elle va, de fait, « se déclarer ». Dans ce cas, c'est l'unanimité qui assure à la volonté générale d'*être* tout ce qu'elle *doit* être : une volonté constante, inaltérable et pure[2]. Mais ce qu'elle lui assure surtout, c'est de ne pas se laisser dominer par d'autres volontés – des volontés particulières – qui l'emporteraient alors sur elle. L'unanimité est telle, en effet, qu'aucune volonté particulière ne se sépare, dans son expression totale, de la volonté de tous. D'où ce qu'en conclut Rousseau :

> Il n'y a qu'une seule loi qui, par sa nature, exige un consentement unanime; c'est le pacte social : car l'association civile est l'acte du monde le plus volontaire; tout homme étant né libre et maître de lui-même, nul ne peut, sous quelque prétexte que ce puisse être, l'assujettir sans son aveu (CS, 440).

Toutefois, en dehors de ce contrat primitif, que se passe-t-il? C'est tout simple : aucune loi ne jouit d'un consentement unanime. En tout cas, un tel consentement ne saurait exister qu'à titre exceptionnel. Les délibérations

1. M. Heidegger, *Être et Temps*, § 7, trad. E. Martineau, Paris, Authentica, 1985, p. 47.

2. CS, 438.

publiques provoquent inévitablement des désaccords, des dissensions, des affrontements. Dans ces conditions, de quels moyens la volonté générale dispose-t-elle encore pour pouvoir se dégager et se déclarer? Certes, dans le cours de la délibération publique, la volonté générale ne disparaît pas pour autant, mais elle perd *ipso facto* la rectitude qui la caractérise naturellement quand c'est l'unanimité qui règne parmi les voix. Sa déclaration, dont la possibilité est donc loin d'être abolie, est seulement indirecte. Selon l'expression de Rousseau, la déclaration de la volonté générale *se tire* du calcul des voix [1]. La règle qui préside à l'adoption de la loi sera la règle majoritaire : car « hors [le] contrat primitif, la voix du plus grand nombre oblige toujours tous les autres » [2].

Il s'ensuit alors deux possibilités. Ou bien la volonté générale se dégage bel et bien de ce vote, ou bien elle ne s'en dégage pas. Si elle ne s'en dégage pas, la loi paraîtra à tout jamais illégitime. C'est-à-dire qu'elle sera reçue, avec le sentiment d'une contrainte et la conscience d'une soumission, comme la loi du plus fort.

Du coup, comment la volonté générale peut-elle se dégager en dehors de l'unanimité? Quand la loi s'avère conforme à l'intérêt commun. Deux questions se posent alors :

(1) Quel est le sens de cette conformité tant souhaitée?

1. « Quand on propose une loi dans l'assemblée du peuple, ce qu'on leur demande [aux membres de l'État, aux citoyens] n'est pas précisément s'ils approuvent la proposition ou s'ils la rejettent, mais si elle est conforme ou non à la volonté générale, qui est la leur : chacun en donnant son suffrage dit son avis là-dessus; et du calcul des voix se tire la déclaration de la volonté générale » (CS, 441). Je proposerai plus loin une interprétation de ce texte.

2. CS, 440.

(2) À quoi, en tout dernier ressort, l'intérêt commun se reconnaît-il ?

Ce couple de questions concerne l'essence même de la Chose publique et donc, par ricochet, le principe fondateur de l'existence politique (de la « citoyenneté »). Trois réponses peuvent être envisagées.

(A) Première réponse : L'intérêt commun se reconnaît au fait que l'intérêt bien compris de *chacun* coïncide avec l'intérêt du « peuple » au sens rousseauiste du terme. – Comment cela est-il possible ? Comment se peut-il qu'en voulant mon propre bien je veuille aussi le bien de tous ? Il convient d'ouvrir le *Contrat social* au chapitre 4 du livre II ; voici ce qu'écrit Rousseau :

> Pourquoi la volonté générale est-elle toujours droite, et pourquoi tous veulent-ils le bonheur de chacun d'eux, si ce n'est parce qu'il n'y a personne qui ne s'approprie ce mot *chacun*, et qui ne songe à lui-même en votant pour tous ? Ce qui prouve que l'égalité de droit et la notion de justice qu'elle produit dérive de la préférence que chacun se donne, et par conséquent de la nature même de l'homme [...] (CS, 373).

Le secret résiderait donc dans la nature de l'homme. Plus exactement dans cette *préférence* que chacun se donne. Qu'est-ce que cela signifie ? Robert Derathé, qui a bien vu que ce texte portait en lui la promesse d'une solution, explique ceci :

> La volonté générale n'a son fondement dans la nature de l'homme que dans la mesure où elle dérive, en tout citoyen, de l'amour de soi-même, puisque celui-ci est l'unique principe qui fasse agir les hommes. Il en est à cet égard de la volonté générale comme de la conscience elle-même. Rousseau refuse de la considérer comme des

créations artificielles ou des produits de l'éducation. C'est pourquoi il s'efforce de les déduire du principe fondamental de la nature humaine, c'est-à-dire de l'amour de soi [1].

Derathé a parfaitement raison de vouloir rattacher « l'intérêt bien compris » de l'individu aux raisons d'agir qu'éveillent dans le tréfonds de l'âme humaine l'affection de son amour de soi. J'irais même jusqu'à supposer que c'est précisément la découverte de cette énigmatique coïncidence, pourtant si difficile à déceler et à penser, entre un intérêt commun et un intérêt personnel – un intérêt personnel, je m'empresse de le préciser, *qui n'est pas pour autant un intérêt « particulier » et « égoïste »*, puisqu'il ne relève absolument pas de ce que Rousseau appelle « l'amour-propre » –, je supposerais donc que c'est la nécessaire prise en compte de ce rapport-là, qui désigne le redoutable obstacle auquel Rousseau s'est heurté quand il composait ses *Institutions politiques*. Ce point extrêmement difficile à analyser explique aussi, je crois, que *l'unité* de la théorie de la volonté générale demeure en tout état de cause, et malgré les efforts interprétatifs des uns et des autres, si problématique dans ses fondements.

Force est de reconnaître que dans sa lecture des textes de Rousseau, Granel fait peu de cas de la différence entre amour de soi et amour-propre. Aussi ne tranche-t-il la question que dans un seul sens :

> Pour que ce pouvoir [*i.e.* le pouvoir législatif] cesse de servir la richesse et sa domination, il faudrait que la volonté générale puisse définir une matière générale. Mais il n'y a pas de généralité des matières – c'est le

1. R. Derathé, *Rousseau et la science politique de son temps*, Paris, Vrin, 1970, p. 298, note 1.

> sens même du mot matière. La *mathesis universalis* est introuvable en politique [1].

Cette conclusion est loin d'être immotivée, comme elle est rien moins qu'expéditive. Elle n'en est pas moins frappée au coin d'un véritable pessimisme politique. Pessimisme difficilement surmontable si tout le problème tient, comme il le semble, à la nature même du contrat originel (ce serait « une suite du contrat même », pour reprendre une formule de Rousseau [2]), ce contrat originel étant lui-même entendu *onto-théologiquement* comme « rapport du tout à soi-même ». Et sans doute, pour soutenir sa thèse, Granel aurait-il pu évoquer et commenter le passage du *Contrat social* où l'enjeu onto-théologique du contrat comme auto-institution aura été le mieux affirmé, à savoir la phrase (l'axiome premier, devrais-je dire) :

> Le [corps politique ou le] souverain, par cela seul qu'il EST [onto-logie], est toujours TOUT ce qu'il doit être [théo-logie] (CS, 363).

Il aurait pu tout aussi bien choisir de mettre en lumière la définition exacte du pacte social telle qu'elle se trouve imprimée en italiques au chapitre précédent : « *Chacun de nous met en commun sa personne*, etc. ». Mais le fait est qu'il a préféré se concentrer sur le commentaire que Rousseau lui-même fournit à sa propre définition, les termes de ce commentaire étant, il est vrai, plus « phénoméno-logiques » dans leur esprit :

> À l'instant, au lieu de la personne particulière de chaque contractant, cet acte d'association produit un corps moral et collectif composé d'autant de membres que l'assemblée

1. G. Granel, *Apolis*, *op. cit.*, p. 120.
2. CS, 440.

> a de voix, lequel reçoit de ce même acte son unité, son moi commun, sa vie et sa volonté (CS, 361)[1].

Mais c'est surtout la réflexion que Rousseau a menée dans son article de l'*Encyclopédie*, qui attire l'attention de Granel, car, dans ce contexte, Rousseau « écrit le rapport du peuple-en-tant-que-tout à soi-même *comme dieu* ». Granel commente :

> C'est dans l'article *Économie politique* que la différence Volonté générale / volonté particulière rencontre, dans le démêlement de leur emmêlement, sous l'apparence d'un passage à la limite, en vérité le passage de la Limite, sous l'effleurement de laquelle la Volonté générale s'éprouve invincible – éprouve son dieu, le dieu de son nom, comme sa preuve[2].

Pour dire cela, le commentateur s'appuie sur la conclusion d'une phrase de l'article de Rousseau qu'il me paraît utile de restituer dans son intégralité :

> Il est vrai que les sociétés particulières étant toujours subordonnées à celles qui les contiennent, on doit obéir à celle-ci préférablement aux autres, que les devoirs du citoyen vont avant ceux du sénateur, et ceux de l'homme avant ceux du citoyen : mais malheureusement l'intérêt personnel se trouve toujours en raison inverse du devoir, et augmente à mesure que l'association devient plus étroite et l'engagement moins sacré ; preuve invincible que la volonté la plus générale est aussi toujours la plus juste, et que la voix du peuple est en effet la voix de Dieu (EP, 246).

1. Voir G. Granel, *Écrits logiques et politiques*, *op. cit.*, p. 356-357.

2. G. Granel, *Écrits logiques et politiques*, *op. cit.*, p. 357.

Granel voit donc – et c'est bien en cela que consiste, à mon sens, toute la richesse de son approche – dans les termes mêmes avec lesquels Rousseau se saisit ici de l'antinomie de l'intérêt et du devoir une des collusions les plus décisives de l'onto-théologie et du théologico-politique sur la scène déjà passablement encombrée de la philosophie des Temps modernes. En effet, cette collusion a bien ceci de particulier qu'elle alimente en secret la circulation infinie de la Loi, comme pur rapport de la forme à elle-même, à l'intérieur du *cercle vicieux* que constitue l'instituant-institué en tant qu'il est aussi, autonomie oblige, un institué-instituant. Car enfin – posons-nous la question derechef – qu'est-ce qu'un peuple ? Et pourquoi la voix d'un peuple devrait-elle être la voix non pas d'*un* dieu, mais de *Dieu ?* Dans un premier temps, Granel écrit ceci :

> Le peuple, dans la rigueur philosophique du *Contrat social*, est ce « tout » qui n'a rapport qu'à lui-même comme tout, à la fois sujet et souverain de soi-même, hypostase métaphysique de cette définition transcendantale-formelle de la Volonté comme « Volonté générale » d'où ont disparu toutes les « volontés particulières », y compris la forme abstraite de la particularité en général qu'est la « volonté de tous ». Le « tout » n'étant personne, il n'est pas non plus « tous », pas plus que le général de la volonté n'est la volonté particulière en général. Le prix à payer pour cette rigueur de l'axiomatique subjective-transcendantale, c'est-à-dire pour la définition « contractuelle » de l'exister politique moderne, le prix à payer pour ce « possible » est le prononcé de la « Loi » comme pur rapport de la forme à elle-même, ou le prononcé de la Loi comme pur prononcé [1].

1. G. Granel, *Écrits logiques et politiques*, *op. cit.*, p. 353.

Dans la mesure où l'exister politique moderne repose sur un contrat et que ce contrat est une loi – non certes une loi au sens dérivé de la législation étatique, mais au sens transcendantal de la loi *de* la loi, c'est-à-dire de cette loi qui préside, conditionne, détermine et légitime toute loi votée, toute règle ou tout arrêté législatifs approuvés –, il n'est pas d'« exister » politique, d'être-citoyen qui ne tienne sans le prononcé d'un *arrêt*. Car, et c'est Granel qui le rappelle, « toute loi prononce un arrêt ». Seulement dans le cas du Contrat à proprement parler, l'arrêt prononcé (l'arrêté) est en même temps un passage, un pur passage à la limite – cette limite qui sépare deux états du Même (du « *socius* ») : l'état dit de nature et l'état dit de droit. Cela, nous le savons. Mais ce qui est nettement moins connu, ou remarqué, malgré son importance, c'est que le passage en question (le passage sans passage d'un « état » à un autre) équivaut au franchissement de la frontière entre le Réel, d'une part, et l'Imaginaire et le Symbolique de l'autre. Granel écrit à cet égard :

> Passage soudain, lui-même sans passage, sans aucune médiation réelle, pur passage à l'esprit du mot, à l'esprit comme mot, au *Mythos*, qui prononce ce que tout prononcé pré-prononce : la dissolution des faits[1].

Granel rejoindrait-il la leçon de Kojève sur Hegel, qui stipule que tout *mot* est « le meurtre de la chose », donc sa négation ? Ou n'est-ce pas dire plutôt que la déclaration de la volonté générale repose, en tout état de cause, sur une *dénégation* du réel ? On l'a vu : pour que le peuple statue sur lui-même, pour qu'il légifère quant à lui-même, il faut que chacun de ses membres adopte un certain point

1. *Ibid.*, p. 354.

de vue, celui de la totalité. Or ce point de vue n'est rien de moins qu'une présomption, une supputation, une supposition, identique à celle de Dieu. Dit autrement : pour voter une loi, il faut que chacun *se considère*, et se considère *autrement*, en se projetant dans un autre lieu que celui qu'il occupe en tant qu'« individu ». Quel est ce lieu? C'est celui, je le redis, de sa totalisation en tant que « peuple », une totalisation qui ne s'établit jamais, dans toute sa vérité, qu'au niveau de la *représentation*. C'est ainsi que le TOUT auquel le peuple s'incorpore (ce qui en fait précisément un corps politique) en statuant sur soi, en légiférant quant à soi, est de l'ordre de l'image ou de l'idée, un image ou une idée dans laquelle sa propre *matière* – son être irreprésentable, échappant à toute mise-en-image comme à toute inscription symbolique ; disons aussi bien : son *réel* – se voit toujours déjà comme *recouverte par la forme* (disons aussi bien : par le sens) qu'elle prend en tant que totalité représentée. Tel est le miracle du « contrat social » (le mot « miracle » est de Granel [1]) : il se produit comme l'effraction performative d'un « prononcé » dans une réalité déjà existante mais irréductiblement informelle – d'un « *pur* prononcé », d'un prononcé qui n'est comme tel *aucune loi*, qui n'est donc pas celui de tel ou tel élément du système législatif, mais l'archi-condition du devenir-TOUT de TOUS, c'est-à-dire de son existence politique en tant qu'elle est un existence représentée ; il est cela même par la grâce de quoi se trouve substituée une forme à une matière, un objet à un sujet, une image à une réalité, une généralité à une particularité, – se trouvent donc substitués de l'imaginaire (Peuple idéal : « Nation ») et du symbolique

1. G. Granel, *Apolis*, *op. cit.*, p. 118.

(Idéal du peuple : « Corps politique ») à du réel (Peuple-matière).

Dire que cette transposition, en apparence juridique, est analogue à une transmutation, à une transformation alchimique, ne suffit pas. Car il faut encore pouvoir désigner la nature du changement. Or celui-ci est à la fois onto-théo-logique et théo-logico-politique, les points de recouvrement des deux étant précisément *le divin* et *le logique*. De toute évidence, Rousseau aura opté pour le divin. Il nous incombe, je crois, c'est du moins le pari que je ferai plus loin, d'opter pour le logique – en suivant pour cela certaines indications de Granel. À commencer par cette toute première explication où Granel rend compte de la représentation rousseauiste du corps politique comme être *représenté* :

> L'existence politique moderne [la citoyenneté] ne serait pas la forme d'une matière (socio-productive) mais celle d'une pure représentation, capable d'unir dans sa transcendance les deux *logiques* opposées, et pourtant simultanées, qui habitent le texte de Rousseau. [...] Car s'il est vrai que, dans sa forme, l'existence politique n'oblige chacun des membres de la communauté qu'envers la totalité de celle-ci, qui est une pure représentation (celle de l'universalité du vouloir moral), il n'en est pas moins vrai aussi – pour ainsi dire *concurremment* – qu'il s'agit d'opérer, par la grâce de cette même forme, une sorte de désolidarisation du contenu social, qui demeure le système de la propriété, d'une part, et d'autre part de la logique de domination qui en était jusqu'ici la conséquence, ou plutôt l'âme même. J'ai employé tout à l'heure le terme de « miracle » (et à l'instant celui de « grâce ») pour désigner cet efficace du formel *dans* le réel. Ou bien, en effet, c'est une faute de pensée, ou bien c'est la pétition d'une intervention divine. Rousseau le sait bien, qui affirme qu'« il faudrait des dieux pour

> donner des lois aux hommes » [CS, 381] et qui, aussitôt après avoir traité de la loi, reconnaît la nécessité du Législateur, personnage quasi-divin chargé de donner l'existence effective à ce qui, sans lui, demeurerait une idée vaine [1].

Commentons. Qu'est-ce que le pacte social ? C'est d'abord, répétons-le, le « *prononcé de dissolution du réel* [2] », comme Granel le précise dans une autre formule, plus frappante encore. Dissolution de fait – et dont le prononcé même un *Fiat* dont le moins que l'on puisse dire est qu'il ne produit pas de faits mais établit un droit, puisque l'acte d'auto-institution du peuple est un certain « passage » qui n'est lui-même d'aucun lieu ni d'aucun temps, qui n'a en tout cas aucune durée (« À l'instant … »), qui n'est pas assimilable à un passage *réel*, puisque que ce qui se projette dans l'imaginaire et le symbolique et qui, ainsi, se dépasse, ne fait rien d'autre que d'aller vers soi, donc de faire d'une certaine façon du sur-place (« au lieu de la personne particulière … »), ce sur-place serait-il proprement transfigurateur, voire procréateur (naissance étant donnée à un corps politique).

L'acte par la grâce duquel la personne particulière en vient à se défaire de sa particularité, à se démettre ou à se détourner de son individualité empirique et à l'abandonner tout compte fait sans retour, cet acte est dûment montré comme une auto-réception de la matière (« nous recevons en corps chaque membre … ») en même temps qu'une autocréation de la forme (« cet acte d'association produit un corps moral et collectif … »). Et cependant, au sujet

1. G. Granel, *Apolis*, *op. cit.*, p. 119-120. Sur le Législateur au sens de Rousseau, voir « Note 4 », *Précisions*, *infra*, p. 259 *sq.*

2. G. Granel, *Écrits logiques et politiques*, *op. cit.*, p. 356.

du *Fiat* lui-même, Granel signale quelque chose de plus : il souligne que si la société devient peuple, la collection collectivité, le disparate une unité morale et politique, cela tient essentiellement à une *opération du langage* – un « prononcé » – qui, comme tout acte d'énonciation, institue une absence, mieux : s'institue au prix d'un absentement, celui de la réalité humaine, idiosyncrasique, concrète et particulière des contractants. Que le pur prononcé se passe de mots dûment proférés et audibles à tous ne change rien à l'affaire, puisque qu'il n'est qu'esprit du mot, voire esprit comme mot : mot dont la performativité est telle qu'elle arrache l'instituant au réel et crée l'institué au point de jonction de l'Imaginaire et du Symbolique. C'est ce que j'ai nommé il y a un instant : le *cercle vicieux* formé par l'instituant-institué en tant qu'il est aussi, autonomie oblige, un institué-instituant. Et c'est ici qu'il faut faire état de ce que je lis comme le deuxième temps de l'explication de Granel. Ayant pointé ce qu'il appelle le « défaut d'écriture » de Rousseau, c'est-à-dire ce lapsus révélateur dans lequel ce dernier parle d'une « volonté *la plus* générale » [1], ce qui fait retomber inéluctablement la volonté-générale qu'il évoque dans son *Discours sur l'Économie politique* dans l'orbe pourtant réputé totalement distinct de la volonté-de-tous comme addition de volontés particulières, voici ce que Granel écrit :

> C'est un cercle vicieux, en effet, qu'une volonté dont la généralité n'est que relative, n'est que la plus ou moins grande extension du particulier de la volonté, « se sépare » (tout d'un coup, qui n'est plus le coup d'envoi divin, mais la rupture de l'argumentation, qui désormais tourne en rond dans cette rupture) de toute particularité et

1. *Cf.* EP, 246.

> prétende faire passer l'en-général de celle-ci pour la généralité-dieu. Du coup le divin y prend une majuscule, celle de « Dieu »[1].

Donc l'autre lieu est celui de la Généralité. Mais si celle-ci, en bonne logique spéculative, ne s'oppose pas à la singularité (l'exemple de Dieu en est le plus probant), elle n'en est pas moins parfaitement étrangère, ou tout à fait contraire, au particulier, dont il se compose pourtant, en en faisant la somme. Or, de même que la volonté générale n'est pas la volonté de tous, de même le particulier ne laisse pas de buter sur ce qu'il est lui-même, c'est-à-dire sur ce qu'il est en tant que « tous » (« volonté de tous »). Et pourtant, c'est bien à la faveur comme à la condition de ce déplacement insigne qui suppose que l'on ait revêtu le point de vue du général, qu'il est possible de vivre en citoyen libre d'un État *reposant* sur lui-même.

Alors, ce qu'il importe désormais de comprendre, c'est que les deux logiques dites opposées, et pourtant simultanées, que Rousseau fait cohabiter dans son texte sans trop s'en inquiéter, renvoient respectivement, et plus secrètement, à deux modalités inconciliables de temps : le temps logique (subjectif-transcendantal) et le temps historique (objectif-empirique). Et aussi, au-delà de ces deux temps inconciliables, à deux déterminations du peuple : la détermination réelle-matériale et la détermination représentative-formelle. Ainsi, par cette coexistence du logique et du temporel, c'est-à-dire aussi bien par l'accointance de deux logiques contradictoires, celle du peuple-matière et celle du peuple-forme, le décor se trouve-t-il philosophiquement planté pour que surgisse, de « l'écriture-Rousseau[2] » elle-même,

1. G. Granel, *Écrits logiques et politiques*, *op. cit.*, p. 358.
2. *Ibid.*

l'insurmontable aporie de la légitimation de la loi, c'est-à-dire le point de butée des *Institutions politiques*, la cause de leur relatif échec.

En effet : c'est en tâchant d'écrire la raison du politique, mieux : c'est en tentant de formaliser la logique (sinon la grammaire) de l'« exister » politique – de l'être-citoyen – que Rousseau a été amené à découvrir que cette existence politique reposait moins sur la matière de la logique que sur la logique de la matière (en l'occurrence du Peuple-matière), et que, de même qu'il est dans la logique de la matière de ne pas pouvoir se dissoudre *sans reste* dans une généralité abstraite, de même il est dans la logique de la loi de ne pas pouvoir considérer *sans reste* « les sujets en corps et les actions comme abstraites »[1]. Autrement dit, si Rousseau a été conduit, au fil de sa recherche, à buter sur un équivalent de la quadrature du cercle en géométrie, c'est surtout parce qu'il lui est apparu à un certain moment impossible – impossible quels que soient les moyens employés – de faire abstraction de cela même que le « contrat », selon sa propre définition, était supposé pouvoir et devoir dissoudre par sa *formalité*. Impossible donc de faire abstraction de la *matière* du corps politique, de cette matière qui, dans les Temps modernes, ne pouvait guère ne pas avoir partie liée avec cette « hégémonie moderne de la richesse[2] » que Rousseau a su parfaitement reconnaître dans le *Discours sur l'origine et les fondements de l'inégalité parmi les hommes*.

1. CS, 379.

2. G. Granel, *Apolis*, *op. cit.*, p. 115 (note 2). L'hégémonie moderne de la richesse est « le savoir tragique » dont témoigne exemplairement le second *Discours*. En revanche, note également Granel, le *Contrat* se sera construit « tout entier comme la *dénégation* » de ce savoir.

Si je dis : « ne pouvait guère pas ne pas » en relation à cette matière non pas tant matérielle que « matériale » (elle peut et doit être dite « matériale » dans la mesure où, si la matière du corps politique est bien le peuple, ce peuple, lui, se trouve, dans le contrat, toujours considéré en dehors de tout aspect singulier ou figure particulière, et seulement en tant que *forme* ; c'est de la Forme-peuple qu'il s'agit dans le contrat social, aucun compte n'y étant tenu des traits idiosyncrasiques qui lui donnent son aspect historique singulier, traits dont le Législateur, au sens de Rousseau, cet « homme extraordinaire dans l'État »[1] chargé d'instituer un peuple, est supposé au contraire sinon révéler, du moins prendre en considération dans son travail d'institution), si donc j'emploie cette formule doublement négative, c'est parce qu'il y va également pour Granel d'une *nécessité* radicale. Une nécessité, précise-t-il, proprement « historiale », en ce sens qu'elle dépasse et surplombe l'activité volontaire des hommes puisqu'elle se rapporte à un *destin* contre lequel aucune action politique, si puissante qu'elle puisse être (une « révolution » par exemple) ne saurait peser en vue de changer la donne. Quel destin ? Celui de la Production comme système du Travail-Richesse. En effet, pour un Granel ici plus heideggérien que marxien[2], ce système constitue la figure destinale de l'Être vis-à-vis de laquelle les hommes sont au mieux les destinataires méditatifs, au pire les suppôts corvéables. Tel est le fond doctrinal sur lequel se détache, à mon sens, le pessimisme politique de Granel si tangible dans ses textes de la fin, mais aussi (ce qui n'a sans doute pas été sans le tourmenter,

1. CS, 385.
2. Marxien : le mot est pris ici moins au sens de l'auteur du *Capital* que de celui de la XIe « thèse sur Feuerbach ».

sans l'exaspérer au possible) son refus, également politique, de toute résignation.

Sur le versant pessimiste, une conclusion s'impose : la Modernité est telle qu'il ne saurait y avoir dans son orbe de gouvernement populaire. Il n'y aura jamais que des gouvernements tyranniques, à base oligarchique et/ou populiste, cette politique des *chefs* vrillés à leur pouvoir étant la seule, étant donné la forme prise par la *disjonction* du logique et du politique, à pouvoir « accomplir dans la matière sociale, en tant qu'elle n'est pas générale [dans le peuple-matière donc], mais constituée de diverses particularités que détermine en elle la propriété privée et/ou la division du travail, ce que l'action par la forme transcendantale (la Loi) qui devrait pourtant être constitutive du corps social, est incapable d'y produire : l'existence du sujet moderne comme liberté ». Ce texte revient à dire que « l'existence historique effective de la liberté n'a jamais dépendu que des avatars successifs de la libéralité », et que « "libéral" est peut-être grammaticalement dérivé de "libre", [mais] il est historiquement, et pour des raisons historiales, l'essence même de la liberté politique moderne [1] ».

Autant dire que la politique « libérale » ne représente absolument pas le contraire de la politique « dirigiste », d'autant qu'elles se fondent toutes les deux sur le fait qu'elles estiment constituer « l'intérêt bien compris » du peuple. Preuve en est d'ailleurs, indique Granel, que la « tangence sans fin que les "guides" – les chefs réels – des sociétés modernes étaient supposés imprimer à la marche de ces sociétés vers la réalisation de leur idéal formel, s'est toujours inversé en son contraire, c'est-à-dire dans le libre

1. G. Granel, *L'époque dénouée*, *op. cit.*, p. 199.

développement de l'infinité de marché, dont les institutions politiques de la Volonté Générale n'ont jamais fait qu'assurer la couverture idéologique. Le rôle des "chefs", à chaque nœud du tissu social, consiste alors à la fois à accomplir et à maquiller cette inversion[1] ».

En 1762, quand parut *Du contrat social*, la question reprise des *Institutions politiques* se présentait sous la forme suivante : de quels principes le droit politique dépend-il ? Autrement dit, qu'est-ce qui commande dès le départ, et dans sa totalité nécessairement représentée, l'institution politique de la société ? On se souvient que dans le second *Discours*, pour répondre à la question de savoir quels sont les principes de *l'âme humaine*, Rousseau avait dégagé deux principes : l'amour de soi et la pitié. Or il en va de la même façon pour ce qui est des principes du corps politique ; là aussi, il faut tabler sur deux principes : l'égalité, d'une part, la liberté, de l'autre. Et cependant rien n'est moins « simple » que la conjonction des deux, que leur coexistence. Si Rousseau présente la pitié comme une émanation de l'amour de soi, il considère l'égalité comme une *condition* de la liberté. Derathé, dans son grand commentaire, soutenait même l'idée que « la clé de tout le système » politique de Rousseau se trouvait contenue dans la phrase du livre II, chapitre 11, du *Contrat social* où Rousseau affirme que la liberté, dont la sauvegarde constitue le but de toute union civile, « ne peut subsister » sans l'égalité[2]. Mais c'est justement pour cette raison déterminante que « le Contrat bute sur la richesse[3] », ainsi

1. G. Granel, *L'époque dénouée*, *op. cit.*, p. 200.

2. CS, 391.

3. G. Granel, *Écrits logiques et politiques*, p. 359. Je le précise, même si c'est inutile : il s'agit ici, sous le nom de "Contrat", de la réalité de l'acte instituant et non pas du traité qui porte ce nom.

que Granel l'écrit en une formule ayant pour elle la clarté déchirante de l'éclair. Si comprendre ce que la phrase de Rousseau veut dire revient à désigner les conditions de l'existence politique, comprendre celle de Granel conduit à prendre acte du fait que ces conditions-là sont impossibles à réaliser tant que la société moderne télescope, comme elle le fait sans même le vouloir et surtout sans le voir, *liberté* et *libéralité*, ce qui continue à faire d'elle ce qu'elle est depuis des siècles : un *corps productif*, dont le moins que l'on puisse dire est que désormais il n'est même plus conforme au constat qui aura fait toute « la force de Hume [1] », il n'est plus cet « ensemble de *checks and controls* destinés à maintenir les pouvoirs dans un état d'équilibre – c'est-à-dire dans une sorte de neutralisation newtonienne des forces partisanes opposées entre elles – qui s'appelle la "balance du pouvoir", dont la fonction est de permettre le développement infini et paisible du corps productif [2] », tant il est vrai qu'il est devenu au contraire, au-delà de toute exigence de balance ou d'équilibre, ce système où « la production n'est plus possible qu'à la condition d'incorporer le leurre d'une infinité en acte, autrement dit celui de la totalité-en-soi, dans son développement réel », ce que Granel appelle aussi « l'invagination de la totalité, [en d'autres termes,] le besoin "*to keep everything under control*" [3] ».

Que Granel emploie ici l'anglais n'est bien sûr pas anodin. Il n'est rien de plus éloquent, même. C'est en tout cas une excellente façon de dire à quelle guerre perpétuelle la *pax britannica* (le « libéralisme ») nous soumet « historialement », outre que cela dit à quel point « les

1. G. Granel, *Écrits logiques et politiques*, p. 289-303.
2. *Ibid.*, p. 361.
3. G. Granel, *Études*, *op. cit.*, p. 85.

peuples modernes n'ont pas encore trouvé le moyen de mener une existence politique [1] » – précisons : une existence politique digne de ce nom.

(B) Mais il y a peut-être une *deuxième réponse* à apporter à notre question. Il s'agirait d'asseoir sur autre chose que sur l'identification de la liberté et de la libéralité, ce vouloir-le-bien-de-tous-en-voulant-son-propre-bien grâce auquel est censée pouvoir se dégager hors unanimité, et au travers de la déclaration de la volonté générale, la *formule* de « l'utilité commune ».

Quelle est cette autre chose? C'est l'éducation de chacun à la prise de conscience et au souci de l'intérêt public. Comme on le sait, c'est surtout dans *L'Émile* que Rousseau plaidera en faveur d'un apprentissage de la citoyenneté. Et pourtant, dans ce cas, ce n'est pas dans l'individu empiriquement déterminé (selon son amour de soi ou son intérêt bien compris) que se réalise l'existence politique moderne, mais dans le citoyen qu'il est – j'allais dire *exclusivement*. Si bien que, de logique, l'antinomie devient réelle. Elle vient scinder la réalité non pas subjective-transcendantale mais anthropologique (donc objective-empirique) en deux, et cela de façon proprement inconciliable. Il y a l'homme d'un côté, et de l'autre, le citoyen, la singularité du second étant que rien en lui ne rappelle l'existence du premier. Schizophrénie totale. D'où la conclusion que Rousseau tire de lui-même au livre I de *L'Émile*, dans laquelle se lit une nouvelle fois, non plus sur le plan transcendantal de la Forme-loi mais sur le plan empirique de la « formation » de l'homme, le « contre-sens réalisé » dans lequel s'enferre l'existence politique moderne, à savoir que l'on ne peut faire à la fois un homme et un

1. G. Granel, *Apolis*, *op. cit.*, p. 120.

citoyen, qu'il est impossible d'être les deux à la fois, et qu'il faut donc d'emblée choisir d'être l'un ou l'autre. Je rappelle le propos de Rousseau :

> [...] que faire [...] quand, au lieu d'élever un homme pour lui-même, on veut l'élever pour les autres ? Alors le concert est impossible. Forcé de combattre la nature ou les institutions sociales, il faut opter entre faire un homme ou un citoyen : car on ne peut faire à la fois l'un et l'autre (E, 248).

Et comme pour prolonger ce constat déroutant, Rousseau précise encore dans un fameux fragment de manuscrit :

> Ce qui fait la misère humaine est la contradiction qui se trouve entre [...] la nature et les institutions sociales, entre l'homme et le citoyen ; rendez l'homme un et vous le rendrez heureux autant qu'il peut l'être. Donnez-le tout entier à l'État ou laissez-le tout entier à lui-même, mais si vous partagez son cœur vous le déchirez (FP, 510).

Et pourtant ! dans tous les cas de figure, que ce soit celui de l'homme ou celui du citoyen, le malheur (sous forme de « misère humaine » ou de « contradiction ») n'en est pas moins au rendez-vous : que l'on se choisisse homme ou citoyen, ou que l'on ne soit ni l'un ni l'autre, on oscillera quand même, envers et contre tout, entre *déchirure* et *aliénation.*

Ces conclusions sont à coup sûr des plus curieuses : ou bien on combat sa nature, ou bien on lutte contre les institutions sociales. En fait, à une certaine distance de l'*Émile*, l'auteur du *Contrat social*, au lieu d'entamer l'hymne de l'apprentissage de la citoyenneté, s'est surtout contenté d'évoquer, au chapitre « Du Législateur », la possibilité d'une mutation ou d'une transformation de la nature humaine de façon, semble-t-il, tout aussi elliptique

que dans le passage cité il y a un instant où il s'en remettait à la nature humaine. Or qu'est-ce que cela signifie, si ce n'est le besoin qu'il éprouve de reconduire une nouvelle fois le « grand problème en politique » à sa solution *théologique ?* Là aussi, le texte en est célèbre :

> Celui qui ose entreprendre d'instituer un peuple [le Législateur donc, ce personnage quasi-divin] doit se sentir en état de changer pour ainsi dire la nature humaine, de transformer chaque individu, qui par lui-même est un tout parfait et solitaire, en partie d'un plus grand tout dont cet individu reçoive en quelque sorte sa vie et son être ; d'altérer la constitution de l'homme pour la renforcer ; de substituer une existence partielle et morale à l'existence physique et indépendante que nous avons reçue de la nature. Il faut, en un mot, qu'il ôte à l'homme ses forces propres pour lui en donner qui lui soient étrangères, et dont il ne puisse faire usage sans le secours d'autrui (CS, 381-382).

Les pré-réquisits sont tels que la chose apparaît inévitablement, pour ainsi dire par prétérition, impossible, invraisemblable. Que l'on se souvienne aussi de la perplexité, au demeurant si compréhensible, que cette dernière citation a engendrée chez Granel (c'est de ce commentaire, d'ailleurs, que nous étions partis au tout début) :

> Mais la façon théologique – ou plus exactement onto-théologique – de surmonter la déficience originelle de la réalité sociale en matière politique, si elle peut à la rigueur se concevoir quand il s'agit de doter un peuple d'une constitution [...], devient tout à fait invraisemblable dès lors que de la fondation des institutions on passe au travail législatif multiple et quotidien [1].

1. G. Granel, *Apolis*, *op. cit.*, p. 120.

Du reste, est-ce un hasard si, sur l'envers de la feuille ayant servi à composer le chapitre sur le Législateur, Rousseau a rédigé celui consacré à la « religion civile » ? Cette religion civile[1], tout laisse à penser en effet qu'elle aurait la charge d'assurer la dissolution du réel *dans* le formel[2], c'est-à-dire du particulier dans le général, ce par quoi elle offrirait *in fine* une deuxième solution théologico-politique (cette fois ontico-théologique) à l'inévitable défaut de l'Idéal, à la défaillance constante de la voix du peuple en tant que voix de Dieu, bref, à la non-indépendance effective des lois par rapport aux intérêts de telle ou telle partie du corps souverain.

(C) Heureusement, il existe encore une *troisième réponse* possible. Et cette réponse n'a non seulement rien de théologico-politique, mais rien non plus d'onto-théologique *(A)* ou d'ontico-théologique *(B)*. Cette réponse est d'abord, et surtout, *éthique*, ce qui veut dire, dans le cas présent, qu'elle a pour caractéristique première de laisser à l'action politique concrète le jeu ouvert comme de laisser le champ libre au possible, donc au logico-rationnel. Je voudrais éclaircir ce point pour finir.

Pour comprendre cette troisième réponse, il est nécessaire d'entrer, ne serait-ce que brièvement, dans certaines considérations historico-sémantiques. Je mesure bien le danger qu'il y a à exposer trop succinctement un point de doctrine qui mérite une attention soutenue et une

1. CS, 460-469.

2. Je reprends en l'inversant délibérément la formule déjà citée que Granel utilise au sujet du « miracle » propre au Contrat, à savoir : « cet efficace du formel *dans* le réel » (*Apolis*, p. 119). Car il s'agit précisément de ce qui semble, à en croire Granel, ne plus pouvoir se faire pour des raisons “historiales” quand on passe de la fondation des institutions au travail législatif quotidien.

infinie patience, et cela d'autant plus qu'il se situe au cœur même du *Contrat social*. J'en prendrai néanmoins le risque. Et je rappellerai pour commencer ce que j'ai indiqué précédemment : l'État désigne chez Rousseau le peuple en tant qu'il se trouve toujours déjà placé sous « l'autorité des lois ». L'expression « autorité des lois » est celle qu'emploie Rousseau [1] ; mais justement, d'où vient aux lois une telle autorité ? De leur légitimité. C'est-à-dire de la souveraineté du peuple entendu comme le véritable *responsable* de la législation. Mais, derechef, qu'en est-il de ce statut *autoritatif* des lois ? Pourquoi parler d'autorité ? Parce que les lois tirent leur autorité justement de ce qu'elles *refondent* ce qui les légitime, à savoir le pacte social fondateur.

Explication. L'autorité n'est pas le pouvoir. Sur le sens de cette distinction essentielle, nous bénéficions d'un fameux témoignage de Cicéron. Dans le *De legibus*, nous apprenons que *cum potestas in populo auctoritas in senatu sit* (III, 12, 38) : « Tandis que le pouvoir réside dans le peuple, l'autorité appartient au Sénat. » Hannah Arendt, qui commente longuement la sentence [2], l'éclaire à partir d'une célèbre analyse de Theodor Mommsen définissant l'*auctoritas* en ces termes : « C'est plus qu'un conseil et moins qu'un ordre, un avis auquel on ne peut passer outre sans dommage [3] ». Dans *Auctoritas Principis*, André Magdelain note dans le même sens :

1. Voir, par exemple, CS, 357.

2. Hannah Arendt, « Qu'est-ce que l'autorité ? », *La Crise de la culture*, trad. P. Lévy, Paris, Idées-Gallimard, 1962, p. 121-185.

3. Cité par H. Arendt, *La crise de la culture*, *op. cit.*, p. 162. La phrase de Th. Mommsen est tirée de son ouvrage *Le Droit public romain*, trad. P. F. Girard, *Manuel des antiquités romaines*, t. VII, L. III, 1891, p. 231.

> Là où s'arrête le domaine du pouvoir, commence celui de l'autorité. Quand des ordres ne peuvent être donnés, des conseils ou des suggestions ont souvent un poids aussi grand[1].

Quant à Joseph Hellegouarc'h, c'est avec plus d'équivoque qu'il écrit dans une importante étude sémantique :

> Le terme *auctoritas senatus* devient l'expression même du prestige et de l'influence du Sénat, du pouvoir qui lui est propre [mais ce pouvoir qui lui est propre est-il justement un pouvoir ?] et qui, bien que n'ayant pas la possibilité légale d'imposer quelque chose, n'en a pas moins une force [en quel sens ce mot est-il pris ?] réelle et particulièrement efficace car, comme l'écrit Mommsen, « c'est un conseil que l'on peut malaisément se dispenser de suivre, comme celui donné par l'homme de métier au profane, par le chef de parti parlementaire aux membres de son groupe »[2].

Émile Benveniste l'a bien montré dans son *Vocabulaire des institutions indo-européennes* : si *auctoritas* vient de *augeo, augere*, qui signifie à l'origine : « faire croître, accroître, augmenter, amplifier », il correspond aussi au

1. André Magdelain, *Auctoritas principis*, Paris, Les Belles Lettres, 1947, p. VIII.

2. Joseph Hellegouarc'h, *Le vocabulaire latin des relations et des partis politiques sous la République*, Paris, Les Belles Lettres, 1972, p. 312. L'auteur de ces lignes cite l'ouvrage de Th. Mommsen *Le Droit public romain*, p. 232. – Cependant, s'il y a lieu de s'étonner que les mots de "pouvoir" ou de "force" servent ici à définir l'*auctoritas*, c'est parce que Hellegouarc'h, quelques pages auparavant, s'était lui-même efforcé d'opposer celle-ci à la *potestas*, à l'*imperium* et à la *uis* (*cf.* p. 309-310).

fait de « s'accroître soi-même »[1]. Cependant, que *augeo* puisse renvoyer directement à *augmentum*, au phénomène de l'augmentation, cela ne doit pas nous dissimuler que la signification première et primordiale du mot se concentre dans l'action de « faire naître », de « produire à l'existence », de « donner consistance et vie à ... » Par exemple chez Lucrèce : *quodcumque alias ex se res auget alitque* – « tout corps qui fait naître de soi et alimente d'autres choses »[2]. D'où le rectificatif essentiel que Benveniste apporte à la compréhension vulgaire du mot :

> On persiste à traduire *augeo* par « augmenter » ; c'est exact dans la langue classique, mais non au début de la tradition. Pour nous, « augmenter » équivaut à « accroître, rendre plus grand *quelque chose qui existe déjà* ». Là est la différence, inaperçue, avec *augeo*. Dans ses plus anciens emplois, *augeo* indique non le fait d'accroître ce qui existe, mais l'acte de produire hors de son propre sein ; *acte créateur* qui fait surgir quelque chose d'un milieu nourricier et qui est le privilège des dieux ou des grandes forces naturelles, non des hommes[3].

D'ailleurs, *augeo*, faire surgir quelque chose, le faire apparaître pour la première fois, ou le « créer » à proprement parler, ne vient-il pas lui-même du sanskrit *ojah*, qui veut

1. *Cf.* É. Benveniste, *Vocabulaire des institutions indo-européennes*, t. II, Paris, Minuit, 1969, p. 148 *sq.* – Au sujet de cette compréhension vulgaire, notons à quel point il est regrettable de voir Hannah Arendt, après avoir mis l'accent sur la distinction entre autorité et pouvoir, fonder l'ensemble de son analyse sur l'identification trompeuse et abusive du sens originel d'*auctoritas* avec *augeo* dans le sens d'« augmenter ».

2. Lucrèce, *De rerum natura*, V, 322.

3. É. Benveniste, *Vocabulaire des institutions indo-européennes*, t. II, *op. cit.*, p. 149. *Cf.* également, G. Dumézil, *Idées romaines*, Paris, Gallimard, 1980, p. 79-102.

dire « force » ou « puissance [1] » ? En tout état de cause, l'autorité semble rassembler dans son champ sémantique l'apparaître originel *et* la puissance. Il semble même ordonner l'un à l'autre. Mais pourquoi parler précisément d'« apparaître originel » ?

Dans l'espace où elle prend son sens premier, l'*auctoritas* désigne l'action de celui *qui auget*. « Dans le vocabulaire juridique, note Hellegouarc'h, c'est l'acte de celui qui "accroît" en quelque sorte par son intervention *l'insuffisante personnalité d'un autre* [2] ». À l'appui de cette compréhension, l'historien cite Pierre Noailles qui écrivait, pour sa part, dans son livre consacré à *L'auctoritas dans la loi des XII Tables* :

> Le rôle de l'*auctor* dans tous les cas a pour trait essentiel d'être le fondement sur lequel repose l'acte tout entier fait sous ses auspices ... L'*auctor* est celui *qui probat id quid agitur* (Digeste, XXVI, 8,3) [« qui prend sur lui ce qui se produit »] [3].

Car, comme la lecture de Benveniste cette fois-ci nous l'apprend, « le sens le plus général de *esse auctor* est "se porter garant de", et l'*auctoritas* c'est, au sens le plus général et le plus primitif du mot, "la garantie" [4] » [5].

1. L'*auctor*, rappelle en effet Benveniste, est celui qui « seul est pourvu de cette qualité que l'indien appelle *ojah* » (*ibid.*, p. 151).

2. J. Hellegouarc'h, *Le vocabulaire latin des relations et des partis politiques sous la République*, *op. cit.*, p. 296.

3. P. Noailles, *L'auctoritas dans la loi des XII tables. Fas et ius. Études de droit romain*, Paris, 1948, p. 252 (cité par J. Hellegouarc'h, *Le vocabulaire latin des relations et des partis politiques sous la République*, *op. cit.*, p. 296).

4. J. Hellegouarc'h, *Le Vocabulaire latin des relations et des partis politiques sous la République*, *op. cit.*, p. 296.

5. Voir « Note 5 », *Précisions, infra*, p. 290 *sq*.

C'est en ce point que la problématique de l'*auctoritas* au sens de la garantie rencontre celle de la refondation, à travers la notion d'*instauratio*. Notre question était, on s'en souvient : que peut bien vouloir dire « autorité des lois »? Que font les lois? Elles constituent un ordre législatif. Comment? En participant du contrat originel dans la mesure où elles ne représentent rien de moins que le pouvoir dont dispose le peuple pour « statuer sur lui-même », comme Rousseau l'écrit au chapitre « De la loi ». Ainsi les lois *instaurent*-elles l'État, au sens particulier, je le répète, que Rousseau donne à cette notion. Parler d'autorité au sujet des lois, cela implique donc de nouer entre elles les notions d'*auctoritas* de d'*instauratio*. Or si l'on en croit le dictionnaire étymologique d'Ernout et Meillet, *instaurare* veut dire « renouveler, recommencer, réparer, restaurer ». Par exemple, Virgile emploie ce verbe pour parler du « renouvellement chaque jour des dons aux dieux »[1]. Étant donné qu'il s'applique parfaitement, voire tout spécialement, au rituel, ce terme renvoie, nonobstant son préfixe (« in- »), à une forme de *réitération*. Seulement, dans la mesure où l'on use également de ce vocable pour rendre compte d'un sacrifice « offert pour la première fois »[2], le sens du mot a pu sembler dès l'origine équivoque, au point d'ailleurs qu'à l'époque impériale la signification du préfixe « in- » au sens de « re- » se révèlera être intenable. Aussi, *instaurare*, au sens du *re*-commencement, cèdera-t-il la place à *restaurare*. Et la *reprise* originellement inhérente à l'*instauratio* se verra du même coup occultée, à telle enseigne d'ailleurs que le terme « instauration » dont nous nous servons aujourd'hui en français ne signifie plus que l'« établissement » inaugural ou la fondation au

1. *Énéide*, IV, 64.
2. *Cf.* Tacite, *Histoires*, II, 70.

sens large. Si donc l'on souhaite préserver la dualité sémantique de l'*instauratio*, c'est-à-dire la coprésence au cœur de sa signification des idées d'instauration et de restauration, il est conseillé de traduire *instauratio* par « refondation ».

Mais cela n'est peut-être pas encore assez significatif. Car, pour peu que nous nous mettions à penser à partir des données factuelles de l'étymologie, un étonnement ne manquera pas de nous gagner : comment se fait-il qu'à l'origine, comme je l'ai dit, le même mot ait signifié tout à la fois commencer *et* recommencer ? Quel est le sens déterminant – est-ce celui de la fondation première, ou celui de sa répétition ? Le sens de la réitération n'est-il pas, en bonne logique, secondaire – d'où l'affectation tardive mais exclusive de cette signification au seul *restaurare ?* En toute logique, si l'on recommence quelque chose n'est-ce pas qu'on l'a déjà commencé ? Quant au terme *instauratio*, peut-il renvoyer à un recommencement dans l'ignorance complète d'un premier commencement ? Mais, précisément, comment comprendre que ce soit le mot qui signifie *commencer*, qui renvoie *tout aussi bien* au « recommencement » ? Y aurait-il, s'il l'on peut dire, un peu du *recommencer* dans tout commencement ? Dans une perspective chronologique, c'est bien entendu impossible ; et c'est même l'évidence contraire qui s'impose : il y a du commencement dans tout recommencement. Autrement dit, l'*instauratio* est le commencement inhérent à tout recommencer. Et pourtant, et c'est cela qui est le plus remarquable, le sens le plus attesté en latin est le sens *réitératif*. De sorte que ce simple constat devrait peut-être nous conduire à penser que tout se passe ici comme s'il fallait que le commencement disparaisse toujours au profit du recommencement, lequel paraît, pour le coup, seul déterminant.

Pour revenir à partir de là aux principes et au schéma directeur du *Contrat social*, je dirais donc que l'autorité, quand elle s'applique aux lois, concerne la garantie apportée (c'est la légitimité donnée) par le fondement (le pacte originel) à cela même qui est *instauré*, à savoir la loi. Le dégagement déclaratif de la volonté générale qui se tient à l'origine même de la loi et qui la légitime politiquement repose sur le fait que la loi *s'augmente* de son fondement légitimant. Ainsi le fondement légitimant (le contrat social) est-il lui-même *restauré* chaque fois à la faveur de la déclaration de la volonté générale et en elle. Mais comme « s'augmenter » ne doit pas s'entendre au sens (tardif) d'accroître ce qui existe, mais au sens (primitif) de produire hors de son propre sein, chaque loi, en tant qu'elle est l'expression de la volonté générale, en s'augmentant de son fondement légitimant, fait surgir, fait apparaître, manifeste au-dehors sa propre légitimité. Dans la déclaration de la volonté générale, c'est le pacte social lui-même qui sort de la supputation où il se tient – du « mythe » aussi dans lequel Rousseau lui-même le tient – pour imputer, *à chaque fois qu'une législation se produit*, sur la base d'une déclaration de la volonté générale, une légitimité à la loi et faire ainsi « autorité » en se portant garant de la souveraineté du peuple, de l'existence politique comme liberté de la citoyenneté.

L'autorité vient donc à la loi du fait que le contrat social « a lieu » *à chaque fois* : à chaque fois qu'une loi est votée et que toutes les voix sont prises en compte[1]. C'est dire que le contrat social a lieu comme ce qui est restauré par

1. « Pour qu'une volonté soit générale il n'est pas toujours nécessaire qu'elle soit unanime, mais il est nécessaire que toutes les voix soient comptées ; toute exclusion formelle rompt la généralité » (CS, 369, note).

l'instauré lui-même. Disons-le différemment : la loi se revêt d'une autorité du fait même qu'elle opère, dans son instauration, une restauration qui met au jour, sous la forme de la déclaration de la volonté générale, la fondation originelle, celle qui n'a évidemment jamais eu lieu « dans les faits », mais qui n'en est pas moins décisive puisqu'elle est une exigence logique de la légitimation. Ce qui revient encore à dire : s'il n'y avait pas de loi qui refonde le fondement, le fondement lui-même n'existerait pas ; c'est la refondation qui fait surgir le fondement, qui le crée ; et c'est cette création qui constitue l'augmentation inhérente à la loi, de même que c'est cette augmentation qui, d'un même mouvement, fonde son autorité et garantit sa légitimité.

Par conséquent, de quoi la loi et l'État tirent-ils l'autorité qui est la leur ? Réponse : de la *légitimité* de leurs instaurations respectives, quand cette légitimité existe bien et qu'elle peut se prouver. La légitimité de la loi et de l'État leur vient donc du contrat social, lequel, pour être *virtuellement présent* dans l'être du souverain (il est ce qui fait du peuple un corps politique), *se réactive à chaque déclaration de la volonté générale*. Autrement dit, le contrat social se refonde à chaque acte législatif, et cette refondation est au principe de la légitimation à la fois de la loi et de l'État. Dès lors qu'elle existe et se prouve, cette légitimité est ce dont *s'augmentent* et la loi et l'État ; mais elle est tout d'abord ce qui *apparaît originellement* dans l'une comme dans l'autre sous la forme de leur ombre portée, à la faveur de leur instauration (refondation). Ainsi, tout État et toute loi légitimes ont *de l'autorité*. Ils l'ont en raison de leur légitimité. Ce qui revient à dire que quand leur légitimité, la *garantie* de leur légitimité, fait défaut, elles perdent aussitôt leur autorité.

Ayant posé cela, je peux bien revenir maintenant à la question qui nous intéresse au premier chef : qu'est-ce qui, en dehors de l'unanimité, permet, dans un vote à la majorité des voix, le dégagement de la volonté générale ? Autrement dit, qu'est-ce qui révèle la conformité de la loi à l'intérêt commun ?

On aura compris qu'une loi votée à la majorité des voix a toutes les chances de ne pas se montrer conforme à l'intérêt commun, soit en raison du fait que la volonté du plus grand nombre est une volonté *particulière*, mue par un intérêt *particulier*, soit en raison du fait qu'elle est la somme de volontés particulières unies par un intérêt qui leur est propre (comme c'est le cas, pour Rousseau, des « ordres » ou des « sociétés partielles », on dirait aujourd'hui : des corps intermédiaires). Mais il arrive aussi qu'une loi de ce type soit conforme à l'intérêt commun. Comment s'en rendre compte, si de cet intérêt commun justement, de cet intérêt que l'on ne saurait confondre avec l'intérêt du plus grand nombre, il apparaît que nul jamais ne sait rien ?

La réponse à cette question qui me semble la plus complète possible repose sur deux considérations, inséparables l'une de l'autre, mais liées respectivement aux deux principes qui président, si l'on en croit Rousseau, à l'existence politique moderne.

Première considération (relative au principe de liberté) : La théorie de la refondation permet de comprendre un peu mieux (ou de comprendre peut-être enfin totalement) ce que Rousseau veut dire quand il écrit au chapitre « Des suffrages » :

> Quand on propose une loi dans l'assemblée du Peuple, ce qu'on leur demande [aux membres de l'État, aux

> citoyens] n'est pas précisément s'ils approuvent la proposition ou la rejettent, mais si elle est conforme à la volonté générale qui est la leur; chacun en donnant son suffrage dit son avis là-dessus, et du calcul des voix se tire la déclaration de la volonté générale. Quand donc l'avis contraire au mien l'emporte, cela ne prouve autre chose sinon que je m'étais trompé, et ce que j'estimais être la volonté générale ne l'était pas (CS, 441).

Ce texte, qui ne laisse toujours pas d'étonner, aura suscité d'innombrables commentaires, et je ne crois pas commettre d'erreur en disant qu'aucun n'en a percé l'énigme jusqu'à ce jour. Or, ce qui obscurcit le texte, ce n'est peut-être rien d'autre qu'un défaut d'expression, une maladresse dans la formulation dont on peut aisément comprendre qu'elle a été occasionnée par cette curieuse idée de *tromperie* quant à ce que « devait » ou « devrait » être avant le vote la déclaration de la volonté générale. Car enfin, avant que ne *se déclare* la volonté générale par le seul calcul des voix, cette volonté générale n'existe tout simplement pas ! Il s'en faut même de beaucoup qu'elle ait une existence sur le plan virtuel : elle n'existe que dans son actualité même, par la déclaration qui en est faite. Aussi, quand on présente une proposition de loi à mon suffrage, ce que l'on me demande, en plus ou au-delà de l'approbation ou du rejet de son contenu, c'est si je veux bien participer par mon vote à la refondation du pacte social, de ce pacte qui n'a jamais eu lieu dans quelque passé que ce soit (historique ou préhistorique) mais qui n'en produit pas moins son effet dans le fait de donner vie au corps politique à la faveur du prononcé de la loi. Alors, deux cas se présentent. Dans le cas où je rejetterais la proposition de loi qui m'est faite, et où celle-ci serait néanmoins votée à la majorité des voix, je n'aurais fait en tout et pour tout que me tromper sur le fait que cette loi avait bien la capacité de refonder le pacte fondateur, puisqu'elle le refonde de fait maintenant qu'elle est passée, à l'issue du vote, de l'état de proposition de loi à l'état de loi attendant son décret d'application. Dans le cas contraire, le fait d'avoir apporté ma voix à l'adoption actuelle de la loi ne peut que me convaincre que j'ai assuré par mon vote la refondation du pacte social que toute adoption de loi effectue par principe. C'est cela que veut dire le fait que si j'avais voté comme la majorité, je ne me serais pas trompé sur ce qui « devait » ou « devrait » former la déclaration de la volonté générale. Pour rectifier la lettre du texte, disons donc plutôt ceci : Quand l'avis contraire au mien l'emporte, cela ne prouve autre chose sinon que je m'étais trompé, c'est-à-dire que ce que j'estimais (à tort) pouvoir faire la *forme* d'une loi – à savoir : son aptitude, quelle que soit sa matière, à refonder le pacte fondateur – ne le faisait tout simplement pas.

On ajoutera même à cela que la loi est toujours la même *pour* tous : elle ne saurait imposer à une partie des citoyens des obligations dont les autres seraient dispensés. Et cependant, elle n'est presque jamais la loi *de* tous (votée par tous). Qu'elle paraisse *injuste* à certains ne la prive donc pas de sa légitimité. Et cependant, une loi risquerait de perdre toute légitimité si elle manquait de refonder le pacte fondateur avec lequel elle partage des conditions d'égalité (puisque, par définition, le contrat social est unanime). Telle est la thèse profonde et novatrice de Rousseau. Cette thèse pose en principe qu'une loi qui ne maintient pas, sous une certaine forme, l'égalité qui était déjà à l'origine du pacte fondateur ne se rend plus conforme à l'intérêt commun, autrement dit : ne garantit plus l'existence politique comme liberté de la citoyenneté. En d'autres termes, pour Rousseau, la refondation de l'acte par lequel un peuple est un peuple réalise la libération de la liberté : elle est, de la liberté, l'essence même.

Il arrive que cette refondation, tacite dans la plus grande majorité des cas, devienne si l'on peut dire *palpable*. Cela arrive à l'occasion du vote de certaines lois ou à la faveur de certains événements, rendus exceptionnels par là même. C'est, à coup sûr, cette refondation du pacte social et seulement elle qui a pris corps physiquement à l'été 1944, au cours de ces « événements » qui reçurent très vite le nom de *Libération*, quand on a éprouvé, « pour ainsi dire, la liberté comme la forme palpable de l'existence individuelle et commune – indissolublement [1] », ainsi que le rappelle Granel dans une de ses plus belles pages. À la Libération, la volonté de chacun a unanimement voulu se recevoir en corps – un corps renouvelé, entièrement régénéré, résolument libre.

Deuxième considération (relative au principe d'égalité) : Il faut tâcher de réduire le mieux possible [2] les inégalités sociales qui font obstacle au dégagement de la volonté générale dans la mesure où elles engendrent des divisions (des divergences inconciliables d'intérêts) dans l'assemblée du peuple, et ce alors que, selon une maxime générale du fonctionnement de l'État, « plus les délibérations sont importantes et graves, et plus l'avis qui l'emporte doit approcher de l'unanimité » [3]. Si étrange que cela puisse paraître au premier abord, c'est en évitant au mieux le creusement des inégalités non naturelles, que peut encore

1. G. Granel, *Apolis*, *op. cit.*, p. 121.

2. Je dis exprès *le mieux possible* et non pas *le plus possible* pour une raison qui va apparaître très bientôt.

3. G. Granel, *Apolis*, *op. cit.*, p. 121.

venir à se dégager la déclaration de la volonté générale en l'absence de toute unanimité. Voici en peu de mots pourquoi.

Si, d'une part, comme le proclame Rousseau, la volonté générale ne doit pas s'éloigner trop de l'unanimité (c'est ce qu'assure à la limite le vote majoritaire), car c'est un fait que « plus le concert règne dans les assemblées, c'est-à-dire plus les avis approchent de l'unanimité, plus aussi la volonté générale est dominante »[1], elle ne doit pas non plus, d'autre part, encourager le développement des inégalités. En fait, la volonté générale sera d'autant plus « dominante » qu'elle se rapprochera le plus possible de l'unanimité (cela, sur le versant de sa déclaration, parce que son *sujet* est général) ET qu'elle tendra aussi le plus possible à l'égalité (cela, sur le versant de son contenu, parce que son *objet* est général).

Mais de quelle égalité s'agit-il? De celle qui se tient justement au fondement du pacte social. Rousseau précise :

> Le pacte social établit entre les citoyens une telle *égalité* qu'ils s'engagent tous sous les mêmes conditions et doivent jouir tous des mêmes droits (CS, 374).

L'égalité qu'instaure le pacte social est donc une égalité de conditions et de droits. Si ces conditions ne sont pas naturelles – la « nature » est inégalitaire par définition –, elles sont en revanche, et exclusivement, morales et politiques et, en ce sens, sociales. L'égalité en question est *par convention* et *de droit*. Comme l'ajoute Rousseau, toujours dans le même chapitre, le pacte social « substitue une égalité morale et légitime à ce que la nature avait pu mettre d'inégalité physique entre les hommes », si bien que « pouvant être inégaux en force et en génie, ils

1. G. Granel, *Apolis*, *op. cit.*, p. 121.

deviennent tous égaux par convention et de droit ». Et c'est pourquoi une législation qui porterait atteinte à cette égalité conventionnelle se rendrait aussitôt étrangère à l'intérêt commun.

Car quand est-ce qu'un acte (législatif ou autre) refonde le pacte fondateur ? Quand il *garantit* la liberté civile des membres du corps politique, mais aussi quand il *garantit* leur égalité de droit. C'est aussi cette double garantie qui fait toute l'autorité des lois. Or, garantir les principes du droit politique, cela suppose que les lois « contiennent » dans des limites *raisonnables* les inégalités sociales auxquelles les citoyens, étant des hommes, ont bien du mal à échapper. Encore qu'il y ait égalité et égalité. Il y a, en effet, cette égalité « apparente et illusoire », qui « ne sert qu'à maintenir le pauvre dans sa misère et le riche dans son usurpation » – « d'où il suit, ajoute Rousseau, que l'état social n'est avantageux aux hommes qu'autant qu'ils ont tous quelque chose et qu'aucun d'eux n'a rien de trop » [1]. C'est pourquoi une société qui ignore les vertus de cet « équilibre » se porte préjudice à elle-même en prenant le risque de détruire l'armature socio-juridique qui la fait tenir-ensemble. Ainsi la refondation trouve-t-elle son contre-exemple dans ce « faux contrat social » que le riche propose au pauvre et sur lequel Rousseau a mis si bien l'accent dans son second *Discours*. Ce faux contrat, qui fait le ciment d'une société perpétuellement menacée d'explosion, est celui, hélas ! bien réel, auquel les faits nous renvoient jour après jour – alors que le « vrai contrat », lui, est *fictif*, il suppose d'écarter tous les faits pour mieux poser les conditions subjectives-transcendantales de la liberté. Et ce que ce « faux contrat » consacre dans les

1. CS, 367, note.

« termes » de son non-dit c'est le fait qu'au sein de la Production comme production de richesse les rapports humains ne peuvent devenir autre chose que des rapports de *domination*. Plus même : que « tous les aspects de l'activité humaine ne sont que des représentations illusoires sous lesquelles se dissimule cette loi d'airain » [1].

Et cependant, s'agissant des inégalités sociales introduites non seulement par l'existence de la *propriété*, mais aussi (si l'on va un peu plus loin que le propos de Rousseau) par la division du travail, par l'accumulation de la richesse « qui en est à la fois le présupposé et la conséquence » et par la « dépendance réciproque dans le commerce comme facteur dominant de l'existence commune [2] », il y a – on l'aura déjà entendu – une certaine *proportion* au-delà de laquelle toute leur « force », mieux : toute leur *autorité*, se trouve ôtée aux lois. Rousseau écrit :

> Ce qu'il y a de plus nécessaire, et peut-être de plus difficile dans le gouvernement [dans l'exercice du pouvoir], c'est une intégrité sévère à rendre justice à tous, et surtout à protéger le pauvre contre la tyrannie du riche. Le plus grand mal est déjà fait, quand on a des pauvres à défendre et des riches à contenir. C'est sur la médiocrité seule [la proportion moyenne] que s'exerce toute la force des lois ; elles sont également impuissantes contre les trésors du riche et contre la misère du pauvre ; le premier les élude, le second leur échappe ; l'un brise la toile, et l'autre passe au travers (EP, 260).

Les lois révèlent leur impuissance devant ceux qui jouissent d'un excès de pouvoir et d'un surcroît de richesse, comme elles s'avèrent inopérantes au regard de ceux qui ne jouissent de rien. Les uns évitent, préviennent ou éludent

1. G. Granel, *Apolis*, *op. cit.*, p. 118.
2. Sur tout cela, voir G. Granel, *Apolis*, *op. cit.*, p. 117.

leur emprise, les autres y échappent[1]. Voilà pourquoi, poursuit Rousseau, « une des plus importantes affaires du gouvernement [est] de prévenir l'extrême inégalité des fortunes, non en enlevant les trésors à leurs possesseurs, mais en ôtant à tous les moyens d'en accumuler, ni en bâtissant des hôpitaux pour les pauvres, mais en garantissant les citoyens de le devenir »[2].

Préside donc à toute « bonne législation » le souci de la *médiocrité* – au sens absolument non-péjoratif du terme, au sens que visait déjà la *mésotès* grecque ou l'*aurea mediocritas*, la moyenne dorée horacienne, au sens donc de cette « médiété » ou de ce « juste milieu » qui définit selon Aristote la vertu en tant qu'elle réalise un équilibre entre le trop (*hyperbolè*) et le pas-assez (*elleipsis*). Mais à la différence d'Aristote, ou de sa problématique, la médiocrité prônée par Rousseau ne concerne pas le « subjectif » mais l'« objectif » ; elle ne s'applique pas à la vertu personnelle mais à la seule *inégalité sociale* et, en celle-ci, plus particulièrement, au rang et à la fortune, comme dit Rousseau, c'est-à-dire à la *richesse* et au *pouvoir* qu'elle procure. C'est qu'entre Aristote et Rousseau il y a

1. « Voulez-vous donner à l'État de la consistance, rapprochez les degrés extrêmes autant qu'il est possible : ne souffrez ni des gens opulents ni des gueux. Ces deux états, naturellement inséparables, sont également funestes au bien commun ; de l'un sortent les fauteurs de tyrannie, de l'autre les tyrans ; c'est toujours à eux que se fait le trafic de la liberté publique, l'un achète et l'autre la vend » (CS, 392, note). Ailleurs, Rousseau note que « dans le fait les lois sont toujours utiles à ceux qui possèdent et nuisibles à ceux qui n'ont rien » (CS, 367, note). Enfin, à propos du « luxe », Rousseau déclare aussi qu'il en faut « peu ou point [...], car ou le luxe est l'effet des richesses, ou il les rend nécessaires ; il corrompt à la fois le riche et le pauvre, l'un par la possession, l'autre par la convoitise ; il vend la patrie à la mollesse, à la vanité ; il ôte à l'État tous ses citoyens pour les asservir les uns aux autres, et tous à l'opinion » (CS, 405).

2. EP, 260.

évidemment tout un monde, mais il y a surtout, comme Granel a voulu le montrer à maintes reprises, l'émergence historique et historiale d'un Monde déterminé ontico-ontologiquement comme *Production*. Il y a que le Travail-Richesse est devenu le dieu moderne et que Rousseau n'a pas pu éviter de le voir et d'en prendre acte, même s'il a espéré, même s'il a rêvé que ce dieu ne fût jamais qu'une idole, dont le crépuscule viendrait bientôt. Mais, comme dit aussi Granel, « il est impossible à aucun dieu de jamais n'être qu'une idole [1] ». Et c'est bien pourquoi l'on n'aura pas attendu très longtemps avant que la « libéralité », cette nouvelle figure de la liberté politique dans le Monde comme Production, ne descende « peu à peu du haut du corps social jusqu'à ses couches inférieures en même temps que se diffuse la richesse [2] ».

Tel aura donc été le fruit de la lucidité de Rousseau : que sans « beaucoup d'égalité dans les rangs et dans les fortunes [...] l'égalité ne saurait subsister longtemps dans les droits et l'autorité » [3]. Encore, précisait-il, qu'il ne faille pas « entendre par ce mot [d'égalité] que les degrés de puissance et de richesse soient absolument les mêmes, mais que, quant à la puissance, elle soit au-dessous de toute violence, et ne s'exerce jamais qu'en vertu du rang et des lois ; et, quant à la richesse, que nul citoyen ne soit assez opulent pour en pouvoir acheter un autre, et nul assez pauvre pour être contraint de se vendre : ce qui suppose, du côté des grands, modération de biens et de crédit, et, du côté des petits, modération d'avarice et de convoitise » [4].

Traduisons : quand les inégalités sociales atteignent un certain degré *critique*, l'inégalité de fait prend le pas

1. G. Granel, *Écrits logiques et politiques*, *op. cit.*, p. 360.
2. *Ibid.*, p. 361.
3. CS, 405.
4. CS, 392.

sur l'égalité de droit, et l'état de la société qui en résulte ne permet plus ni à la liberté civile ni à la paix civile de subsister. Alors, celles-ci perdent d'autant plus de leur réalité que la volonté générale se trouve empêchée de se déclarer dans le vote comme cet « intérêt commun » censé pourtant s'y révéler. La conséquence en est tout de suite visible : on assiste sinon au dévoiement de l'existence politique, du moins au délitement de l'expérience politique.

À première vue, cette conclusion pourrait sembler banale. Mais que l'on n'en soit pas déçu : s'il en est ainsi, justement, c'est bien la preuve que nous sommes tous devenus, entre-temps, peu ou prou *rousseauistes*.

Dans un monde devenu insensé, où les écarts de salaire, qui étaient il y a quarante ans de 1 à 40, sont aujourd'hui de 1 à 500, et dans une société tombée malade, où la citoyenneté ploie constamment sous le poids d'inégalités sociales de plus en plus criantes, de plus en plus insupportables, un passage du *Contrat social* devrait nous hanter, et ce serait justice [1]. Je le cite :

> Mais si l'abus est inévitable, s'ensuit-il qu'il ne faille pas le régler ? C'est précisément parce que la force des choses tend toujours à détruire l'égalité, que la force de la législation doit toujours tendre à la maintenir (CS, 392).

1. D'après le rapport annuel d'Oxfam sur les inégalités mondiales, publié en janvier 2020, 2.153 personnes disposent de plus d'argent que les 4,6 milliards les plus pauvres de la planète. La fortune des 1% les plus riches du monde « correspondent à plus du double des richesses cumulées » des 6,9 milliards les moins riches, soit 92% de la population de la planète. Pour ce qui est de la France, sept milliardaires possèdent plus que les 30% les plus pauvres, et les 10% les plus riches des Français concentrent la moitié des richesses du pays.

En conclura-t-on qu'aussi longtemps que la législation résistera à « la force des choses », la loi sera la loi ?

Certes, la troisième réponse *(C)* n'a pas été entrevue par Granel. Pourtant force est d'admettre qu'elle est suggérée pour ainsi dire en creux dans tous ses textes, et cela en dépit du pessimisme politique de l'auteur, pessimisme que j'imputerais à sa vision, comme je l'ai dit, *trop* heideggérienne et *pas assez* marxienne du Monde. Car enfin, la liberté ne se conquerrait-elle pas en tout dernier ressort en infligeant comme une lourde défaite au *destin*, quelle que soit par ailleurs l'aspect (ontique ou ontologique) qu'aurait ce destin dicté par une certaine « force des choses » tendant toujours à détruire l'égalité …

Voilà pourquoi cette solution – soit : la recherche, au-delà de toute forme d'égalité formelle, abstraite, d'une *égalité non pas matérielle (laquelle est impossible de fait) mais proprement matériale, c'est-à-dire une égalité formée par une espèce d'équilibre appliqué, par mesure de justice, à cette force centrifuge du peuple qui est constitutive du corps social* –, la recherche de cette égalité matériale se présente, me semble-il, comme la seule capable d'offrir à *l'éthique* – l'éthique de la citoyenneté, c'est-à-dire une justice appelée à assurer l'être-ensemble, à consolider le « faire société [1] » – les moyens de *régler*, pour le bien de tous, et au nom de ce seul bien, l'inévitable différend qui oppose l'abstraction de la logique et la concrétion de la politique.

1. Voir « Note 6 », *Précisions*, *infra*, p. 292 *sq*.

En tout cas c'est cette chance donnée à l'éthique comme éthique de la citoyenneté [1], qui nous permettrait de conspirer, logiquement et politiquement, à la libération du *possible*. C'est aussi l'urgence qu'il y a à libérer un tel possible, qui *devrait* chaque fois nous mobiliser – au double sens de ce qui nous arrête devant le pire et de ce qui nous met en branle en vue du meilleur.

1. Éthique de la citoyenneté qui, on l'aura compris, s'épuise, au nom de la justice sociale, à *inventer* comme à garder et sauvegarder cette espèce d'équilibre à l'intérieur de la force centrifuge d'un peuple, équilibre qui lui permet de le contenir dans les bornes d'une existence politique possible.

CHAPITRE III

L'ÉPREUVE DE L'ÊTRE SINGULIER

(Jean-Jacques, Rousseau, et le tribunal de la représentation)

Dans son fameux texte sur Merleau-Ponty [1], Sartre fait remarquer que pour suivre son ami philosophe dans ses dernières réflexions – celles qui ont abouti au projet inachevé du *Visible et l'Invisible* –, il importe de « renoncer à deux sécurités contradictoires entre lesquelles nous ne cessons d'osciller car nous nous rassurons ordinairement par l'usage de deux concepts opposés mais pareillement universels qui nous prennent l'un et l'autre pour objets et dont le premier dit à chacun de nous qu'il est homme parmi les hommes et le second qu'il est autre parmi les autres ». En clair : pour nous connaître et nous reconnaître, nous passons constamment d'un jugement universel à un autre, l'un nous rassurant autant que l'autre, mais l'un étant tout aussi abusif que l'autre, le premier nous définissant comme faisant partie de l'espèce humaine et le second comme des

1. J.-P. Sartre, « Merleau-Ponty » [1961], *Situations IV*, Paris, Gallimard, 1964, p. 283 *sq*.

êtres différents, non réductibles les uns aux autres [1]. Sartre ajoute alors : « Mais celui-là [le concept universel de la généralité humaine] nous trompe car l'homme ne cesse pas de se faire et ne peut jamais se penser tout à fait. Et celui-ci [le concept universel de la particularité humaine] nous trompe puisque nous sommes précisément semblables en ce que chacun diffère de tous ». C'est-à-dire que nous sommes ce que nous avons à être, et ce que nous avons à être n'est jamais nous différencier les uns des autres. Et Sartre alors de conclure : « Sautant de l'une à l'autre idée [du général au particulier], comme les singes d'une branche à l'autre, nous évitons la singularité, qui n'est pas tant un fait qu'une postulation perpétuelle ».

1. Pour Sartre, si les deux jugements universels sont contradictoires l'un par rapport à l'autre, le caractère *abusif* du second tient au fait qu'il tend à faire basculer la différence des êtres du côté de *l'altérité absolue* (comme s'ils finissaient par appartenir à une contre-espèce), alors que le caractère *abusif* du premier jugement tient, lui, à quelque chose de différent : à la *pensée de survol* sur laquelle il repose. On doit à Juliette Simont de l'avoir fort bien explicité dans son livre sur Sartre ; voici ce qu'elle écrit : « L'espèce humaine n'*existe* pas [ici le verbe *exister* a le sens que lui confère Sartre dans *L'Être et le Néant* et qui veut dire : transcendance, projet, autodépassement vers un possible, se-choisir] : cela, les *Cahiers pour une Morale*, puis *L'Existentialisme est un humanisme* l'avaient établi. Reste que, fût-ce au titre d'illusion, elle *insiste*, et que cette insistance doit être lue, avec une attention de type généalogique, comme un symptôme : comme le symptôme, pour reprendre une expression nietzschéenne, des “forces qui s'en emparent”. Il est certes possible de se mettre en survol ou en extériorité par rapport à l'humain, seule condition à laquelle on pourrait décréter que l'espèce est une totalité existante ou réelle. Mais l'illusion de l'espèce se constitue par un processus d'exclusion interne, mené par ceux qui en ont la *force*. Autrement dit, l'universalité de l'espèce, ce sont toujours les dominants qui se l'approprient, rejetant de ce fait même hors-humanité ceux qui ne répondent pas aux critères dont ils ont décidé » (*Jean-Paul Sartre : un demi-siècle de liberté*, Louvain-la-Neuve, De Boeck, 2015, p. 108-109). Où l'on voit que la dénonciation de l'abus de jugement a à la fois un sens philosophique et une portée politique.

Ce qui exprime ici l'essence de la singularité, si l'on admet qu'elle existe, c'est la logique de la syntaxe employée : « pas tant... que ». On ne niera donc pas que la singularité est un fait, autrement dit qu'elle se constate, mais l'on n'y accordera pas la même importance que celle que l'on se doit d'accorder à cette postulation perpétuelle qu'elle serait tout aussi bien. D'où vient la singularité d'un être ? A quoi tient-elle ? Voici, selon Sartre, la réponse de Merleau-Ponty : « nous nous retrouvons singulier par la contingence de notre ancrage dans la Nature et dans l'Histoire, c'est-à-dire par l'aventure temporelle que nous sommes au sein de l'aventure humaine. Ainsi, l'Histoire nous fait universels dans l'exacte mesure où nous la faisons particulière ». Curieuse formulation qui substitue aussitôt à la recherche de la singularité le recours au particulier. Formulation d'autant plus curieuse qu'elle s'intéresse explicitement à ce qui nous fait universels, alors que nous pensions être en quête de ce qui pourrait nous rendre singuliers ... Ce déplacement est reconnu à la phrase d'après, quand Sartre résume le cheminement de Merleau-Ponty en ces termes : « parti de l'universalité bien connue du singulier, il parvient à la singularité de l'universel ». Si bien que l'on est en droit de se demander s'il est possible de penser le singulier sans l'universel ; si la singularité peut être saisie *en elle-même et pour elle-même* ? Se manifeste-t-elle autrement qu'à la faveur de ce va-et-vient permanent entre deux « conditions » *universelles* : la Nature et l'Histoire ? N'a-t-elle pas partie liée avec la particularité, avec une particularité, de surcroît, non-soluble dans un tout ? Sartre, s'apercevant de la difficulté, prévient l'erreur que nous serions tentés de commettre en lisant ce qu'il vient tout juste d'écrire : « Pour Merleau, précise-t-il, l'universalité [celle qui soutient l'existence du singulier] n'est jamais universelle, sauf pour la pensée de survol : elle naît selon la chair ; chair de notre chair, elle garde, à son degré le plus subtil, notre singularité ».

La singularité est charnelle ou elle n'est pas. Non seulement la chair est ce que tout un chacun a, ou ce que tout un chacun est, mais elle n'incombe à tout un chacun qu'en le rendant lui-même différent de tout autre. Par où l'on rejoint ce que Sartre disait tantôt de l'une des deux idées *universelles*, à savoir que nous sommes semblables en ce que chacun diffère de tous.

Est-ce à dire qu'à vouloir cerner l'essence du singulier, on ne saurait quitter les rivages de l'universel, celui-ci serait-il composé d'une infinité de différences, donc de particularités ? Est-ce à dire que le singulier ne se comprend que comme la singularisation de l'universel (Nature ou Histoire) ? Mais si tel est le cas, que veut dire alors singularisation ? De quoi ce processus est-il fait ? D'une individualisation ? d'une particularisation ? d'une incarnation ?

Mais ne devrions-nous pas nous efforcer de distinguer les deux « idées particulières » : la singularité et l'individualité, même si celle-là pourrait avoir avec celle-ci toujours partie liée ? Et ne faudrait-il pas dans le même temps éviter de confondre la singularité avec la particularité et, plus encore, avec cette « personnalité » dont elle semble être le support, comme chacun le pressent pour lui-même ?

Sans doute est-il bienvenu de s'interroger comme nous venons de le faire pour introduire à toutes ces notions difficiles et complexes. Mais ce qui compte surtout c'est de ne pas oublier que nous vivons en un temps de *civilisation de masse* où la moindre « différence », le moindre trait distinctif affirmé (en général narcissiquement) par les uns ou par les autres suffit à donner un sentiment de *singularité*.

Pourtant, singulier, jamais aucun trait *particulier* ne l'est ni d'entrée de jeu ni pour toujours. Disons plus : nul être particulier ne naît singulier ; à la rigueur, il le devient, et il ne le devient, le cas échéant, que pour un temps déterminé. La singularité est foncièrement une affaire de *devenir*. Pour parodier Sartre, nous dirons qu'elle n'est pas tant un fait qu'un acte, et pas tant un acte qu'un devenir. Autrement dit, seul est singulier l'être qui l'est devenu après qu'il l'a voulu, qu'il l'a décidé, et qu'il a entrepris de faire tout ce qu'il se devait de faire pour devenir ainsi.

Comment devient-on singulier ? Comment naît-on à sa singularité ? Est-ce par le biais de cet « ancrage » dans la Nature et dans l'Histoire dont chacun d'entre nous serait censé à tout moment faire l'expérience ? Ou bien par l'exact contraire, c'est-à-dire par le désir et la façon que nous aurions de rompre avec tout ce qui nous serait d'ores et déjà *donné*, peu importe que ce déjà-donné nous vienne de l'intérieur ou de l'extérieur ? Devenir singulier, est-ce une affaire de *transformation de soi* ? Ou n'est-ce pas même une forme de *renaissance* ? Transformation ou renaissance, ne faut-il pas qu'un « travail » y entre en ligne de compte ? Quant à ce travail à faire, ne doit-il pas être conçu comme un travail de soi sur soi ? Et si ce travail vise à être *bon pour soi*, ne convient-il pas de le qualifier d'*éthique* ? Fruit d'un devenir, d'un acte, d'un travail de soi sur soi, la singularité aurait-elle tout d'une catégorie éthique à part entière ?

Reprenons.

1. Le singulier, ce n'est certes pas le pluriel, mais ce n'est pas non plus ce qui court les rues, ce qui est trivial, ordinaire, quelconque – ou commun. Le singulier tend à la fois vers l'exception et vers l'exceptionnel. En toute

circonstance, il résulte d'une certaine forme de retrait, de réserve ou de réticence par rapport à une logique sérielle ou une axiomatique de groupe.

Cela dit, si la singularité appelle à une distanciation, un écart, peut-être un isolement, elle ne s'adosse pas moins à l'existence d'un ensemble. En effet, ce n'est que relativement à une certaine totalité, à un certain groupe d'appartenance, que la singularité parvient à s'affirmer. Elle se détache, elle se distingue (ça peut être aussi une figure de la distinction), sur fond d'indistinction première. Par ailleurs, si la singularité dit ce qui est *propre* à chacun, c'est seulement en tant que ce chacun révèle son unicité en même temps qu'il se laisse considérer isolément.

Pourtant, quand on se prend à opposer le singulier au général, ou au commun, ne suggère-t-on pas qu'on le confond implicitement avec l'individuel ou le particulier ? Car enfin, tous les traits que l'on peut qualifier à bon droit de « particuliers », ces traits qui font l'étoffe de *l'individuel*, ne sont-ils pas, comme par définition, *communément partagés* ? Il est vrai qu'il n'y a pas un seul trait particulier qui ne se retrouve comme tel chez plusieurs. Proust l'avait indiqué à sa manière :

> [...] ce que nous appelons l'expression individuelle est – comme on s'en rend compte avec tant de tristesse quand on aime et qu'on voudrait croire à la réalité unique de l'individu – quelque chose de général, et a pu se rencontrer à différentes époques[1].

1. M. Proust, *À l'ombre des jeunes filles en fleurs*, *À la recherche du temps perdu*, J.-Y. Tadié (éd.), Paris, Quarto-Gallimard, 1999, p. 426. – Voir « Note 7 », *Précisions*, *infra*, p. 295 *sq*.

Voilà surtout en quoi le « singulier » ne se confond pas avec le « particulier » : il a pour caractéristique de fausser compagnie au *général*.

2. Devenir n'est pas être. Si le premier verbe connote un changement d'état, le second dénote l'état lui-même. Le premier engage un processus *involutif*, ce qui exige à tout le moins l'ouverture, voire le développement d'un certain « à-venir » qui n'est pas l'équivalent d'un futur historique, tandis que le second repose sur l'instauration d'un présent. En ce sens, devenir singulier relève davantage de l'éthique que de l'ontologie. Il s'agit essentiellement d'un *acte*. Et, comme tout acte, ce devenir repose sur une décision, laquelle suppose une délibération, en plus de l'adaptation des moyens à la réalisation d'une fin. Singulier est donc un prédicat qui suppose qu'une décision a été prise à son sujet, qu'un geste ou un acte a été accompli pour le devenir, bref, qu'un mouvement de transformation a été déclenché. Sans cette condition préalable, un sujet est tout au plus de l'ordre soit du particulier, soit de l'universel.

Singulier, voilà donc ce qu'il me faut toujours devenir. Non pas pour faire exister la singularité, mais pour l'exister, c'est-à-dire l'investir d'importance, lui donner pour moi-même consistance. Dire cependant que le singulier s'établit à distance du particulier, c'est dire qu'il n'y a pas de singularité qui ne se fonde sur la teneur *incomparable* des traits (particuliers) qui la manifeste. Ainsi le singulier est-il, dans un sens, solidaire du particulier, et s'il échappe par exemple à la ressemblance, il en demeure néanmoins tributaire dans la mesure même où il ne laisse pas de la combattre, de la refuser, de s'inscrire en faux contre elle.

Ainsi le singulier s'efforce-t-il de se soustraire à tout dénominateur commun. Il tend, comme par définition, à *faire exception*. Mais sa singularité demande à être chaque fois *affirmée*, alors qu'une particularité se laisse uniquement constater. La première exige donc d'être soutenue, voire inventée (par soi), tandis que la seconde se trouve être toujours et d'ores et déjà donnée (à soi).

Certes, la singularité et la particularité sont toutes deux des modalités de l'Un : elles ressortissent à l'unité, que celle-ci soit relative, comme dans le cas de *l'individualité*, ou absolue, comme dans le cas de la *personnalité*. Mais si la singularité définit le caractère incomparable d'un être, la particularité, par contre, définit son caractère « exemplaire » (non au sens de ce qu'on appelle un paradigme, au sens de l'exemplaire unique, mais au sens où *il en existe toujours au moins un*, où il est donc un *exemple* parmi d'autres de la classe d'êtres à laquelle il appartient et qui, d'un certain point de vue tout au moins, le définit en propre).

Concluons provisoirement que la particularité fonde l'exemplarité relative, tandis que la singularité exprime l'incomparabilité absolue, et que c'est bien sur cette toile de fond parfaitement réversible que l'individualité et la personnalité sont susceptibles à leur tour de se détacher.

Pour ce qui est de Jean-Jacques Rousseau, où tout cela peut-il nous mener ?

On a l'habitude de dire que Rousseau a passé les quinze dernières années de sa vie – une fois qu'il a écrit *Émile ou de l'éducation*, *Du contrat social* et *Julie ou la Nouvelle Héloïse* – à se raconter. Comment ? En affirmant sa singularité. Pourquoi ? Pour défendre ce qu'il appelait « sa vérité », c'est-à-dire pour se défendre soi-même contre les mensonges, les médisances, les rumeurs malveillantes et le travestissement quasi systématique des faits le concernant, contre toutes les attaques répétées et les manigances perfides, et parfois fort dangereuses, dont certains de ses contemporains, à commencer par Voltaire, étaient à l'origine.

Pour bien entendre son plaidoyer *pro domo*, soit ce qui lui aura servi de *système de défense*, sans doute est-il utile d'avoir immédiatement à l'esprit quelques dates : *Les Confessions*,1765 pour la première partie, 1767-1769 pour la seconde ; les *Dialogues, Rousseau juge de Jean-Jacques,* 1772-1775 ; *Les Rêveries du promeneur solitaire*, 1776-1778. Rousseau meurt en 1778 à l'âge de 66 ans, en laissant les *Rêveries* inachevées.

Il y a, me semble-t-il, deux questions qu'il convient de se poser de prime abord au sujet de l'entreprise qualifiée généralement d'« autobiographique » de Rousseau : est-ce que les trois œuvres tout juste citées appartiennent au même genre ? Et si oui, ce genre est-il vraiment le genre autobiographique, comme le laisse notablement entendre l'intitulé du tome I des *Œuvres complètes de Jean-Jacques Rousseau* dans la Bibliothèque de la Pléiade : *Les Confessions et autres écrits autobiographiques* ?

Je serais tenté de répondre à ces deux questions en même temps et de la manière suivante : non seulement les trois œuvres susmentionnées n'appartiennent pas au même genre – le genre autobiographique –, mais il s'agit bien plutôt en chacune d'elles d'un exercice d'éthique appliquée – peut-être même d'esth/éthique –, exercice à la faveur duquel il s'agit chaque fois de mettre à l'épreuve de *soi*, c'est-à-dire de confronter au cas particulier de la personne de « Jean-Jacques », les éléments constitutifs de cette *morale sensitive*[1] que « Rousseau », l'auteur, aura obstinément tenté de développer dans ses écrits – dans ses

1. *Cf.* C, 408-410.

deux *Discours*, dans l'*Émile*, dans *La Nouvelle Héloïse*, principalement – ; cette application à soi répondant chaque fois à des *règles* différentes, d'où la différence de *style* des œuvres dites autobiographiques et l'impression de *reprise* que l'on ne peut s'empêcher de ressentir à leur lecture.

Pour l'exprimer autrement, je dirai que dans chacun des trois ouvrages distingués, il est moins question de circonscrire, en la peignant, la *personnalité* de Rousseau (il serait absurde de nier que Rousseau se consacre tout de même à cette peinture) que de considérer ce qui fait de son *individualité* un individu précisément. Plus encore, dans ces trois ouvrages, mais de manière chaque fois différente, on y met en lumière un principe de *singularisation* et non une particularité empirique aisément constatable par soi-même ou par d'autres. Ce dont il s'agit, par conséquent, c'est bien moins de la peinture d'un moi parmi d'autres moi que de la compréhension de ce qui fait à tout moment l'unité et l'unicité du moi – ce qui confère donc à ce moi une *ipséité*. Cette ipséité du *moi*, elle-même fruit d'un processus de singularisation, d'un devenir-singulier, on pourrait, on devrait même l'appeler : le Soi ; Rousseau, quant à lui, l'appelle *l'âme*.

La considération d'une âme individuelle ouvre-t-elle les portes de la littérature ? Voilà une question à laquelle, là aussi, je crois juste de dire *non*. Car Rousseau, dans tous ses écrits, y compris son roman *La Nouvelle Héloïse* ou sa pièce de théâtre *Narcisse*, se comporte toujours en philosophe. Et c'est bien pour cela, parce qu'il fait œuvre de philosophie sitôt qu'il prend la plume, qu'il estime que *parler de soi* peut être utile aux autres. Pour Rousseau en effet, même si le Soi est unique par définition, parler de soi – d'un Soi *vivant* – est un acte qui revient à témoigner d'une *pensée de la vie* dans toute son universalité. Et cependant – ceci est très important et doit être souligné – Rousseau ne rend pas compte de cette pensée de la vie (appelée aussi « philosophie de l'âme » [1]) de la même façon dans *Les Confessions*, dans *Rousseau juge de Jean-Jacques* et dans *Les Rêveries du promeneur solitaire.*

S'agissant des *Confessions*, s'il est une erreur à ne pas commettre, c'est bien celle de penser que Rousseau ne fait là que se défendre contre les attaques qu'il venait tout juste de subir, de croire qu'il cherche par exemple à se dédouaner de l'accusation, lancée par Voltaire, de l'abandon de ses quatre enfants. Rousseau le dit pourtant clairement aux livres VII et VIII [2] : ce n'est pas d'une justification ou d'une apologie qu'il s'agit, même si ces traits se mêlent inévitablement à l'affaire, car ce dont il s'agit, c'est d'une *confession.* Mais qu'est-ce qu'une confession ? La première chose que l'on serait en droit de soutenir à cet égard, c'est que (selon l'excellente remarque de Jacques Derrida) « l'autobiographie devient confession quand le discours sur soi ne dissocie pas la vérité de l'aveu, donc de la faute, du mal et des maux », mais aussi, et d'abord, « d'une vérité qui serait due, d'une dette, en vérité, dont il faudrait s'acquitter », ce qui de façon principielle situe la confession du côté du « langage rédempteur, dans l'horizon du salut comme rachat [3] ».

La deuxième chose à dire est que la confession en général, et le projet des *Confessions* en particulier, n'ont pas grand-chose en commun avec la rédaction de *mémoires*. En effet, le but poursuivi par Rousseau dans cet ouvrage de longue haleine (deux parties, huit ans d'écriture à peu

1. A-DSA, 81.
2. C, 279 et 377.
3. J. Derrida, *L'animal que donc je suis*, Paris, Galilée, 2006, p. 40-41.

de chose près) n'est pas du tout de *raconter sa vie* : il s'agit bien plutôt pour lui de tenter de dégager du récit de ses aventures et de ses mésaventures ce que je me risquerais à appeler : *le plan invisible et secret de la vie, ce plan où le Soi qui est le sien est chaque fois « posé » ou « situé » (les deux mots sont employés par Rousseau) à la faveur des événements qu'il est amené à vivre*. C'est cette position du Soi qu'il faut entendre quand Rousseau prend soin de préciser que « l'histoire » qu'il raconte dans les *Confessions* est moins celle de son être dans le monde que celle de son « âme » :

> J'écris moins l'histoire de ces événements en eux-mêmes [ceux de mon existence dans le monde] que *celle de l'état de mon âme, à mesure qu'ils sont arrivés.* Or les âmes ne sont plus ou moins illustres que selon qu'elles ont des sentiments plus ou moins grands et nobles, des idées plus ou moins vives et nombreuses. Les faits ne sont ici que des *causes occasionnelles.* Dans quelque obscurité que j'aie pu vivre, si j'ai pensé plus et mieux que les rois, *l'histoire de mon âme* est plus intéressante que celle des leurs (Ébauches des C, 1150).

Disons-le en empruntant une fois encore les termes à Rousseau : il s'agit de « me peindre tel que je suis »[1]. Or cet autoportrait est tel qu'il ne possède aucune valeur morale aux yeux de Rousseau : il n'a pas de signification *édifiante*, au point même que l'exemplarité dont se prévaut Rousseau çà et là dans son texte (« si j'ai pensé plus ou mieux que les rois … ») ne tient pas au fait qu'il se donne lui-même en exemple d'une quelconque moralité (il s'accuse suffisamment tout au long de l'ouvrage pour que l'on se sente assuré d'écarter cette interprétation) ; cela découle

1. C, 174.

davantage du genre de peinture pratiquée que du modèle qui s'y exhibe. L'entreprise est en effet une entreprise archi-singulière de *savoir*, ce que Rousseau, du reste, écrit en toutes lettres : il convient, dit-il, de montrer au lecteur son âme « par tous les jours » et, ainsi, de « faire en sorte qu'il ne s'y passe pas un mouvement qu'il n'aperçoive, afin qu'il puisse juger par lui-même du principe qui les produit » [1]. Quel est donc ce principe? Les causes extérieures, les événements, les circonstances ? Ou les mouvements de l'âme tels qu'ils naissent à partir de son principe à elle, lequel n'est autre que l'amour de soi, comme le second *Discours* l'a formulé ? On peut bien soutenir l'idée [2] que le « problème » des *Confessions*, celui qui va exiger bientôt de Rousseau qu'il reprenne le chemin de « l'autobiographie » mais sur de tout autres bases, est que cet auteur, en tant qu'auteur des *Confessions*, n'a justement pas réussi à trancher la question.

Sans doute, à l'occasion des *Confessions*, Rousseau souhaitait-il montrer à ses semblables un homme dans toute la vérité de la nature. Cet homme qui n'aurait rien d'une figure idéale, ce serait lui. Et cependant, même si le projet n'a rien de théorique, il n'en demeure pas moins « didactique » [3] – en tout cas bien plus didactique qu'apologétique, et quand bien même la cause occasionnelle,

1. C, 175.

2. J'ai défendu cette idée dans mon ouvrage *Rousseau : une philosophie de l'âme* (Lagrasse, Verdier, 2008).

3. Au sujet du premier alinéa des *Confessions*, Jacques Voisine écrit dans son introduction : « C'est à peine diminuer le caractère révolutionnaire des *Confessions* que d'observer qu'elles conservent par là un côté didactique qui est bien de leur siècle. C'est le contraire qui surprendrait. Il n'est pas d'exemple, vers 1780, d'ouvrages littéraires qui ne se réclame pas de quelque utilité » (« Introduction », dans *Les Confessions*, Paris, Classiques Garnier, 1980, note 4, p. LIV-LV).

le facteur déclenchant de la rédaction de l'ouvrage, résiderait dans les événements récents qui ont changé le cours de la vie de Jean-Jacques (notamment la condamnation de l'*Émile*). En partant d'un constat empirique, et en s'appuyant sur l'autorité de Montaigne, qui lui sert ici justement de modèle, Rousseau écrit ceci :

> L'on a remarqué que la plupart des hommes sont, dans le cours de leur vie, souvent *dissemblables à eux-mêmes* et semblent se transformer en des hommes tout différents (C, 484).

Quand bien même il aurait une valeur anthropologique (l'homme est le plus souvent dissemblable à lui-même), ce constat n'en rejoint pas moins, comme par miracle, la véritable nature de Jean-Jacques. Comme le note Rousseau au début des *Confessions* :

> Je crois avoir déjà remarqué qu'il y a des temps où je suis si peu semblable à moi-même qu'on me prendrait pour un autre homme de caractère tout opposé [1].

Pour Rousseau, l'âme humaine n'est pas seulement affective par principe (son « principe », comme il l'appelle justement, ou plutôt ses principes, puisqu'il en existe deux, sont l'amour de soi et la pitié, le second principe étant une émanation du premier), elle est aussi dynamique dans sa nature, ce qui revient à dire que *force* et *faiblesse* définissent, chez tous les êtres animés, les modes d'être du *moi*. Seulement celui-ci ne préexiste pas à l'actualisation de la force et de la faiblesse de l'âme, tel un *substratum* différent de l'âme elle-même, subsistant à distance de ces propres modalités. Le *moi* se définit au contraire par cette actualisation même. Là s'affirme et se confirme le sens de

1. C, 128.

la critique rousseauiste de la substantialisation cartésienne de l'âme : celle-ci n'est pas un substrat indépendant des formes qu'elle revêt, ni un fondement métaphysique dont on pourrait lire objectivement les caractères. L'âme est un libre déploiement de modalités subjectives – jouissance/souffrance, force/faiblesse –, ces modalités toutes originaires et liées les unes aux autres, polarisées contradictoirement, se modalisant, au gré de l'action accomplie, dans un Je-peux et grâce à lui, c'est-à-dire dans un être *incarné*.

À l'appui de cette thèse, et pour mieux se convaincre de l'absence de tout naturalisme substantialiste chez Rousseau, il convient d'évoquer un texte de première importance, extrait du *Persifleur*, dans lequel, justement, Rousseau s'est plu à dresser son portrait :

> Rien n'est si dissemblable à moi que moi-même, c'est pourquoi il serait inutile de tenter de me définir autrement que par cette *variété singulière* ; elle est telle dans mon esprit qu'elle influe de temps à autre jusque sur mes sentiments. Quelquefois je suis un dur et féroce misanthrope, en d'autres moments, j'entre en extase au milieu des charmes de la société et des délices de l'amour. Tantôt je suis austère et dévot, et pour le bien de mon âme je fais tous mes efforts pour rendre durables ces saintes dispositions : mais je deviens bientôt un franc libertin, et comme je m'occupe alors beaucoup plus de mes sens que de ma raison, je m'abstiens constamment d'écrire dans ces moments-là … En un mot, un protée, un caméléon, une femme sont des êtres moins changeants que moi. Ce qui doit dès l'abord ôter aux curieux toute espérance de me reconnaître quelque jour à mon caractère : car ils me trouveront toujours sous quelque forme particulière qui ne sera la mienne que pendant ce moment-là ; et ils ne peuvent pas même espérer de me reconnaître à ces changements, car comme ils n'ont point

> de période fixe ils se feront quelquefois d'un instant à l'autre, et d'autres fois je demeurerai des mois entiers dans le même état. C'est cette irrégularité même qui fait le fond de ma constitution (P, 1108-1109).

Et Rousseau d'ajouter un trait de plus à son autoportrait en écrivant ceci :

> Je suis sujet par exemple à deux dispositions principales, qui changent assez constamment de huit en huit jours, et que j'appelle mes âmes hebdomadaires : par l'une je me trouve sagement fou ; par l'autre follement sage, mais de telle manière pourtant que la folie l'emportant sur la sagesse dans les deux cas, elle a surtout manifestement le dessus dans la semaine où je m'appelle sage ... (P, 1110).

Mais voici à présent le plus intéressant. Comme, d'une part, « il est impossible de juger du cœur d'autrui par le sien » et que, d'autre part, « nul ne peut écrire la vie d'un homme que lui-même », étant donné que « sa manière d'être intérieure, sa véritable vie n'est connue que de lui » [1], une conséquence s'impose : ce mouvement par lequel se produit la dissemblance de soi à soi-même ne doit être « examiné » ou « étudié » que par l'être qui l'incarne. Mais pour que l'étude de ce mouvement en soit une réellement, il faut encore qu'elle puisse remonter jusqu'au principe. Du coup, une autre question se pose : en vertu de quoi le mouvement de l'âme se produit-il ? Qu'est-ce qui, en premier, est responsable de ses « modifications » ?

La réponse à cette question met en relief le second enjeu des *Confessions*. Ce second enjeu consiste en effet à montrer, toujours en tablant sur la considération d'un cas particulier qui devient, ainsi, de plus en plus emblé-

1. Ébauches des *C*, 1149.

matique, que la nature est bonne, que l'âme est bonne par nature, et que la *dénaturation* qu'elle est susceptible de subir n'est jamais due à *elle-même* (à son ipséité). Non, l'humanité n'est pas mauvaise *en soi*, et si elle s'adonne au mal (aux manigances, aux malveillances, aux cruautés), c'est seulement en raison de son *assujettissement* à ce que Rousseau appelle l'« esprit social »[1]. Le mal, de quelque nature qu'il soit, « n'est jamais qu'une *crise* » ; « il *ne peut* faire un état permanent », comme l'affirme également la neuvième des *Lettres écrites de la montagne*[2]. Bref, « la nature a fait l'homme heureux et bon », mais c'est « la société [qui] le déprave et le rend misérable », pour citer à présent *Rousseau juge de Jean-Jacques* sur lequel je reviendrai bientôt plus longuement[3].

Ce n'est qu'en ayant la conviction ou l'assurance que la nature est bonne, que l'homme pourra s'arracher au désespoir absolu qui le guette. Car enfin, si la nature était intrinsèquement mauvaise, si cela même que nous sommes et qui ne dépend pas de nous, si l'ordre des choses auquel nous sommes assujettis était par essence mauvais, l'humanité aurait toutes les chances d'être condamnée d'avance – et il n'y aurait plus qu'à tresser des couronnes au cynisme, seul comportement susceptible de nous faire traverser cette atroce vallée de larmes qu'est le monde humain, en nous en faisant éviter le plus possible les écueils. En effet : si l'on est persuadé que la chute de l'homme (sa capacité de malfaisance) n'est précédée d'aucun séjour au paradis,

1. Rappelons encore une fois la déclaration de Rousseau qui fixe le cadre général de toutes ses analyses et prises de position : « Parmi nous, chaque homme est double. La nature agit en dedans, l'esprit social se montre en dehors » (E-1, 57).

2. LEM, 891.

3. D, 934.

alors le bonheur ne sera plus qu'une chimère, un vain mot, un mot sans signification aucune. Or, c'est un fait, le bonheur existe. Rousseau l'atteste, lui qui l'a éprouvé au moins une fois, à l'Île de Saint-Pierre au milieu du lac de Bienne, comme il le raconte dans la cinquième promenade des *Rêveries* [1]. Et si le bonheur existe, c'est que ses conditions elles-mêmes existent, quand bien même elles auraient été voilées depuis longtemps aux yeux des hommes comme cette statue de Glaucus que Rousseau évoque dans le second *Discours* et dont il dit « que le temps, la mer et les orages [l']avaient tellement défigurée qu'elle ressemblait moins à un dieu qu'à une bête féroce » [2]. Ces conditions dont « l'âme humaine altérée à l'état de société » [3] ne soupçonne plus guère l'existence, la « philosophie de l'âme », elle, a justement pour mission de les faire découvrir.

La prise en compte de ces deux enjeux (l'étude d'une âme individuelle et de sa dénaturation) doit maintenant nous convaincre qu'il ne faut pas accorder trop de crédit aux déclarations de Rousseau dans lesquelles il s'efforce de nous persuader qu'avec *Les Confessions* il passe, plus que Montaigne et mieux que Cardan, aux aveux. Certes, *Les Confessions* lui donnent l'occasion d'« expier ses fautes et ses faiblesses cachées » [4], elles lui permettent de se charger des fautes les plus graves, de fautes qu'il n'a pas même commises, mais à l'aveu de ces fautes, fussent-elles imaginaires, sinon exagérées, les *Confessions* ne se réduisent absolument pas !

Quant aux *Rêveries du promeneur solitaire*, on pense généralement (et tout aussi à tort) que Rousseau y procède

1. R, 1045-1048.
2. DOI, 122.
3. *Ibid.*
4. C, 454.

à une *méditation*, pour autant qu'il se trouve acculé à la solitude absolue et à la rumination de ses pensées. Or – Rousseau le dit avec force dans la septième promenade – au lieu que ses rêveries débouchent sur une méditation, ce sont bien plutôt ses méditations qui finissent en rêverie, qui provoquent la rêverie. Qu'est-ce alors que la *rêverie ?* Tout autre chose qu'une méditation. Pas plus que la confession n'est une justification, la rêverie n'est une méditation. Alors que dans la méditation (la plus grande invention de Descartes s'il en est) la pensée développe son « raisonnement » en suivant un certain ordre de raisons, la rêverie, elle, comme l'écrit d'ailleurs Rousseau, « laisse la tête entièrement libre » et les idées « suivre leur pente sans résistance et sans gêne » [1]. Ce qui revient à dire que la méditation suit le mouvement d'une idée en tant qu'elle donne naissance à une autre idée, et ainsi de suite, ces naissances successives construisant *le plan de l'esprit*, ce plan qui donne lieu à un *approfondissement de la pensée*, c'est-à-dire dont l'orientation va toujours du *fondé* au *fondement*; tandis que la *rêverie* suit le mouvement du sentiment quand il lui arrive de donner naissance, de lui-même et par lui-même, à un autre sentiment, et ainsi de suite, ces naissances successives construisant alors *le plan de l'âme*, ce plan qui donne lieu à une *transformation de l'existence*, dont l'orientation est chaque fois fonction d'une *conversion* intensive des affects (des « dispositions de l'âme »), selon le mot de la huitième promenade [2], c'est-à-dire d'un retournement de la peine en joie et de la faiblesse en force.

1. R, 1002.
2. R, 1074.

À présent, et à la lumière de ce qui vient d'être dit, approchons-nous avec le plus de précaution possible des trois œuvres supposées autobiographiques et essayons de mesurer à quel point le fait de les réunir sous une même qualification peut être préjudiciable pour leur compréhension. Chacune de ses œuvres est en fait inédite dans son genre, lequel genre, à son tour, est inédit. D'ailleurs, Rousseau n'a pas manqué de nous indiquer en ouverture des *Confessions* qu'il « form[ait] [là] une entreprise qui n'eut jamais d'exemple et dont l'exécution n'aura point d'imitateur »[1]. C'est même l'absence de tout précédent qui donnerait sa valeur suprême à l'entreprise. Quant aux *Rêveries*, elles commencent elles aussi par une déclaration péremptoire ; Rousseau écrit dans la première promenade :

> Je fais la même entreprise que Montaigne, mais avec un but contraire au sien : car il n'écrivait ses essais que pour les autres et je n'écris mes rêveries que pour moi (R, 1001).

Ici, le point de rupture ne concerne plus l'histoire de la littérature, mais le monde des hommes : le monde humain n'est plus l'horizon qui rend raison de ce que Rousseau fait. Si Rousseau écrit encore, c'est pour autant qu'il ne s'adresse plus aux hommes et qu'il est mort au monde.

Mais il faut aller plus loin dans la caractérisation des œuvres. De façon nécessairement schématique, je dirais donc que :

– dans *Les Confessions*, Rousseau se représente (« se peint », « fait son portrait ») en se mettant en relief, c'est-à-dire *par excès* ;

– alors que dans les *Dialogues*, Rousseau se représente en creux, autant dire : *par défaut* (je vais préciser bientôt en quel sens) ;

1. C, 5.

– enfin, dans *Les Rêveries*, Rousseau ne se *représente* plus du tout : il abandonne la peinture, il lâche le portrait, donc le jugement qu'il porte inévitablement sur lui-même, et cela parce qu'il a compris entre-temps (c'est tout l'enjeu des *Dialogues*, comme je vais le montrer) que *toute représentation porte déjà en elle-même la promesse d'un procès.* Parce que la réflexion qu'il mène dans les *Dialogues* l'a définitivement persuadé que toute représentation est virtuellement *à charge*, donc potentiellement « accusatrice », Rousseau, tout en témoigne, n'aura plus qu'un souhait : lui tourner à tout jamais le dos. Si bien qu'au moment des *Rêveries*, il ne se « représentera » plus. Mais que fait-il à la place ? Se *présente*-t-il même au miroir de l'écriture ? Si *se présenter* signifie *comparaître* – et comparaître pour avoir été tout d'abord cité à comparaître –, l'entreprise ne serait-elle pas vouée d'avance à l'échec, au sens où elle contredirait la conclusion des *Dialogues ?*

Dans *Les Confessions*, Rousseau s'adressait encore aux *autres*. Mais dans les faits, il n'y avait déjà plus d'*autres*[1] : Rousseau était alors tout seul. (« Moi seul. » forme d'ailleurs la phrase la plus courte du livre[2]. Inutile de souligner que son caractère nominal et sa brièveté la mettent tout particulièrement en relief.) C'est bien pourquoi, dorénavant, *Les Confessions* ayant prouvé leur inefficacité, Rousseau s'adresserait uniquement à Dieu. Et sans doute espérait-il pouvoir se montrer devant le Juge suprême dans toute sa vérité, celle de sa nature comme celle de son histoire, en allant déposer le manuscrit des *Dialogues* sur l'autel de Notre-Dame. Mais, comme on le sait, une grille

1. Comme il finira par le reconnaître au seuil des *Rêveries* : « Me voici donc seul sur la terre, n'ayant plus de frère, de prochain, d'ami, de société que moi-même » (R, 995) – toutes ces figures possibles de *l'autre.*

2. C, 5.

fermée à double tour lui en empêcha l'accès. Il se sentit alors rejeté de Dieu même. Je rappelle succinctement les faits, d'autant qu'ils révèlent par eux-mêmes la raison d'être des *Dialogues*. En février 1771, Rousseau lit ses *Confessions* devant le prince royal de Suède. En mai 1771, il fait une lecture de la deuxième partie des *Confessions* chez la comtesse d'Egmont. Mais deux jours plus tard, Madame d'Epinay demande au lieutenant de police d'interdire à Rousseau toute lecture de son ouvrage. Du coup, il devient impossible de se faire entendre. De sorte qu'au commencement de l'année 1772, Rousseau se met à rédiger ses *Dialogues*, en ayant alors un tout autre but que celui de se peindre. L'exercice se poursuivra jusqu'en 1776, c'est-à-dire jusqu'à ce qu'il se retrouve, de manière purement circonstancielle, empêché de déposer son manuscrit à Notre-Dame. Interprétant ce concours de circonstances comme un signe de rejet absolu, il tente aussitôt, en dernier recours, de remettre son texte à Condillac. En avril 1776, il se décide enfin à distribuer dans la rue un tract « à tout Français aimant encore la justice et la vérité » [1]. C'est là son ultime plaidoyer que nul, derechef, n'entendra.

Quand il n'y a plus personne, pas même un Dieu, à qui s'adresser, que reste-t-il à faire ? Le fait est qu'il y a bien encore un *moi* qui se demande : que faire ? Or ce moi, précisément, en raison de l'immortalité de son âme – une immortalité d'abord interrogée puis supposée, disons même affirmée dans la *Profession de foi du Vicaire savoyard* –, il pourrait peut-être encore lui arriver de devoir se présenter devant Dieu. Aussi entend-il abriter dans son cœur une réponse confiante et sensible à la question qu'il avait déjà

1. *Cf. OC* I, p. 990.

eu l'occasion de poser, mais alors sans la moindre conséquence *personnelle*, au livre IV de *L'Émile* : « qui suis-je ? » [1]. Mais comment poser cette question en creusant cette fois plus profondément, plus radicalement, en essayant de toucher à la racine, de l'exhumer même, si tant est que ce soit possible ? Réponse : en commençant par la poser sous une forme si je puis dire « redoublée », parce que ce redoublement pourrait peut-être révéler à son façon la véritable portée de sa démarche : « [...] que suis-je *moi-même ?* » [2]. C'est en tout cas sur cette interrogation que les *Rêveries* s'ouvrent, Jean-Jacques ayant quitté le monde des hommes, lesquels lui avaient déjà tourné le dos.

Cependant, comme dans les *Confessions* qui portent leur attention sur « l'histoire d'une âme », le maître-mot des *Rêveries* n'est pas le *moi*, mais *l'âme*. Le projet des *Rêveries*, c'est en effet « de décrire l'état habituel de mon âme dans la plus étrange position où se peut trouver un mortel » [3]. Ce projet, Rousseau le précise même en ces termes : « J'appliquerai le baromètre à mon âme » [4]. Mais, cette fois-ci, à quelle fin ? Pourquoi *écrire* encore, si l'on sait déjà que personne ne sera là pour vous lire ? C'est là que l'entreprise des *Rêveries* révèle sa singularité absolue, son *exceptionnalité*. Car il ne s'agit plus d'écrire sur *ce qui s'est passé*, comme dans les deux entreprises précédentes, et il ne s'agit pas davantage de se rendre l'avenir possible en rétablissant la vérité sur ce qui a eu lieu. Ici, tout est affaire de *présent*, en ce sens que l'on se servira de ses rêveries pour *se reprendre*, c'est-à-dire pour entrer suffisamment en soi et accéder, par le biais de cette

1. E, 570.
2. R, 995.
3. R, 1002.
4. R, 1000-1001.

involution, au présent de cette *jouissance de soi* à laquelle ne laissent pas de faire barrage les vicissitudes de la vie en société. Pour Rousseau, la rêverie a bien ceci de particulier (c'est cette *loi* singulière qu'il découvre et dont le respect va donner un sens tout à fait inédit à sa démarche d'écrivain, une démarche qui le fera passer, si je puis dire, du *livre* au *vivre*) qu'« en voulant me rappeler tant de douces rêveries, au lieu de les décrire j'y retombais. C'est un état que son souvenir ramène, et qu'on cesserait bientôt de connaître en cessant tout à fait de le sentir »[1]. Se rappeler ses rêveries de bonheur en les écrivant, ce n'est donc en aucune façon les décrire, c'est tout autre chose que se les représenter : c'est les *revivre*, c'est se donner la possibilité de jouir de soi, donc d'être heureux, au présent. Peu importe, dans ces conditions, que les *Rêveries* soient lues ou non par d'autres ; l'important, c'est seulement de les *écrire* et, en les écrivant, de se diriger vers la source même de son bonheur pour y étancher sa soif. Car, comme Rousseau le dit aussi dans la même page, « la source du vrai bonheur est en nous, et [...] il ne dépend pas des hommes de rendre vraiment misérable celui qui sait vouloir être heureux ». Où l'on voit que le projet des *Rêveries* n'a plus rien d'« esthétique » : il est purement et simplement, il est absolument et exclusivement *éthique*.

Avec les *Dialogues*, on n'en est pas encore là. Comme l'a bien vu Michel Foucault dans sa belle Introduction à *Rousseau juge de Jean-Jacques* publiée en 1962, les *Dialogues* sont des « anti-confessions[2] ». Et ils sont aussi, *a fortiori*, bien qu'anticipativement, des anti-rêveries.

1. R, 1003.

2. Michel Foucault, « Introduction », dans J.-J. Rousseau, *Rousseau juge de Jean-Jacques. Dialogues*, Paris, Armand Colin, 1962, p. VII-XXIV ;

On le sait : ce qui, de l'extérieur, donne naissance aux *Confessions* est la condamnation de l'*Émile* et du *Contrat social*, ainsi que les accusations portées à l'encontre de la moralité de Rousseau, ouvertement dénoncé et moralement condamné pour avoir abandonné ses enfants en les confiant à l'Assistance publique. Ce qui déclenche l'idée des *Dialogues* est fort différent. Rousseau tente par cet écrit de prendre acte du fait qu'en ayant cherché dans les *Confessions* à s'excuser (car c'est bien cette impression qu'il aura donnée en décidant de lire publiquement son ouvrage), ce qu'il avait réussi à faire n'était rien d'autre que s'accuser davantage … Et ce retournement contre soi n'a pas manqué de relever, si je puis dire, d'un cran le niveau de son sentiment de persécution. Ainsi Rousseau s'était-il convaincu qu'il était confronté à la pire conspiration du silence qui eût jamais existé – silence que ses ennemis avaient décidé de faire régner autour de lui, exaspérés qu'ils étaient par l'existence même des *Confessions*. Reprenant le combat, Rousseau se résolut alors à remplacer la machine à se justifier des *Confessions* (même si, je le répète, le livre est très loin de se réduire à cela) par la machine à juger des *Dialogues*, ce qui veut dire qu'il chercha, par ce changement de stratégie littéraire, à substituer à l'espace de la société artificielle de son temps le théâtre d'un tribunal monté de toutes pièces.

C'est qu'après s'être défendu en accusant les autres, et après s'être accusé indirectement en tentant de s'excuser, Rousseau va s'accuser lui-même directement pour continuer de se défendre. L'accusation étant de toutes les façons, c'est-à-dire quoi qu'il fasse, *inévitable*, autant comparaître

je me réfère ici à la reprise de ce texte de Foucault dans ses *Dits et écrits 1954-1988. Tome I : 1954-1969*, Paris, Gallimard, 1994, p. 172-188.

de son propre chef et s'exposer de soi-même au jugement. Mais comme il n'est pas possible de se juger soi-même, comme il est impossible, pour la justesse du verdict, d'être à la fois juge et partie, il paraît nécessaire de confronter les accusations les unes aux autres et de mesurer, de cette façon, si elles s'accordent ou non à la vérité des faits. Il ne règnera pas moins, à la suite de la « publication » des *Confessions*, le plus insidieux, le plus pervers, le plus « effrayant et terrible » [1] des silences, parce qu'il est aussi bien le plus *incriminant*. Foucault l'explique très bien :

> Ce silence lui est signifié [*i.e.* à Rousseau] de la façon la plus lourde et la plus impérieuse par les apparentes bontés qu'on a pour lui. [...] Qu'a-t-il à dire puisqu'on ne dénonce pas ses vices, puisqu'on fait le silence sur ses crimes, puisqu'on ne dit même pas ceux qu'il a avoués ? Contre quoi pourrait-il réclamer, puisque nos Messieurs le laissent vivre et « même agréablement, autant qu'il est possible à un méchant sans mal faire » ? Qu'a-t-il à dire, quand nous nous taisons [2] ?

Foucault avait déjà précisé quelques lignes auparavant que Rousseau n'aurait pas écrit son livre s'il ne s'était pas posé au préalable la question suivante :

> Mais que se passe-t-il donc dans un monde où on ne peut plus parler ? Quelle mesure pourra arrêter la démesure de chaque mouvement, empêcher l'existence [Rousseau dirait « l'intérieur »] de n'être qu'un point indéfiniment sensible, et l'inexistence [Rousseau dirait « l'extérieur »] de s'organiser en un complot indéfini ? C'est cette

1. D, 662.
2. M. Foucault, *Dits et écrits 1954-1988. Tome I : 1954-1969*, *op. cit.*, p. 183.

démesure dont les *Dialogues* font l'expérience à travers un monde sans langage, tout comme le *Contrat* définissait à travers le langage des hommes la mesure possible de l'existence justifiée et de la nécessaire méchanceté [1].

La véritable différence qui distingue *Les Confessions* des *Dialogues* se situe en ce point :

> Le silence est l'expérience première des *Dialogues*, à la fois celle qui les a rendus nécessaires avec leur écriture, leur organisation singulière et celle qui, de l'intérieur, sert de fil à la dialectique, à la preuve et à l'affirmation. *Les Confessions* voulaient tracer un chemin de vérité simple parmi les bruits du monde pour les faire taire. Les *Dialogues* s'efforcent de faire naître un langage à l'intérieur d'un espace où tout se tait [2].

Par ailleurs, après avoir expliqué que « si le silence est pour lui [Rousseau] le signifiant monotone du complot, il est pour les conjurés ce qui est unanimement signifié à la victime », Foucault ajoute ceci :

> [...] le monde clos du tribunal est moins périlleux que l'espace vide où la parole accusatrice ne se heurte à aucune opposition puisqu'elle se propage dans le silence, et où la défense ne convainc jamais puisqu'elle ne répond qu'à un mutisme [3].

C'est en effet le plus important : car le jugement qu'aurait pu rendre un tribunal, s'il avait pu exister (et Dieu sait si Rousseau aurait préféré que ce tribunal existe, puisque le jugement qu'il aurait émis, si sévère, si injuste qu'il pût être, aurait été, parce que *prononcé*, parce

1. *Ibid.*, p. 180. Les crochets sont de moi.
2. *Ibid.*
3. *Ibid.*, p. 184.

qu'arraché à l'équivocité horrifiante du non-dit, toujours plus *humain* que ce silence cruel, presque inhumain, qu'auront décidé d'opposer aux *Confessions* ceux-là mêmes que Rousseau appelle dans ses *Dialogues* « les Messieurs »), ce jugement, donc, s'il avait été énoncé, aurait été le même que celui que finira, de fait, par rendre un « Rousseau » juge de « Jean-Jacques », dans ce faux tribunal des *Dialogues*, dans cette salle d'audience qui leur a servi, à l'un comme à l'autre, de dispositif heuristique et qui n'est pas autre chose qu'un lieu *fictif*, tout comme les minutes du procès ne sont que littérature.

Que dire de plus de ce lieu imaginaire ? Pour répondre à la question, tâchons d'aborder les choses moins frontalement. Demandons-nous : 1. Quels éléments composent le dispositif des *Dialogues* ? Et, surtout, 2. à quoi ce dispositif sert-il exactement ? On l'aura compris : si la première question concerne la *nature* du dispositif des *Dialogues*, la seconde s'intéresse à la *finalité* de ce dispositif. La preuve que Rousseau était loin d'ignorer l'importance de ces deux questions, c'est qu'au seuil de son écrit il s'est senti obligé de rédiger un préambule intitulé « Du sujet et de la forme de cet écrit » [1]. Toutefois, ce n'est pas à l'analyse de cet avant-propos, si remarquable soit-il, que je vais me consacrer, mais à ce que son thème (quelles sont la nature et la finalité des *Dialogues* ?) permet d'éclairer *quant à la question de la représentation de l'autre en tant que support d'un jugement.*

Prenons les choses dans l'ordre.

1. Pour répondre à la première des deux questions, celle qui interroge la *nature* des *Dialogues*, je dirais que Rousseau procède pour l'essentiel à *une théâtralisation*

1. *Cf.* D, 661-666.

de la Représentation comme système du jugement. Comment s'y prend-il ? Il décide tout simplement, en sa liberté d'auteur, de faire entrer sur la scène deux *sujets* de connaissance, deux *porteurs du jugement*, deux *suppôts de la représentation*. Le premier répond au nom de « Rousseau », le second s'appelle « Le Français ». Ces personnages de fiction sont dotés d'une fonction : se représenter un même « objet », lequel a pour seul nom un *prénom* (un nom d'avant le nom) : « Jean-Jacques ».

Qui est-il, ce Jean-Jacques ? Dans son « unité concrète [1] », comme dirait Michel Foucault, Jean-Jacques est singulièrement absent. En tout cas, il n'est jamais *présent par sa parole*, et, de fait, dans l'économie de ce livre, cet être parlant ne dit jamais « je ». Pourquoi ? *Parce qu'il est en vérité, en sa réalité même, toujours autre, si bien que son propre « je » ne saurait être autrement que sujet à caution.* Je ne dis pas qu'il est l'autre d'un autre – je dis plutôt, je dis au contraire : il est autre à soi. Il s'agit bien là d'un sens adjectival et non pas nominal. La distinction est essentielle : elle engage l'ensemble de la problématique à laquelle Rousseau a justement affaire dans les *Dialogues*. Dans *Les Confessions*, voici ce que Rousseau disait encore de lui-même, donc de ce « Jean-Jacques » disant sans souci, sans soupçon, « je » : « Je ne suis fait comme aucun de ceux que j'ai vus ; j'ose croire n'être fait comme aucun de ceux qui existent. Si je ne vaux pas mieux, au moins, je suis *autre* » [2]. Ici, si ce « je » est autre, ce n'est pas parce qu'il est autre à soi, au sens de la fameuse formule de Rimbaud (« Je est un autre »), mais autre en soi. C'est-à-

1. Voir M. Foucault, *Dits et écrits 1954-1988. Tome I : 1954-1969*, *op. cit.*, p. 177.

2. C, 5.

dire qu'il ne l'est pas par rapport à une quelconque altérité à soi mais seulement par rapport à sa différence d'avec tout autre que lui-même. C'est donc dans sa substance même qu'il souhaite affirmer sa différence de son « semblable », même si en tant que sujet il déroge toujours déjà à toute identité à soi. Mais voilà que dans les *Dialogues* l'enjeu s'est complètement déplacé. Il s'agit cette fois bel et bien de s'approcher au plus près d'une incessante *dissemblance à soi-même*, mais surtout en tant qu'elle empêche un « être » (Jean-Jacques en l'occurrence) de *se rendre adéquat à l'énoncé qui le désigne*, ce qui veut dire qu'il revient essentiellement à cette altérité à soi de lui interdire d'entrer dans *l'espace de la représentation* où, par définition, l'objet qui est le sien, c'est-à-dire l'objet que la représentation se charge de prendre en vue, est supposé se soutenir d'un minimum d'identité à soi (de réalité, donc) pour pouvoir se poser, et se poser *comme ceci* ou *comme cela*, c'est-à-dire comme un *référent* possible d'un jugement du type « S est P ». Ainsi Jean-Jacques, et même si ce n'est pas là un privilège qui le distinguerait absolument des autres, demeurera-t-il à tout jamais *autre*, autant dire : proprement insaisissable.

Insaisissable, précisons-le encore, *à la représentation*. Mais pourquoi diable en est-il ainsi ? Ce n'est point un hasard si la réponse à la question, philosophique, de la « présentation de soi » (*Selbstdarstellung*), comme à celle, littéraire, du « portrait », permet de rendre compte de la *finalité* du dispositif des *Dialogues* (question n° 2). Et ce n'est pas un hasard non plus si cette réponse exige que nous accomplissions un petit pas en arrière en revenant sur des problèmes relatifs à la « philosophie de l'âme » rousseauiste.

En effet, étant donné le silence du « public » à qui Rousseau s'était adressé par le truchement des *Confessions*, l'urgence est née d'« examiner la conduite du public à [son] égard »[1]. Mais cet examen implique de se demander sur de toutes nouvelles bases : comment dire (continuer à dire) son *altérité* en tant qu'elle est synonyme de singularité, sans en faire, cette fois-ci, l'objet d'un jugement dont on peut craindre (c'est la leçon que l'auteur des *Dialogues* tire maintenant de l'aventure des *Confessions*) qu'il aura des conséquences funestes, puisqu'il peut toujours servir à valoriser ou à dévaloriser son objet ?

Si les *Dialogues* prennent acte de l'« échec » des *Confessions*, c'est en effet en ce sens que les *Dialogues* se destinent à analyser des *jugements* ainsi que la force d'impact de ces jugements aussi bien sur leurs destinateurs que sur leurs destinataires, alors que les *Confessions* s'étaient contentées d'analyser des *événements* et leur répercussion (malheur, bonheur, dispositions affectives et pensées) sur l'âme de l'auteur. C'est en quoi la *spatialisation* paraît si essentielle aux *Dialogues*, qui dessinent de fait un triangle en induisant la position d'une de ses pointes du positionnement des deux autres (ce triangle exprime à sa façon la forme d'un *visage* : deux yeux, une bouche), et en quoi la temporalité paraît si essentielle aux *Confessions*, leur parcours dessinant de fait une certaine courbe en tirant les leçons d'une histoire, celle d'une âme (cette courbe exprime à sa façon la forme d'une *vie*).

Après le « je suis autre » des *Confessions*, citons maintenant les *Dialogues* : « Il fallait, dit Rousseau, que je disse de quel œil, si j'étais un autre, je verrai un homme

1. D, 664.

tel que je suis »[1]. Confrontée à la phrase des *Confessions*, la phrase des *Dialogues* suggère de comprendre que le « tel que je suis » ne peut être saisi qu'à la condition expresse de se saisir de soi comme *autre*, *toujours* autre, toujours *déjà* autre. Est-ce là pour autant la condition unique de son intelligibilité ? Sans doute que non. Seulement cette condition est celle que *les circonstances* lui imposent – ce que Rousseau appelle ailleurs sa « situation ». En tout cas, Rousseau, à ce moment de sa vie, n'a pas encore trouvé le *logos* de la présentation-de-soi qu'il découvrira fort heureusement peu après en rédigeant les *Rêveries*.

Le problème, pour l'instant, vient du sens qu'il convient de donner à *l'altérité* qui affecte pour ainsi dire intérieurement le Soi. Car il y a deux « altérations » en jeu : *a)* il y a l'altération du « tel que je suis » qui est due au regard extérieur des *autres*, aux jugements objectivants (et déformants) des « Messieurs », et *b)* il y a cette altération qui définit intérieurement le « tel que je suis », c'est-à-dire le Soi en tant qu'il est non pas l'autre d'un autre, mais autre que lui-même : autre à soi. En d'autres termes, il y a l'altérité de l'autre du Moi et l'altérité du l'autre à soi du Moi. *Et tout le problème vient de ce qu'il s'agit de dénoncer la première sans se risquer à récuser la seconde.*

Dans le premier cas, le sujet (le Moi) est *à la fois semblable et dissemblable* à l'autre, alors que, dans le deuxième cas, le même sujet n'est que *dissemblable* à lui-même. Comment marquer cette différence, qui n'est peut-être, après tout, qu'un simple jeu sur les mots. Comment en montrer la consistance réelle ? Tel est le *défi* que tente de relever l'auteur de *Rousseau juge de Jean-Jacques*, en misant tout sur son dispositif compositionnel, c'est-à-dire sur la fiction d'un « dialogue » mettant aux

1. D, 665.

prises l'un avec l'autre deux *sujets* (Rousseau et Le Français) traitant mutuellement d'un même *objet* (Jean-Jacques) – ou plutôt d'un objet qui, s'il se présente de prime abord comme étant toujours le *même* que lui-même (comme identique à soi, donc), va peu à peu, au fil et au gré du dialogue, donc *depuis* la représentation à laquelle il se prête, apparaître comme *différent*. Différent à la fois de ce que l'on (Le Français) pensait qu'il était et de ce que lui-même (Rousseau) a pu dire qu'il était. Si différent à chaque fois qu'il n'est justement plus possible de *l'identifier* comme tel ou tel, ni comme auteur de crimes, ni comme auteur de livres, contrairement à ce que les deux interlocuteurs étaient convaincus de pouvoir faire et de savoir faire au commencement de leur conversation.

Car, justement, comment l'identifiaient-ils au commencement ? Sans doute si Le Français le voit comme un « monstre » et Rousseau comme un homme somme toute fort peu attirant [1], tous les deux le voient comme un *auteur*, ce qu'il *est* assurément. Aussi la conspiration dont « J. J. » serait victime aurait-elle pour but non de contester son existence en tant qu'auteur, mais de *saper l'autorité* de cet auteur. Que faire donc pour cela ? Telle est la réponse proposée par le texte : il convient de s'en prendre à ce dont se sert n'importe quel auteur pour *authentifier* ses actes en tant qu'auteur, à savoir son *nom*, celui par lequel il existe en tant qu'auteur, celui dont il *signe* ses ouvrages. Il faudrait donc s'enquérir pour savoir si, oui ou non, Rousseau, en

1. « [Rousseau :] J. J. n'est assurément pas un bel homme. Il est petit et s'apetisse encore en baissant la tête. Il a la vue courte, de petits yeux enfoncés, des dents horribles, ses traits, altérés par l'âge n'ont rien de fort régulier : mais tout dément en lui l'idée que vous m'en aviez donnée [dans le Premier dialogue] ; ni le regard, ni le son de voix, ni l'accent, ni le maintien ne sont du monstre que vous m'avez peint » (D, 777-778).

tant qu'auteur précisément, est bien cet être dont on pense, ici ou là, qu'il *abuse* de son nom. Savoir même si cet abus – cet usage pervers, autrement dit – fait de lui le monstre que l'on prétend qu'il est.

Si « J. J. » est celui que l'on décrit comme cet auteur, qui donc est « Le Français » ? Il est cet être foncièrement anonyme (sans nom propre) dont la fonction est de « représenter » tous ceux qui auront *volé son nom* à Jean-Jacques en faisant de Rousseau un *autre* que celui qu'il est.

Mais, dans ce cas, qui est cet être qui se dénomme « Rousseau » ? Il est essentiellement celui qui porte le nom que le *public* (lui-même représenté par « Le Français ») a déjà ravi à Jean-Jacques. Si donc ce « Rousseau » connaît bien les œuvres de « J. J. », il n'est pas sûr qu'il sache lui-même le reconnaître. En fait, seul Jean-Jacques pourrait connaître et reconnaître « J. J. », mais étant donné les conséquences de la lecture publique des *Confessions*, cette connaissance a échoué à *montrer le vrai* dans la représentation, dans la *Selbstdarstellung*, qui en a été donnée. D'où, à présent, le *dédoublement* de la représentation qu'opèrent les *Dialogues* : « J. J. » vu par Le Français et par Rousseau, non « en lui-même », en tant que *Jean-Jacques*, car cela est impossible (c'est cette impossibilité qui explique l'utilisation des initiales tout au long des trois dialogues), mais comme ce que lui-même a fait connaître de soi, à savoir comme *auteur*.

Auteur de quoi ? C'est là que les représentations se spécifient et divergent. Comme je l'ai annoncé, pour « Le Français », « J. J. » est essentiellement un *auteur de crimes*, tandis que pour « Rousseau », il est essentiellement un *auteur de livres*. Il n'est pas difficile de voir d'emblée que dans les deux cas, le véritable Jean-Jacques ne saurait *se réduire* à la représentation que l'on fait ici de lui, et cela indépendamment du fait que cette représentation soit vraie ou fausse. Et si, par ailleurs, il n'est pas facile de savoir si la représentation est vraie ou fausse, c'est parce que depuis que l'on a fait courir le bruit que *Le Devin du village* n'était pas de sa main, nul, à l'écoute de cette rumeur, ne peut plus dire si « J. J. » est bien à l'origine des livres qui portent son nom, comme nul ne peut dire non plus s'il est aussi bien à l'origine des crimes qu'on lui impute. Puisqu'il s'avère impossible de conclure à la vérité ou à la fausseté de la représentation en cause, il convient donc de concilier les deux représentations qui voient le « sujet » comme un *auteur* (auteur de livres et auteur de crimes). Si l'on arrivait à les concilier, on aurait des chances de se rapprocher en effet plus nettement de l'« authentique » *Jean-Jacques.*

Or le fait est, les deux attributs du sujet (auteur de crimes, auteur de livres), ces deux termes de *l'identification*, sont comme tels inconciliables, et ce non seulement (en règle générale) parce qu'un *auteur de livres* ne l'est que s'il l'est authentiquement (s'il a bien écrit ses livres lui-même), mais (dans le cas particulier) aussi parce que Jean-Jacques Rousseau est précisément cet auteur qui, dans ses ouvrages les plus fameux (surtout l'*Émile* et *La Nouvelle Héloïse*), exhorte sans cesse à la vertu et que la vertu est ce dont se détourne par définition un *auteur de crimes*, de quelque ordre qu'ils soient. Aussi, de deux choses l'une : ou bien Jean-Jacques Rousseau est un faussaire, ou bien ses livres sont fallacieux. Ou c'est un *imposteur*, ce dont on le soupçonne depuis la rumeur qui circule au sujet du *Devin du village* ; ou c'est un *hypocrite*, ce dont on le soupçonne au sujet de l'*Émile*, vu l'abandon de ses enfants[1]. Mais – et c'est le plus important – Jean-Jacques est dans les deux cas l'auteur de *crimes*, de crimes qui sont eux-mêmes des crimes d'*auteur*. Par conséquent, d'un côté, Jean-Jacques est l'*auteur véritable* de livres faux (mensongers) tels que l'*Émile* et *Du contrat social*; de l'autre côté, il est l'*auteur véritable* de faux livres (trompeurs), tels que *Le Devin du village*. Ce que l'on peut présenter tout aussi bien comme suit : d'un côté, Jean-Jacques est l'*auteur faux* (hypocrite) de livres authentiques tels que l'*Émile* et *Du contrat social*; de l'autre côté, il est l'*auteur faux* (imposteur) de livres inauthentiques (*Le Devin du village*). D'où il ressort : 1. que c'est *à partir de* la représentation elle-même – « auteur de livres » ou « auteur de crimes » – que se distribuent d'une certaine façon le vrai et le faux, l'authentique et l'inauthentique, le véridique et la fallace ; et 2. que la distribution se fait dans tous les cas pour *incriminer* chaque fois le sujet (réduit *a priori* à sa seule fonction d'« auteur » : auteur de livres et/ou de crimes), si bien que le vrai ou l'authentique n'est plus qu'une modalité du faux ou de l'inauthentique ; et tout cela, enfin, de telle sorte que 3. de la représentation que l'on se sera fait de « J. J. » – « J. J. est un auteur, soit de livres, soit de crimes, soit des deux à la fois » –, il devient impossible de « sauver » ni même de « saisir » *Jean-Jacques*.

Retenons ceci : loin que ce soit le vrai ou le faux qui déterminent la représentation, c'est bien plutôt la représentation elle-même qui les institue comme tels. Si bien que ce qui prime en fin de compte, c'est la *sanction*

1. On sait que « hypocrite » et « imposteur » qualifient successivement Tartuffe dans les deux versions de la pièce de Molière : *Le Tartuffe ou l'Hypocrite* (1664, comédie en trois actes) ; *Le Tartuffe ou l'Imposteur* (1669, comédie en cinq actes).

que ne peut faire autrement que produire l'acte de représentation. C'est sans doute ce que suggère aussi de comprendre la réponse que l'on serait en droit d'apporter à la question suivante : eu égard à la congruence des représentations (auteur de livres/auteur de crimes) qui désignent dans son être – au gré de ce procès (*Rousseau juge de Jean-Jacques*) dont deux protagonistes, Le Français et Rousseau, assurent le déroulement autant que la cohérence en tant qu'« honorables témoins » –, eu égard à ces représentations, un supposé référent commun (« J. J. »), que sont donc ces livres qui circulent et qu'on attribue à « Jean-Jacques Rousseau » ? Il n'en est plus, à dire vrai, que trois sortes : ce sont soit des livres *condamnés*, publiés sous un vrai nom d'auteur ; soit des livres *volés*, publiés sous un faux nom d'auteur ; soit des livres pernicieux (des libelles), publiés sans nom d'auteur. Ainsi le curseur de l'incrimination se déplace-t-il : de la personnalité de l'auteur à son nom. Car si un auteur n'existe que par son œuvre, toute œuvre n'existe que sous un nom, c'est-à-dire avec la signature (autonymique) de son auteur. De sorte que l'on ne condamne vraiment la personne de l'auteur que si l'on s'en prend également à ce qui fait corps avec lui, avec son statut d'auteur, à quoi renvoie son nom (sa signature). Atteindre un auteur, c'est l'atteindre jusque dans l'emploi qui est fait de son nom. Un emploi qui le dépasse parfois, puisqu'en dépend la *renommée*, et qui lui survit aussi parfois, puisqu'en dépend la *postérité*. Par sa communicabilité même, la représentation (« J. J. est d'abord et surtout un auteur ») a toujours les moyens de redoubler son pouvoir incriminant : elle peut aussi bien détruire une renommée, abolir une postérité, que briser une existence.

2. Abordons maintenant la seconde question, celle de la finalité du dispositif. À quoi ce dispositif complexe – dialogique, sinon triangulaire, avec deux présents et un absent – est-il censé conduire ? En ayant eu l'idée de faire « juger » Jean-Jacques par Rousseau ou, plus exactement, en faisant littérairement en sorte que le sort de Jean-Jacques (au moins son nom et sa renommée) dépende du résultat d'un procès imaginaire dans lequel procureur (Le Français) et avocat (Rousseau) confrontent l'une à l'autre leurs représentations différenciées de l'accusé « J. J. », lui-même absent du prétoire et pour cause : car même la représentation qu'il aurait de lui-même, sa *Selbstdarstellung*, ne saurait lui garantir *a priori* un acquittement, ainsi que la mésaventure des *Confessions* en a apporté la preuve, – en construisant un tel dispositif, donc, les *Dialogues* visent en priorité à mettre en relief – mais aussi en abîme – le système de la Représentation en tant qu'elle équivaut à un *espace judiciaire*.

La Représentation, qu'elle soit une représentation de soi ou d'autrui, ouvre à elle seule un espace judiciaire articulé autour de l'énonciation et de la prononciation de sentences. C'est un tribunal, autrement dit, dans lequel l'objet du jugement se trouve inévitablement non seulement jugé, mais *toujours et d'ores et déjà* jugé, en tant qu'il est dit être *ceci* ou *cela*. C'est ce qui fait qu'une représentation comporte toujours quelque chose d'*injuste*. Appelons cela le paradoxe de la Représentation : d'être injuste en tant qu'elle juge. C'est ce paradoxe-là que Rousseau découvre à la charnière des *Confessions* et des *Dialogues*.

Mais il faut aller plus loin. Car cette découverte recouvre quelque chose de plus profond, ou de plus secret, à savoir que les jugements, c'est-à-dire les énoncés qui soutiennent la représentation dans son apparente *vérité*, sont par essence performatifs – et non constatifs, comme ils se donnent pourtant –, voire « illocutoires », comme dirait John Langshaw Austin. Ce dont Rousseau s'est rendu compte en effet, ce n'est rien de moins que ceci : que les jugements portés à son encontre par son accusateur ou par son défenseur, loin de le « décrire » tel qu'il était, visaient à le condamner ou à l'acquitter tout en le faisant exister comme un autre qu'il n'est pas. Comment ? Par le fait que la représentation à laquelle un jugement, par définition, s'adosse, enveloppe la *louange* ou le *blâme*, la *condamnation* ou l'*acquittement* de son objet. Disons-le différemment : si l'objet du *jugement* est son référent (*Bedeutung*), le sujet de la *représentation* qui fonde la vérité du jugement est sa signification (*Sinn*) ; or cette signification – telle est la percée – réalise quelque chose : elle possède une valeur d'efficience. En l'occurrence, la valeur qui est la sienne consiste à assener un *verdict*.

Je m'explique. Si Rousseau se lance dans l'écriture des *Dialogues*, c'est parce qu'il découvre la valeur *illocutoire* du jugement. Je ne dis pas : de tel ou tel type de proposition, mais de *toute* proposition en tant qu'elle s'établit sous la forme d'un *jugement*. En employant l'épithète « illocutoire » je me réfère, comme je l'ai dit, aux analyses qu'Austin a consacrées aux actes de langage (*speech acts*), dans *How to do Things with Words*, ce recueil de conférences publié en 1962 et traduit en français sous le titre : *Quand dire c'est faire*. C'est dans sa douzième conférence qu'Austin se préoccupe de distinguer cinq classes d'énonciations ayant « valeur illocutoire », c'est-à-dire qui, en plus de tout ce qu'elles font en tant qu'elles sont des *locutions*, en tant qu'elles *disent* quelque chose de quelque chose, *produisent* aussi quelque chose en le disant. Une de ces classes est la classe des *verdictifs* [1]. L'énoncé verdictif se caractérise par le fait qu'à travers lui, c'est un *verdict* qui se trouve être rendu par un jury, un arbitre ou un juge.

Austin précise :

> Il n'est pas nécessaire que les verdictifs soient *catégoriques* ; ils peuvent se borner, par exemple, à exprimer une estimation, une évaluation ou une appréciation. Mais il s'agit toujours dans leur cas de nous prononcer sur ce que nous découvrons à propos d'un fait ou d'une valeur mais dont, pour diverses raisons, nous pouvons difficilement être sûrs [2].

Austin donne alors comme exemple de verdictifs les jugements qui visent à se prononcer sur ..., à acquitter, condamner, supputer, estimer, fixer, évaluer, diagnostiquer, décrire, caractériser, catégoriser. À *catégoriser* – c'est-à-dire : non seulement à énoncer quelque chose sur quelque chose (juger), mais aussi à attribuer quelque chose à quelque chose pour mieux *l'identifier*. D'où le fait qu'il ajoute ceci :

> On trouve encore des exemples dans les jugements ou appréciations sur les caractères d'autrui, ainsi lorsqu'on dit : « je pourrai le qualifier de diligent » [3].

Dire que la catégorisation est une modalité du jugement verdictif, ce n'est pas seulement dire que l'attribut tombe sur son sujet comme une sentence s'abat sur un *prévenu* ; c'est aussi, et surtout, remonter à l'origine du *kategorein*

1. Austin reconnaît que *verdictives* est un nom « rébarbatif » (*Quand dire, c'est faire*, trad. G. Lane, Paris, Seuil, 1970, p. 153).
2. J. L. Austin, *Quand dire, c'est faire*, *op. cit.*, p. 153.
3. *Ibid.*, p. 155.

grec dans son sens pré-terminologique, avant que la *kategoria* ne devienne, avec Aristote, un terme technique de la philosophie désignant un mode déterminant de l'être de l'étant, de l'*ousia* de l'*on*. En commentant Aristote, Heidegger propose par exemple de traduire *kategoria* dans son emploi courant (pré-terminologique) par *Ansprechung*, ce que nous pourrions traduire en français par : interpellation. Interpeller, c'est se rapporter (par la parole) à quelque chose *comme étant ceci ou cela* C'est lui assigner l'identité que lui confère ce « comme ». La catégorisation est une *assignation*, voire une *accusation*. Et ce n'est donc en aucune façon un hasard si ce terme technique de la philosophie a affaire à l'origine non seulement au jugement énonciatif, mais à un processus juridique (et judiciaire) de révélation publique.

> *Kategoria*, nous le traduisons par *Ansprechung*, et nous ne saisissons assurément pas, même ainsi, sa pleine signification en grec : *kata-agoreuein*, sur l'*agora*, dans le débat juridique public, accuser quelqu'un en pleine face d'être celui-là qui … ; de là suit la signification plus large : interpeller quelque chose comme [étant] ceci ou cela, et de telle sorte que dans l'interpellation et par elle, ce qui est interpellé [ad-voqué] est posé [*gestellt* : mis à disposition] dans l'être-public et l'ouvert, dans le manifeste. *Kategoria* est la nomination de ce qu'est quelque chose : maison, arbre, ciel, mer, dur, rouge, sain [1].

Si donc la catégorisation en général – le fait d'assigner telle ou telle identité à tel ou tel étant, c'est-à-dire le fait de citer tel ou tel étant à comparaître devant le tribunal de l'être, lequel rend des jugements dont les plus emblématiques

1. M. Heidegger, « Comment se détermine la *phusis* », dans *Questions II*, trad. F. Fédier (notamment), ici modifiée, Paris, Gallimard, 1968, p. 199.

sont du type « S *est* P » –, si donc la catégorisation relève des verdictifs, c'est dans la mesure où ceux-ci, selon Austin, « font état de ce qui a été prononcé (par voie officielle ou non) à partir de témoignages ou de raisons, au sujet d'une valeur ou d'un fait (pour autant qu'on puisse vraiment distinguer valeur et fait). L'acte verdictif est judiciaire, et par là distinct de l'acte législatif ou de l'acte exécutif, qui sont tous deux exercitifs [1] ». L'acte verdictif est aussi judiciaire que peut l'être la simple qualification tenant à une opinion, à une estimation, à une supputation. Plus précisément, ainsi que l'exprime très bien la langue anglaise, il est *judgmental* – mot qui n'a pas d'équivalent en français, sauf le périphrastique « s'ériger en juge à propos de … ».

Le mot « supputation » employé par Austin est ici essentiel. Car il rattache le jugement verdictif, et sa modalité la plus emblématique, la catégorisation, à la sphère de la croyance, à un « je crois que ceci et cela est tel », lequel, comme Nietzsche l'a indiqué, enveloppe toujours plus ou moins secrètement un jugement de valeur [2]. « Les jugements, dit-il, sont 1) croire "c'est ainsi" et 2) "cela a telle ou telle valeur" [3]. » Ainsi, au sujet du processus de qualification, Nietzsche affirme bien qu'il se fonde toujours sur une *croyance* – au sens d'un « tenir-pour-vrai [4] » (1). Mais qu'est-ce qui fait de ce processus la source d'une évaluation,

1. J. L. Austin, *Quand dire, c'est faire*, *op. cit.*, p. 155.

2. Voir F. Nietzsche, *Fragments posthumes, automne 1887-mars 1888*, 9[38], OPC XIII, p. 29. Sur l'essence du processus d'évaluation et la formation des « catégories », voir également les analyses de Didier Frank dans *Nietzsche et l'ombre de Dieu*, Paris, P.U.F., 1998, p. 299-325.

3. F. Nietzsche, *Fragments posthumes, printemps-automne 1884*, 25[517], trad. J. Launay, OPC X, p. 167.

4. F. Nietzsche, *Fragments posthumes, automne 1887-mars 1888*, 9[41], OPC XIII, p. 30.

c'est-à-dire d'une valorisation ou d'une dévalorisation de l'objet qualifié (2)? Réponse : le fait qu'il dissimule ce qui lui donne d'être, à savoir la *volonté de vérité* du « jugeant » *judgmental*, sa décision préalable qu'il en est bel et bien *ainsi*. Soit : « Le JUGEMENT n'est pas originellement la croyance qu'une chose est telle ou telle, mais la volonté qu'une chose soit telle et telle[1] », pour le dire dans les termes de Nietzsche.

Si allusifs soient-ils, ce détour par la réflexion de Nietzsche et le rapprochement que je propose d'opérer entre Nietzsche et Austin permettent de renouer à présent avec la question centrale posée tantôt : comment dire la singularité d'un Soi (fût-il toujours dissemblable à lui-même) dans l'espace crypto-axiologique de la représentation, qui est ici celui du jugement verdictif?

Comme il n'est pas possible, au titre d'un « se prononcer sur … » en tant que « mobile de la catégorisation », de surmonter le caractère verdictif du jugement; comme, dans l'espace du jugement, il semble impossible d'échapper à l'énonciation d'un verdict, alors, autant ne plus se voiler la face : instruisons le procès de la façon dont l'exige tout jugement. Tel est le parti que Rousseau aura fini par prendre dans les *Dialogues*, puisque c'est bien à l'instruction d'un procès qu'on assiste dans cet écrit si étrange, si surprenant, si incomparable. Un procès que Rousseau se sera chargé de mener sur la personne – singulièrement absente à la barre – de ce curieux individu répondant au nom de Jean-Jacques Rousseau, et « auteur » de son état, accusé publiquement d'être, en tant qu'auteur précisément, à la fois un auteur de *vrai* crimes et un auteur de *faux* livres

1. F. Nietzsche, *Fragments posthumes, automne 1885-automne 1887*, 7[3], OPC XII, p. 254.

(jugements prononcés par « Le Français »), et un auteur de *faux* crimes et un auteur de *vrais* livres (jugements prononcés par « Rousseau »), selon *quatre jugements verdictifs* dont il est alors exigé qu'ils *révèlent leur teneur (leur vérité ou leur fausseté)* par le seul fait que l'on en développerait la « logique » jusqu'au bout.

Mais le but poursuivi par l'auteur de *Rousseau juge de Jean-Jacques* (un auteur qui n'est sans doute même pas ce « J. J. » auquel se réfèrent conjointement « Rousseau » et « Le Français ») ne consiste pas à innocenter un coupable ou à condamner un innocent : *il est bien plutôt de montrer que le jugement lui-même, dès lors qu'il revêt une valeur illocutoire verdictive, se rend coupable d'un véritable déni de justice – au point qu'être juge devient le contraire même d'être juste –, et cela quand bien même le jugement se prétendrait « neutre » en se tenant, si possible, en deçà ou par-delà ce bien et ce mal dont il aurait justement à trancher.*

Par conséquent, je conclurai en posant une toute dernière question : comment Rousseau s'y est-il pris pour démontrer qu'aucune « description » n'est innocente, c'est-à-dire non-coupable d'agir ; qu'il n'y a pas, en d'autres termes, de constatif qui ne soit pas secrètement de l'ordre du performatif (ce qu'Austin ne manquera d'ailleurs pas de reconnaître aussi de son côté en soulignant à maintes reprises que la dichotomie des deux modalités ne saurait résister longtemps à l'analyse de chacune d'elles) ?

Revenons une dernière fois sur le dispositif des *Dialogues*. Nous avons vu qu'il existe quatre jugements verdictifs qui délimitent l'espace de la représentation de l'autre en tant qu'espace de procès, tribunal immatériel. Mais il existe également, du moins en apparence, deux personnages qui entendent peser sur la sentence finale :

« Rousseau », comme avocat de la défense, et le « Le Français », comme accusateur ou procureur. En réalité, la chose est bien plus complexe que cela : car il y a autant de personnages qu'il y a de jugements verdictifs délimitant l'espace de la représentation judiciaire. Dans le procès intenté à « J. J. », on n'a pas affaire à un triangle (deux personnages présents, un personnage absent), mais à un carré. Dans le carré que dessine l'espace de la représentation en tant qu'il équivaut à l'enceinte du tribunal où s'énonce et s'applique le jugement, les quatre personnages en présence sont les suivants :

1. Rousseau ;
2. Le Français ;
3. J. J. *selon* Rousseau ;
4. J. J. *selon* Le Français.

Ces deux « J. J. » sont en fait si peu les mêmes qu'au procès du « vrai Jean-Jacques » doit inévitablement se substituer non pas un, mais deux « pseudo »-Jean-Jacques ; ce qui achève de démontrer que le Jean-Jacques auquel on se réfère ne saurait se réduire à ce processus identificatoire auquel son être se trouve soumis dans l'espace judiciaire de la représentation. Et cela revient à dire deux choses : *a)* qu'au terme des *Dialogues*, la question « qui suis-je ? » posée à la fois explicitement et en filigrane tout au long des *Confessions* demeure toujours pendante, et *b)* qu'il va falloir, une fois accompli *le procès du procès*, s'en emparer enfin décisivement. Ce sera précisément la raison d'être du tout dernier écrit de Rousseau – *Les Rêveries du promeneur solitaire* –, qui s'ouvre sur cette interrogation abyssale : « Que suis-je moi-même ? Voilà ce qu'il me reste à chercher »[1].

1. R, 995.

Je viens à l'instant d'employer une formule qui semble à mes yeux résumer l'essentiel : le procès du procès. C'est en effet à ce méta-procès qu'il convient de rattacher l'enjeu philosophique des *Dialogues*. Et nous avons vu comment cet enjeu se dégage de l'analyse du *dispositif* « scénique » que cet écrit déroule au fil des trois dialogues. Un dispositif dont on peut dire à présent qu'il vise à mettre en scène, ou en image, cette vérité : que le sujet que l'on juge échappe nécessairement, et heureusement, à tout jugement ayant la valeur illocutoire de produire un verdict, de sorte que c'est sur ce jugement lui-même, et non sur le sujet qui lui sert d'objet référent, que devrait porter le jugement, dans la mesure où le jugement prétend – selon sa signification (*Sinn*) – *se prononcer sur* ce qui, de toute façon, se dérobe à la capture signifiante, donc sur ce qui échappe au processus d'identification. Car, dans le fond, qu'est-ce que cela signifie qu'un jugement se prononce sur … ? Cela signifie, dit Austin, qu'il relève d'une *estimation* ou d'une *supputation*. Autant dire : d'une *croyance* et d'une *opinion*. Or, pour Rousseau, c'est ce processus-là qui est source de tout mal.

Que fait-on à vrai dire quand on *suppute* ou que l'on *estime* de l'extérieur (rappelons-nous que l'estimation et la supputation sont des fonctions de l'énoncé verdictif) qu'un tel *est* ceci ou cela (en l'occurrence il s'agit d'affirmer, d'asséner de l'extérieur que « J. J. » est l'auteur de crimes et/ou de livres) ? On exprime sa *volonté de vérité*, sa volonté qu'il en *soit* effectivement ainsi – ce serait la réponse de Nietzsche. Mais on lui impute encore subrepticement une *intention* – ce serait la réponse de Rousseau.

Se représenter l'autre et le juger, cela passerait-il toujours par une supputation de ses *intentions*, qui ne relèverait elle-même que de la simple opinion ? C'est ce que suggère de penser un passage de l'*Émile*, où Rousseau écrit ceci :

> Ce qui favorise le bien-être d'un individu l'attire ; ce qui lui nuit le repousse : ce n'est là qu'un instinct aveugle. [Mais] ce qui transforme cet instinct en sentiment, l'attachement en amour, l'aversion en haine, c'est l'intention manifestée de nous nuire ou de nous être utile. On ne se passionne pas pour les êtres insensibles qui ne suivent que l'impulsion qu'on leur donne ; mais ceux dont on attend du bien ou du mal par leur disposition intérieure, par leur volonté, ceux que nous voyons agir librement pour ou contre, nous inspirent des sentiments semblables à ceux qu'ils nous montrent. Ce qui nous sert, on le cherche ; mais ce qui nous veut servir, on l'aime. Ce qui nous nuit, on le fuit ; mais ce qui nous veut nuire, on le hait (E, 492).

Ici, Rousseau traite de la genèse vitale des relations morales. Pour lui, il n'y a pas de naturalité de la haine. Ce qui est premier c'est bien plutôt l'aversion, et celle-ci se tient en deçà du bien et du mal. Si l'aversion est un comportement naturel et irrépressible qui se transforme en haine aussitôt que nous lui prêtons une *raison*, la haine, elle, est un comportement moral et évitable. Malheureusement, pour notre malheur comme pour celui d'autrui, nous n'évitons jamais l'évitable, c'est-à-dire que nous ne cessons de prêter une intention à l'objet de notre aversion : l'intention, justement, de nous nuire. Et si nous nous mettons alors à le haïr, c'est parce que nous ne le prenons plus qu'en mauvaise part. Nous lui imputons un mal qu'il n'a peut-être pas *voulu* nous faire, mais que nous ne rattachons pas moins à une volonté néfaste. C'est ainsi que le mal trouve sa source dans ce point de basculement où, au lieu de se poser la question de savoir ce que l'autre *veut*, on y répond spontanément en lui supposant une intention maligne. La haine – la méchanceté donc – naît de cette croyance ou de cette supputation, de sorte que l'on devient mauvais et méchant à l'égard d'autrui lorsque, sans savoir encore ce qu'il en est de sa volonté à lui, *on l'estime a priori malintentionné, parce que l'on veut toujours déjà le voir tel.* Si donc l'on souhaite surmonter le « mal » dans lequel il arrive que nos jugements, nos énoncés verdictifs nous entraînent, il importe de faire l'effort de substituer le savoir à l'opinion ou la connaissance à la croyance. Est-ce possible ? Ce n'est pas la première fois, en tout cas, que Rousseau se sera montré platonicien dans l'âme !

Il apparaît, en résumé, qu'aucune représentation n'est anodine ni innocente. Le regard qu'elle projette en direction de son objet est bien moins celui du témoin, comme on le croit généralement, que celui du juge. C'est que la représentation ne peut s'empêcher de porter sur l'objet qu'elle prend en considération un jugement de valeur. Voilà ce qu'au fil d'une réflexion conduite dans *Rousseau juge de Jean-Jacques*, Rousseau s'est proposé de révéler, en montrant pourquoi et comment la représentation de soi ou de l'autre conduit inévitablement à une mise en accusation de son objet au terme de laquelle il s'agit, selon les cas, ou de le condamner ou de l'absoudre.

« Si les autres veulent me voir autre que je ne suis, que m'importe ? L'essence de mon être est-elle dans leurs regards ? » [1], s'écrie Jean-Jacques à un moment donné. Mais cette essence est-elle davantage contenue dans son regard à lui, dont il est seul à posséder la clé ? Devant qui, ou devant quoi, se livre-t-elle généralement, à supposer

1. D, 985.

qu'elle puisse le faire ? Est-on jamais sûr de savoir si l'être qui se demande « qui suis-je ? » est le même que celui qui entreprend sciemment, et consciencieusement, d'y répondre ?

Telles sont les ultimes questions que Rousseau nous a léguées, si aporétiques qu'elles aient pu alors lui sembler. Car s'il est juste de penser qu'elles furent bel et bien discutées à l'audience du « tribunal de la représentation » où Jean-Jacques avait été cité à comparaître devant non seulement Rousseau et ses contemporains, mais chacun de ses lecteurs – dont nous sommes –, il est aussi vrai de dire que nul, jusqu'à présent, n'a réussi à les trancher.

PRÉCISIONS

Note 1 : Sur Jean-Claude Milner (*supra*, p. 32, note 1).

L'ouvrage de J.-C. Milner, *Relire la Révolution*, est aussi bien un essai consacré au concept de révolution et à son insertion dans l'histoire, qu'une réflexion portant sur les « droits de l'homme » en tant qu'horizon de toute citoyenneté possible, celle-ci fût-elle d'ordre cosmopolitique.

L'apport le plus passionnant du livre et la raison première de son « actualité » philosophique consistent, dans un premier temps, dans le fait qu'il met en relief ce que l'auteur appelle « l'idéologie polybienne » : une idéologie inspirée de la vision historico-politique de Polybe (-208/-126), donc des leçons de son *Histoire*, et qui imprègne en profondeur les conceptions politiques dominantes en Occident. De sorte que c'est à partir de cette idéologie que l'on devrait, selon Milner, situer et penser la démocratie moderne et ses divers soubresauts. La prégnance du modèle hérité de Polybe sur notre conception des régimes politiques en général (via Montesquieu et les auteurs de la Révolution) repose sur deux thèses principalement, à savoir *a)* que les régimes se succèdent de façon cyclique ; et *b)* que ce qui mérite d'être défendu, ce sont les régimes mixtes, tempérés et modérés [1]. Mais ce que, dans un deuxième temps, Milner

1. J.-C. Milner, *Relire la Révolution*, Paris, Verdier, 2016, p. 92.

met en relief, c'est ce qui va vite apparaître comme étant une limite interne aux « droits fondamentaux » : limite que l'on trouve inscrite dans l'intitulé même de la Déclaration de 1789, ce préambule donné à toute constitution démocratique. Cette limite se concentre tout entière dans la conjonction de coordination : déclaration des droits de l'homme ET du citoyen.

La singularité de l'approche de Milner tient à ce qu'il interroge cette « dualité » de droits (ou ce dépliement du Droit) en cherchant à soutenir (à expliciter et à justifier) ce qu'il appelle « l'hypothèse civile », soit le fait que le *support* des droits de l'homme et le *support* des droits du citoyen – à condition que l'on maintienne cette distinction capitale, ce que ne permet pas de faire, d'après lui, la distinction américaine entre *human rights* et *civil rights* [1] –, que ces deux supports de droits, donc, sont un seul et même *corps vivant et parlant*. C'est ce corps vivant, en tant qu'il est aussi un corps parlant (notion que Milner emprunte à Lacan), qui présente les caractéristiques que les Déclarations de 1789 et de 1793 reconnaissent en creux, et qu'il revient justement à la philosophie politique de mettre au jour. C'est un point décisif – surtout aujourd'hui. Pourquoi : surtout aujourd'hui ? Parce que seul le distinguo homme/femme, d'une part, et citoyen de l'autre – distinguo pensé par les « auteurs » de la Révolution française –, seul ce distinguo permet de donner un statut à la fois juridique et politique au « *non-citoyen* ». Car, comme l'écrit Milner, « sans guerre mondiale et précisément parce qu'elle est elle-même en paix, l'Europe du XXIe siècle se confronte aux conséquences de conflits locaux, majoritairement extra-européens. La cohabitation entre citoyens et non-

1. J.-C. Milner, *Relire la Révolutionop. cit.*, p. 179, p. 210-216.

citoyens y devient la règle, sans parler des citoyens que les autres citoyens ne considèrent pas comme étant des leurs et qui finissent par consentir à cet abandon » [1].

Les pages finales sur les migrants de Calais [2] devraient sans doute suffire à convaincre que le livre de Milner n'a rien d'une histoire monumentale ou antiquaire, au sens de Nietzsche : il est bien plutôt de l'ordre de *l'histoire critique*, cette locution étant prise toujours au sens de Nietzsche. Encore que ce livre ne soit pas d'un historien. C'est le livre d'un philosophe dont la thèse est de bousculer le polybisme systématique de nos habitudes de pensée en matière politique par ce qu'il appelle « l'hypothèse civile » [3], hypothèse qui permet de mesurer à quel point il n'y a pas de « tout-politique », que le « tout-politique » est lui-même débordé par *le réel des corps parlants* et que ces corps parlants demeurent comme tels saufs de toute identification culturelle ou identitaire (par où se trouve fondée l'universalité des droits de l'homme à une relative distance des droits du citoyens), ce que cherchaient déjà à dire les « auteurs » de la Révolution française au travers de l'affirmation et l'inscription de la *dualité* des droits de l'homme ET du citoyen, si tant est que cette Révolution, on veuille, bien sûr, aujourd'hui, la « relire ».

Note 2 : Sur la détermination affective de la liberté (*supra*, p. 51, note 1).

Avec la détermination *affective* de la liberté, avec la fondation « sensible » de ce qui a pour fonction de distinguer l'homme de l'animal, ce sont les oppositions épistémiques

1. *Ibid.*, p. 264.
2. *Ibid.*, p. 259-262.
3. *Ibid.*, p. 262.

commodes et traditionnelles sur lesquelles s'appuie pourtant l'analyse rousseauiste qui menacent de voler en éclat.

Dans la mesure où la liberté est toujours et déjà *incarnée*, où elle trouve son site dans le corps charnel et vivant, dans la chair identique à cette jouissance comme à cette souffrance sous les auspices desquelles se manifeste, se donne à soi, toute impression sensible, dans cette mesure-là, la liberté ne peut qu'épouser la nature fondamentale de la subjectivité humaine. Et c'est pourquoi, sans qu'il le dise expressément, toute l'analyse du second *Discours* prend à rebours le dualisme cartésien, ce dualisme que Rousseau ne tente pas moins, même si c'est en vain, d'appliquer comme de l'extérieur à l'élément subjectif.

C'est là, il me semble, la raison pour laquelle « la puissance de vouloir ou plutôt de choisir » – puissance qualifiée de « spirituelle » par Rousseau [1] – ne différencie véritablement l'homme de l'animal (de l'animal, faut-il encore le préciser, en tant qu'il apparaît comme régi *par les lois de la mécanique*) que parce qu'elle participe essentiellement de ce qui ne peut jamais servir à les distinguer. En effet, si la liberté naturelle est « spirituelle », c'est pour autant qu'une puissance affective en fonde la substantialité. Elle est « spirituelle » non en tant que puissance de vouloir ou de choisir, mais en tant que « sentiment de cette puissance » [2]. Autant dire que c'est au cœur d'un affect, et comme un pur affect, que se manifeste la liberté naturelle ou que se fonde, pour l'exprimer avec Rousseau, la « conscience » que l'homme en a.

1. DOI, 142.
2. *Ibid.*

Toutefois, comme on peut s'en apercevoir également, cette liberté, ou, plus exactement, ce *sentiment* de la liberté, se montre, dans sa réalité affective, difficilement conceptualisable. De même, la distinction entre l'homme et l'animal risque fort de disparaître dans l'abîme insondable que cette liberté s'ouvre à elle-même, dès lors que l'on admet qu'elle tire sa possibilité comme son effectivité immédiate de l'affectivité. Telle est la raison pour laquelle Rousseau, refusant à ce stade du second *Discours* de se laisser entraîner plus avant dans l'explicitation de ce « fond » infini, se voit contraint de renouer paradoxalement, et contre toute attente, les fils de l'analyse qu'il consacrait un peu plus haut au corps et à sa corporéité originelle. Mais s'il y retrouve le corps, c'est au prix d'un changement de perspective. À présent, de même que le corps équivaut à sa propre *représentation* sous le regard de la conscience, de même l'affectivité fondamentale le cède à l'affection de l'existant. C'est dire – pour recourir une fois de plus aux catégories épicuriennes – que nous abandonnons le champ des affections (*pathè*) et de leur affectivité constitutive pour les seules impressions sensibles (*aisthèseis*).

Ainsi, pour avoir hésité à élever l'affectivité à la dignité d'une origine phénoménologique absolue, Rousseau a renoncé, du moins à cette étape de son parcours, à justifier l'avènement de la liberté autrement que par un recours instant à l'affection externe, celle que l'*Émile* appellera bientôt fort adéquatement la *sensation représentative*[1]. Alors, ce qui a prévalu n'était plus que le jeu des « causes extérieures » et leur impact relatif sur la sphère psycho-physique de l'homme – rien de plus ... Très vite, donc,

1. *cf.* E, 282, 572.

dans le développement de l'analyse, l'éternelle fascination pour le « déterminisme » des causes mondaines, ces causes fussent-elles occasionnelles, et la constante allégeance au principe de raison, ont repris leurs droits, un moment contestés. Et ceci malgré le fait qu'au regard d'un corps dont Rousseau dit pourtant superbement qu'il « se porte, pour ainsi dire, toujours tout entier avec soi », ces causes extérieures n'ont à proprement parler aucune réalité substantielle, ce corps portant précisément *en* lui-même – et comme ce qu'il est *pour* lui-même – la seule réalité, l'unique origine de toute détermination : « *tout* », comme l'*Émile* aura enfin l'audace de l'exprimer [1]. N'empêche : l'auteur du second *Discours*, préférant soutenir à ce stade qu'il n'y a que les « circonstances » qui puissent favoriser le déploiement de la liberté, une question se doit d'être posée : à quoi pourraient bien ressembler les liens de détermination réciproque qui rattacheraient les circonstances objectives (les événements du monde) à cette réalité invisible et indivisible qu'est le corps subjectif?

« Tout sentiment de peine est inséparable du désir de s'en délivrer », dit Rousseau dans un autre contexte, et à juste titre [2]. Or, si c'est bien de la peine que naît un désir, le désir de vaincre justement cette peine, de cette peine naît également une autre peine, celle du *travail* et de sa *division* inéluctable. L'histoire des hommes commence ainsi. Sous le coup de cette « difficulté » (vaincre la peine), la *terre*, d'abord appropriée au corps en dépit de sa « résistance » intrinsèque, montre son altérité essentielle en même temps que son besoin d'assimilation. Mais comme elle ne s'offre plus à sa jouissance et qu'il y a alors

1. *Cf.* E, 249.
2. E, 303.

émergence du besoin, ce Premier Obstacle qu'est la terre provoque chez l'homme naturel une souffrance telle qu'il ne se donnera plus d'autre exigence que de la surmonter. Surmonter pareille souffrance, c'est conjurer le contre-pouvoir de la terre. Et c'est là une conjuration qu'assumera au premier chef le *travail humain* et que cristallisera très vite l'établissement de la *propriété*.

Pourtant, dans l'analyse que Rousseau consacre à ces questions cruciales, c'est à la notion générale de *circonstances* qu'a incombé la fonction heuristique de montrer (et c'est d'ailleurs là un bel exemple de généalogie rousseauiste) comment s'ouvre *entre le besoin et sa satisfaction* une certaine « attente », un « espace de temps » au gré duquel – la conscience du temps et celle de l'espace, la temporalité et la distanciation se déterminant l'une l'autre sur le fondement d'une souffrance originelle – le corps en vient à se démettre de sa pleine puissance pour ne plus se présenter que comme une entité *instrumentale* et *laborieuse*, toujours tentée de céder la place à un outil « sous la main » [1], présent là devant soi, et ainsi « représentable ».

Note 3 : Sur le caractère mélodique du Fond affectif de la vie (*supra*, p. 51, note 1).

Ce qui s'est appelé la seconde querelle des Bouffons commence en août 1752. Elle éclate à l'occasion de la représentation à l'Opéra de la *Serva Padrona* de Pergolèse et se résume, suite à la révélation des spécificités de la musique française par rapport à la musique italienne, à l'affirmation péjorative des lacunes et la mise en relief exaltée des qualités des musiques française et italienne, respectivement, le même jour, et sur le même théâtre.

1. DOI, 165.

Pour ceux qui, comme Rousseau, défendront la supériorité de la musique italienne, la musique française paraît tout d'un coup pleine de ces « traînantes et ennuyeuses lamentations, à qui il ne manque pour assoupir tout le monde, que d'être chantées juste et sans cris » [1]. En revanche, ce qui, pour eux, caractérise la musique italienne, c'est son « accent vif et marqué » [2].

Rousseau est si engagé dans la querelle que l'on croirait qu'il en est à l'origine. Ce n'est pas le cas, bien entendu, même s'il en est un des acteurs principaux. *Les Confessions* déroule le récit de la querelle en donnant à Rousseau le beau rôle. Il en plante ainsi le décor : « La comparaison de ces deux musiques, entendues le même jour sur le même terrain, déboucha les oreilles françaises ; il n'y en eut point qui put endurer la traînerie de leur musique après l'accent vif et marqué de l'Italienne. Sitôt que les Bouffons avaient fini, tout s'en allait. On fut forcé de changer l'ordre et de mettre les Bouffons à la fin. On donnait *Églé, Pygmalion, le Sylphe* ; rien ne tenait » [3]. Rousseau explique alors que lui, au moins, en tant que compositeur, tire son épingle du jeu. Il exulte, il fanfaronne ; l'heure est venue de savourer la victoire qu'il espérait depuis longtemps pouvoir remporter sur toutes les médisances et les dénigrements dont il a été victime : sa musique, dit-il, est *la seule* à n'avoir pas pâti de la comparaison. « Le seul *Devin du village* [pièce chantée de Rousseau] soutint la comparaison et plus encore après la *Serva Padrona*. Quand je composai mon Intermède j'avais l'esprit rempli de ceux-là ; ce furent eux qui m'en donnèrent l'idée, et j'étais bien éloigné de prévoir quand

1. LMF, 316.
2. C, 383.
3. *Ibid.*

on les passerait en revue à côté de lui. Si j'eusse été un pillard [Rameau avait déjà traité Rousseau de "de petit pillard sans talent et sans goût" [1]] que de vols seraient alors devenus manifestes, et combien on eut pris soin de les faire sentir. Mais rien : on a eu beau faire ; on n'a pas trouvé dans ma musique la moindre réminiscence d'aucune autre, et tous mes chants comparés aux prétendus originaux, se sont trouvés aussi neufs que le caractère de musique que j'avais créé. Si l'on eut mis Mondonville ou Rameau à pareille épreuve, ils n'en seraient sorti qu'en lambeaux » [2].

Rousseau ne fait pas de quartier. Il tire sur tout le monde, à commencer par son ennemi juré, Rameau. Mais il n'est pas seul à le faire, car c'est en réalité tout le public des amateurs et des mélomanes qui se divise en deux camps. Il s'agit presque d'une affaire d'État dans la mesure où il en va de l'identité nationale d'un genre artistique, plus exactement : d'un style portant, comme il se doit, la signature de sa provenance. Le conflit fraie son chemin jusqu'au plus haut sommet du Royaume. Rousseau indique que la musique française est soutenue par « un parti puissant, composé de Grands, de riches et de femmes » [3]. Ce parti se regroupe autour de la Loge du Roi, aussi l'appelle-t-on *le coin du roi*. L'autre parti, « plus vif, plus fier, plus enthousiaste » est, ajoute Rousseau, « composé de vrais connaisseurs, de gens de talent, et d'hommes de génie » [4] ; comme il se réunit autour de la Loge de la Reine, on l'appelle *le coin de la reine*. La querelle des Bouffons devient pour cette raison « la guerre des coins ».

1. C, 334.
2. C, 383-384.
3. C, 384.
4. *Ibid.*

Rousseau prend publiquement parti contre la musique française en écrivant fin 1752 une *Lettre sur la musique française*, publiée l'année suivante. Cette lettre porte la querelle sur un terrain plus important que celui sur lequel on l'avait située jusque-là ; il élève le débat au plan des conceptions esthétiques et philosophiques relatives aux questions musicales.

La thèse est simple : elle oppose la *mélodicité* de la musique italienne à la *complexité harmonique* de la musique française ; elle repose donc sur l'opposition de termes que Rousseau présente alors comme irréconciliables : d'une part, le modèle vocal, simple et naturel, qui est à même d'exprimer directement les émotions, et, d'autre part, le modèle articulé, intellectuel et matériel, qui n'est que le signe d'une complication et d'une dégradation – en un mot, d'une dénaturation – du modèle originel, vocal et simple.

Cette opposition formera bientôt le socle de la théorie rousseauiste de l'origine des langues, qu'il élabore quelques années après, dans son *Essai sur l'origine des langues où il est parlé de la mélodie et de l'imitation musicale*, essai qui ne paraîtra qu'après la mort de Rousseau. Cet écrit majeur analyse ce que Rousseau aura été le premier philosophe à avoir décelé, à savoir « *le lien puissant et secret des passions avec les sons* »[1] comme il l'écrit dans la lettre 48 de *Julie ou la Nouvelle Héloïse*, consacrée tout entière à la musique et, derechef, à l'infériorité de la musique française par rapport à l'italienne.

Une chose doit être remarquée pour commencer à comprendre où mène toute cette affaire. Ce qui doit être remarqué, et aussi fortement souligné, c'est la très grande

1. NH, 132.

violence, la virulence extrême, l'intraitable sévérité avec lesquelles Rousseau en est venu à défendre un certain type de musique, alors qu'il n'est pas seulement un compositeur et un musicien : il est aussi, et surtout, un écrivain et un penseur. Cette intensité dans la polémique reflète moins l'artiste que le philosophe Rousseau. D'autant que la musique n'est pas un art comme un autre : elle touche directement à l'essence la plus intime de l'être que Rousseau appelle pour sa part « la nature ». Ce dont il s'agit, en d'autres termes, c'est du Fond affectif de la vie et, au-delà de cette réalité essentielle, de sa sauvegarde face à ce qui menace le plus vivement de la dénaturer : le goût perverti d'une société corrompue et futile, qui s'est fermé l'accès au langage du cœur après en avoir perdu l'usage. L'enjeu, ici, n'est donc rien de moins qu'un enjeu de civilisation.

Voici un indice de cette violence. Dans sa *Lettre sur la musique française*, Rousseau écrit sans le moindre désir de nuancer son propos : « Je conclus que les Français n'ont point de musique et n'en peuvent avoir ; ou que si jamais ils en ont une, ce sera tant pis pour eux » [1]. Autrement dit, si la musique française ne se calle pas sur l'italienne, on s'apercevra un jour qu'elle ne pouvait en l'état prétendre à être de la musique tout court.

Qui lit cette conclusion comprend aisément que la querelle ait donné lieu à une vive réaction contre Rousseau, à un regain d'hostilité envers lui. Dans *Les Confessions*, Rousseau écrit que sa vie fut alors en danger : un soir qu'il était à l'Opéra, « l'orchestre fit l'honnête complot de m'assassiner quand j'en sortirais » [2]. Des amis le protégèrent, l'escortèrent jusque vers la sortie. Puis on lui interdit

1. LMF, 328.
2. C, 385.

l'entrée, alors même qu'il avait négocié des entrées gratuites en échange de la non-perception de la vente de ses pièces.

Le rejet prit de l'ampleur ; Rousseau était de plus en plus ostracisé dans les salons parisiens. Mais c'est sa façon d'interpréter sa mise à l'écart qui est la plus intéressante. Rousseau explique que ses « amis » lui auraient sûrement « pardonné de faire des livres, et d'excellents livres, parce que cette gloire ne leur était pas étrangère ». Mais ils ne pouvaient pas lui pardonner de faire un opéra, des pièces musicales « brillantes », dit-il, « parce qu'aucun d'eux n'était en état de courir la même carrière ni d'agréer aux mêmes honneurs »[1]. Ainsi Rousseau nous confie-t-il que si l'on était jaloux de lui, c'était bien plus en raison de son talent musical qu'en raison de ses idées – ce qui, à n'en pas douter, est tout à fait faux. Mais ce disant, il fait d'une pierre deux coups : il tente de redonner au compositeur la même importance au moins que celle que l'on accordait alors à l'écrivain, et il donne la mesure de l'estime dans laquelle il souhaite que l'on tienne ses œuvres musicales.

Il existerait donc un lien puissant et secret unissant les *passions* aux *sons*. Pour Rousseau, il faut partir de ce constat, le but étant de l'expliciter. C'est dans cette mystérieuse articulation que musique et langue enracinent leurs essors respectifs. Et ce n'est rien de moins que la pénétration de ce mystère, qui impose que la ligne mélodique supplante tout accord harmonique sur l'échelle des « expressions » qui mène au *plus vivifiant.*

Dans l'article « Expression » de son *Dictionnaire de musique*, Rousseau écrit : « Ce qu'on cherche donc à rendre par la mélodie, c'est le ton dont s'expriment les sentiments qu'on veut représenter ; et l'on doit bien se garder d'imiter

1. C, 387.

en cela la déclamation théâtrale, qui n'est elle-même qu'une imitation, mais la voix de la nature parlant sans affectation et sans art »[1]. Avec la lettre 48 de *La Nouvelle Héloïse*, Rousseau revient pour la énième fois sur l'opposition de la mélodie et de l'harmonie, en disant alors que l'harmonie « assure, il est vrai, les intonations ; elle porte témoignage de leur justesse et rendant les modulations plus sensibles, elle ajoute de l'énergie à l'expression et de la grâce au chant : mais c'est de la seule mélodie que sort cette puissance invincible des accents passionnés ; c'est d'elle que dérive tout le pouvoir de la musique sur l'âme ; formez les plus savantes successions d'accords sans mélange de mélodie, vous serez ennuyés au bout d'un quart d'heure ». Dans ce cas, qu'est-ce que l'harmonie, dans sa différence radicale d'avec la mélodie ? Rousseau avait écrit plus haut : « Ce n'est qu'un vain son qui peut flatter l'oreille et n'agit qu'indirectement et légèrement sur l'âme. L'impression des accords est purement mécanique et physique ; qu'a-t-elle à faire au sentiment, et pourquoi devrais-je espérer d'être plus vivement touché d'une belle harmonie que d'un bel accord de couleurs ? »[2].

Pour Rousseau, on l'a vu, le ton est à la mélodie (en tant que « succession des sons tellement ordonnés selon les lois du rythme et de la modulation »[3]) ce que la tonalité est au sentiment. Le ton est « le registre » sur lequel *s'exprime* la mélodie, tout comme la tonalité est le registre sur lequel *s'exprime* le sentiment. Le dénominateur commun est l'expression – mot clé de l'esthétique rousseauiste. C'est sur le fondement de l'expression et sur le parallèle

1. DM, 819.
2. NH, 131-132.
3. DM, 884.

musique/langue qui s'y adosse – un parallèle qui n'en est d'ailleurs plus un tellement l'équivalence s'avère ici totale –, que repose la thèse de Rousseau stipulant que la musique trouve son *origine* non pas dans le monde, dans des sons entendus à l'extérieur et imités du dehors, mais dans la vie, c'est-à-dire dans le Fond affectif de celle-ci : dans son Jouir et son Souffrir. Si la musique nous importe au plus profond, c'est parce qu'elle a originellement partie liée avec l'affectivité plus encore qu'avec les sensations empiriques ; et si elle a son site dans le cœur, c'est parce qu'elle se tire du dedans, des sentiments éprouvés. Cela va jusqu'au point où, quand une musique se montre infidèle à cette origine, elle perd immédiatement tout *intérêt.* Un des mots qui revient le plus souvent sous la plume de Rousseau quand il est question de juger de la qualité de la musique – de son *énergie* propre [1] – est ce mot d'« intérêt », à prendre comme antonyme d'« ennui » (c'est-à-dire de musique « insipide et monotone » [2]). Un exemple : « [...] le plaisir de l'harmonie n'est qu'un plaisir de pure sensation, et la jouissance des sens est toujours courte, la satiété et *l'ennui* la suivent de près mais le plaisir de la mélodie et du chant est *un plaisir d'intérêt* et de sentiment qui parle au cœur, et que l'artiste peut toujours soutenir et renouveler à force de génie » [3].

Ajoutons à cela que ce qu'un sentiment signifie ou représente n'équivaut pas à ce qu'il manifeste ou fait entendre ; que la manifestation n'implique pas la signification, même si l'inverse n'est pas vrai. La *manifestation* et la *signification* d'un sentiment constituent deux ordres

1. *Cf.* par exemple DM, 818, NH, 132, LMF, 293.
2. LMF, 292.
3. DM, 1143-1144.

de réalité différents, et singulièrement hétérogènes. La signification est intellectuelle – le sens est par nature intelligible –, alors que la manifestation d'un sentiment est strictement affective. C'est sur ce distinguo que se fonde la différence entre mélodie et harmonie.

La différence entre mélodie et harmonie, ainsi que la primauté de la première sur la seconde, Rousseau les aborde diversement.

1. Tout d'abord, la différence en question repose sur la logique du sentiment qui est à l'œuvre dans chacun de ces « principes » musicaux.

Évoquant les éléments constitutifs de l'harmonie, l'*Examen des deux principes avancés par M. Rameau* parle de celle-ci comme d'« une cause purement physique » et il n'est pas jusqu'à « l'impression qu'elle produit » qui ne reste pas « dans le même ordre » (l'ordre de la sensation purement physique), à telle enseigne que les accords dont elle est faite « ne peuvent qu'imprimer aux nerfs un ébranlement passager et stérile » qui, le cas échéant, « donneraient plutôt des vapeurs que des passions ». Car tel est le plaisir causé par l'harmonie qu'il est « purement de sensation »[1].

L'harmonie se borne donc à produire des *impressions sensibles*, des *sensations*, alors que la mélodie, de son côté, qui ne joue pas sur les accords et les combinaisons sonores, mais sur les accents, les modulations et les rythmes, résulte d'un art de *l'expression* : au lieu de s'arrêter au « seul physique de l'art », comme dit Rousseau, elle « passe » en effet tout droit « jusqu'à l'âme », ce passage, ce processus de *spiritualisation* s'accomplissant grâce aux « accents de la voix » que la mélodie développe pour autant qu'ils

1. EDP, 358.

constituent eux-mêmes « l'expression naturelle des passions »[1].

Le plus troublant dans la musique tient au fait qu'entre mélodie, voix et passion, le rapport est sinon d'équivalence, du moins de production réciproque. La modulation musicale dont la mélodie constitue le paradigme absolu exprime (ou « imite ») authentiquement cette modalisation spirituelle ou affective de la vie que Rousseau appelle, dans son langage à lui, les « mouvements du cœur » : mouvements dont il explique ailleurs qu'ils sont des modifications de l'amour de soi, ce premier principe de l'âme[2]. Les accents mélodiques ont la capacité de signifier (et ainsi de re-marquer) les tonalités affectives de l'âme, mais plus encore le passage d'un affect *dans* un autre, au gré d'une connexion interne à la faveur de laquelle une impression affective *se convertit* en une autre : la douleur, par exemple, *se transforme* par elle-même en volupté, ou la volupté se convertit en douleur.

L'harmonie, comme on s'en doute, n'a rien à voir avec tout cela. Plutôt que de signifier ce passage d'un sentiment *dans* un autre, l'harmonie ne sert qu'à composer des sons entre eux, en jouant pour l'essentiel sur un calcul des écarts et des intervalles harmoniques. L'harmonie se donne en effet toujours au préalable un intervalle ou une série d'écarts temporels, afin d'organiser musicalement ses rapports. Du coup, elle ne donne à entendre que la coexistence de telle impression *à côté* de telle autre, ce qui revient à dire qu'elle fait se dérouler tel son à la suite de tel autre son, chaque son se rangeant immédiatement « au passé », et cela sans que nous ne puissions réellement nous émouvoir de la compénétration réciproque, de la connexion interne des

1. EDP, 359.
2. DOI, 126.

affects et de leur naissance les uns « à partir » des autres (car c'est précisément cet auto-engendrement qui est proprement émouvant, qui est à la source de toute *émotion musicale*).

En fait, la coexistence des sonorités dans l'accord ou la contiguïté harmonique ne correspond en chacun de nous *à rien*. Un accord harmonique au beau « flatter l'oreille » [1] de la personne qui l'écoute, il ne s'élèvera jamais jusqu'à son âme, son cœur ou son esprit. C'est en quoi il ne lui *dira* rien. Ainsi, toujours dans la lettre 48 de son unique roman, Rousseau écrit : « Une mélodie qui ne parle point chante toujours mal, et la seule harmonie n'a jamais rien su dire au cœur » [2].

2. La différence entre mélodie et harmonie repose ensuite sur l'organisation temporelle, sur le rapport que l'une et l'autre, chacune à sa façon, entretient avec le temps.

Ce n'est pas seulement que l'harmonie joue sur les sensations et la matière sonore pure, alors que la mélodie en appelle au cœur, à l'esprit ; c'est aussi que l'harmonie s'appuie sur une temporalité *déjà constituée*, alors que la mélodie, loin de dépendre d'une succession réglée, engendre bien plutôt un temps dont on s'aperçoit presque aussitôt qu'il est strictement le sien.

En d'autres termes, le *temps* de la mélodie n'est pas du tout extérieur au *parcours* de la mélodie ; ce n'est pas une forme qui, s'appliquant extérieurement à lui, donnerait justement forme au flux de la matière sonore. Le temps de la mélodie est *propre* à elle, c'est-à-dire propre à telle ou telle mélodie en particulier, et ce temps exerce une modulation (ou une accentuation) à chaque fois *spécifique*.

1. DM, 884.
2. NH, 132.

Autant dire qu'il n'y a pas vraiment de temps de la mélodie, car ce qu'il y a plutôt en elle, c'est un *rythme* essentiel, ce rythme étant imposé par la *conversion* des affect les uns *dans* les autres. Affirmer par conséquent que chaque mélodie invente son propre « temps », c'est reconnaître non pas qu'elle produit une cadence, mais qu'elle impose par soi-même son *tempo*.

Le *tempo* de la mélodie a ceci de caractéristique qu'il échappe à toute possibilité de mesure. En fait, il échappe tout bonnement au temps compris comme succession d'instants. On peut certes inscrire le mouvement de la mélodie dans des rapports de temps, l'ordonner à des mesures temporelles, on peut l'appréhender en termes d'*avant* et d'*après*, mais dès qu'on fait cela, on abandonne aussitôt la mélodie au profit soit de *l'harmonisation*, soit de cette même mélodie en tant que démembrée et dénaturée. Le *tempo* de la mélodie, ce n'est pas du temps, c'est du *rythme*.

Il ne fait aucun doute que le traitement de cette question est difficile et que Rousseau, sur ce chapitre, se montre bien plus intuitif qu'analytique. C'est qu'il faut arriver à penser le temps de la mélodie à partir du rythme et non le rythme à partir du temps de la mélodie. Or, en définissant le rythme par le temps (le rythme « c'est, en musique, la différence du mouvement qui résulte de la vitesse ou de la lenteur, de la longueur ou de la brièveté des temps » [1]), Rousseau se prive du même coup des moyens de penser le temps de la mélodie à partir du rythme. Et il faudra attendre que Hölderlin, sans doute le plus grand lecteur de Rousseau qui ait jamais existé, s'empare de la question d'un rythme qui ne préjugerait pas du temps mais le

1. DM, 1023.

formerait tout au contraire, pour qu'une réponse commence d'être ébauchée [1].

3. La différence mélodie/harmonie repose enfin sur celle des principes mimétiques qui président à la création musicale.

Il s'agit là, en clair, de ce que la musique *représente* ou signifie, de ce qu'elle est censée *imiter* et qui est supposé être en dehors d'elle-même. Pour développer ce point, je commencerai par rappeler la mise au point de Catherine Kintzler dans son édition de l'*Essai sur l'origine des langues* : « La fin de la démonstration de Rousseau aboutit [...] à inverser le sens classique du terme "imitation" : il ne s'agit nullement de "rendre" la composition élémentaire des choses, mais de disposer ces choses de manière à les faire parler ("de quoi l'harmonie est-elle signe ?"), il s'agit d'imiter le principe même de la signification, qui est psychique. La mélodie, parce qu'elle évoque la ligne vocale de la langue, est imitation du sens [2]. »

En musique, ce que la mélodie a pour tâche d'imiter n'est pas le sens que peut avoir un sentiment mais sa seule *tonalité*. Qu'on se souvienne ici de l'article « Expression » du *Dictionnaire de musique* : lorsque la « voix de la nature » parle et réussit à se faire entendre, elle le fait « sans art », c'est-à-dire sans emprunter ses moyens d'expression à un fonds d'éléments intelligibles et objectifs, et sans non plus qu'elle ait besoin de recourir à une manière d'imiter qui, en la redoublant, risquerait fort de l'altérer, de la dénaturer. Par contraste, Rousseau insiste surtout sur le fait que l'harmonie, dont la particularité est de faire fond *sur*

1. Voir à cet égard ses *Remarques sur Œdipe et Antigone*.

2. J.-J. Rousseau, *Essai sur l'origine des langues*, Paris, GF-Flammarion, 1993, p. 246.

l'extériorité du passage d'un sentiment *à* un autre, *analyse* (c'est-à-dire décompose en autant d'éléments singuliers) le mouvement propre de l'affectivité : elle décompose le « mouvement du cœur » en autant de micro-événements sensitifs, sensationnels, de façon à ne plus s'attacher qu'à *une seule sensation, considérée de surcroît dans sa matérialité sensible*, et jamais à *l'affectivité* que cette sensation porte pourtant toujours en elle, en tant qu'une sensation est ce qui tout d'abord *se sent* (jouit de soi ou souffre de soi). L'harmonie, en d'autres termes, ne fait jamais fond sur la tournure subjective que cette sensation ne peut faire autrement que de prendre à chaque fois ici et maintenant, non pas certes dans le corps organique, mais dans l'âme, le cœur ou l'esprit. Cette tournure subjective est celle qui fait, par exemple, d'une sensation de plaisir quelque chose qui *résonne dans l'âme* comme un mode du *jouir*, ou de la sensation de la peine quelque chose qui *résonne dans l'âme* comme un mode du *souffrir*.

Ajoutons à cela que si l'on admet que l'harmonie a pour principe d'imitation un principe que l'on peut qualifier de « représentatif » et d'« objectif », autrement dit, si l'harmonie signifie les passions, au sens d'y renvoyer, la mélodie, elle, ne fait pas du tout la même chose. La mélodie ne *représente* pas une passion qui a déjà eu lieu ; non, la mélodie signifie bien plutôt la passion en l'éveillant, en la suscitant, en la produisant à chaque fois. On peut dire que ce n'est pas à l'événement de la passion que la mélodie renvoie ou se réfère, mais à son *avènement* dans la mesure même où elle *l'invente* à l'instant même où elle la signifie.

Voici donc en quel sens Rousseau inverse le sens classique du mot « imitation » : en ce que dans la mélodie il n'y a jamais de dualité expression / passion, car là, il n'y a de passion qu'exprimée et d'expression que passionnelle. Ainsi le lien puissant et secret qui unit les passions aux sons est-il rationnellement fondé. Il l'est pour autant que l'expression mélodique a partie liée avec la vie, alors que l'expression harmonique est uniquement affaire de goût.

Comme on le voit, la théorie se construit à coups de jugements tranchés ; les distinctions sont nettes ; la séparation se fait sans nul recouvrement possible. Sans doute, sous couvert de pensée esthétique, est-ce un problème purement philosophique que Rousseau a voulu régler. Un problème qui met en relief, sinon à nu, ce qu'il en est du Fond affectif de la vie. Mais sur le plan esthétique, la question reste pendante. Car la musique est toujours faite des deux, de mélodie et d'harmonie, dans une subtile répartition, dans une incompressible alternance, qui ne sauraient comme telles être normées. Le mérite de Rousseau n'en est pas moins grand : en choisissant comme il l'a fait la musique italienne contre la musique française, il a, sans même le savoir ni le vouloir, arraché la question de *l'art* à sa captation dans *l'esthétique*, c'est-à-dire à son indexation sur la question du *goût*, non certes pour lui conférer un statut métaphysique, mais pour ménager et plus encore défendre l'accès au Fond affectif de la vie – son objet essentiel. Telle est la raison pour laquelle il ne faudrait jamais prendre à la légère les *rapports musicaux*, de la même façon que l'on ne devrait jamais badiner avec l'amour …

Note 4 : Sur le rôle du Législateur dans Du contrat social (*supra*, p. 118, note 2)

Dans le « Manuscrit de Genève » (première version du *Contrat social*), Rousseau prétend que si l'on partait du principe que « c'est à ce grand objet » – à savoir : donner vie, c'est-à-dire mouvement et volonté, au corps politique – que « tend la science de la législation », alors trois petites questions se devraient d'être posées : « Quelle est cette science, où trouver un génie qui la possède, et quelles vertus sont nécessaires à celui qui l'ose exercer ? »[1].

Songeons par exemple à Pierre le Grand, législateur mémorable s'il en est. Peut-on dire de lui qu'il est ce « génie » possédant la science de la législation et les vertus nécessaires pour l'exercer, dont parle ici Rousseau ? Voici exactement ce que Rousseau – à la différence notamment de ce qu'en dit Voltaire dans son *Dictionnaire philosophique* – pense de lui : si l'institution que le prince russe a conçue pour un peuple que l'« immaturité » politique avait rendu inadapté aux règles législatives – peuple terriblement violent et désuni, peu enclin à maîtriser son destin –, si cette institution a connu l'échec, ce n'est pas uniquement parce que les Russes n'étaient pas encore *civilisés* au sens propre du mot, c'est aussi et surtout parce que Pierre n'a pas su adapter les moyens à la fin qu'il poursuivait : « Pierre avait le génie imitatif; il n'avait pas le vrai génie, celui qui crée et fait tout de rien. Quelques-unes des choses qu'il fit étaient bien, la plupart étaient déplacées. Il a vu que son peuple était barbare, il n'a point vu qu'il n'était pas mûr pour la police ; il l'a voulu civiliser quand il ne fallait que l'aguerrir. Il a d'abord voulu faire des Allemands, des Anglais, quand il fallait commencer par faire des Russes : *il a empêché ses sujets de jamais devenir ce qu'ils pourraient être, en leur persuadant qu'ils étaient ce qu'ils ne sont pas* »[2].

Il faut connaître les contraintes du terrain, ne pas se tromper sur la « matière » à laquelle on cherche à donner forme, il faut bien mesurer le champ des possibles dont elle est le support, et ne pas prendre ses désirs pour des réalités. Le plus grave pour Pierre le Grand aura été de ne

1. CS-1, 312.
2. CS, 386.

pas avoir su *montrer* à son peuple ce qu'il *pouvait être*. Il lui a *imposé* un être contraire à son pouvoir-être le plus propre. Qu'il n'ait pas su, en outre, le lui *faire comprendre* n'est pas sans rabaisser son génie en tant que législateur, au point de le réduire, comme dit Rousseau, à l'imitation servile des constitutions étrangères et impropres aux mœurs et aux croyances de la nation russe à laquelle pourtant il ambitionnait de s'adresser. Si Pierre le Grand n'a pas la stature d'un « grand Législateur » [1], c'est en raison du fait qu'il a méconnu le caractère national [2] de son peuple, qu'il a « prévenu sa maturité » [3], c'est-à-dire *présumé* de sa volonté d'être libre ; en conséquence de quoi on peut bien reconnaître que les Russes « ne seront jamais policés, parce qu'ils l'ont été trop tôt » et que l'« ouvrage » du prince russe « est manqué » [4].

Ce constat, il ne serait pas abusif de l'étendre : car aucun législateur *moderne* n'est digne de son nom, les législateurs modernes faisant preuve de *prévention* (ou de présomption) à l'endroit de leurs peuples plutôt que de *prévoyance*. Cette mauvaise *anticipation* est ce qui les conduit à échouer dans leur entreprise de « libération » [5] dans la mesure même où elle « empêche » le peuple qu'il s'agit d'instituer de se saisir de son pouvoir-être propre,

1. CS, 394.

2. Pour le dire avec Robert Derathé, telle serait, en résumé, la thèse de Rousseau : « En faisant de ces sujets des Européens, Pierre renonçait à en faire un peuple et, de ce fait, manquait le but de l'institution. *Cf. Projet de constitution pour la Corse* [*OC* III, p. 913] : "La première règle que nous avons à suivre est le caractère national. Tout peuple a, ou doit avoir un caractère national ; s'il en manquait, il faudrait commencer par le lui donner" » (*OC* III, p. 1467).

3. CS, 386.

4. *Ibid.*

5. *Cf.* CS, 385.

c'est-à-dire de *se comprendre* lui-même à partir ou en fonction des possibilités qui lui sont historiquement imparties.

Si l'on se tourne maintenant vers des temps plus anciens, la figure du bon législateur nous apparaîtra-t-elle plus positivement ? Dans ses *Considérations sur le gouvernement de Pologne*, Rousseau note ceci : « Chez les anciens, j'en vois trois principaux qui méritent une attention particulière : Moïse, Lycurgue et Numa » [1].

Est-ce à dire que le rôle que Rousseau entend faire jouer au législateur s'éclairerait, grâce à ces trois noms, un peu mieux ? Aurait-on raison de penser que la fonction du Législateur s'oriente dans trois directions différentes et séparées, symbolisées par ces figures historiques majeures ? Est-ce vraiment un hasard si les commentateurs des écrits politiques de Rousseau se sont tous, au cours du temps, répartis en trois classes : il y a ceux qui voient dans le Législateur un fondateur de Cité ou d'État ; ceux qui le prennent pour un réformateur des mœurs de la nation ; et ceux qui soulignent chez lui le caractère « religieux » de sa tâche ? En réalité, chacune de ces trois approches semble recouper une considération d'ordre général, à savoir que l'institution d'un peuple peut toujours être le fait d'un imposteur rusé, utilisant son autorité pour dominer, instrumentalisant le droit, la morale et la religion afin d'assujettir une nation à sa conception toute personnelle de la « science de la législation ». Mais l'essentiel n'est pas là, il est dans le fait que de ces trois opérations – l'établissement de lois fondamentales (avec Lycurgue), la réforme des mœurs (avec Moïse), l'invention ou l'organisation d'un lien civique qui fait apparaître l'unité

1. CGP, 956.

du peuple comme telle (avec Numa) – témoigne de « cette fonction particulière et supérieure qui n'a rien de commun avec l'empire humain »[1] : la fonction du Législateur proprement dit.

Ainsi, s'agissant de Moïse, ce législateur ô combien exemplaire, sa grandeur tient surtout au fait qu'il « forma et exécuta l'étonnante entreprise d'*instituer en corps de nation* un essaim de malheureux fugitifs, sans arts, sans armes, sans talents, sans vertus, sans courage ». S'il « osa faire de cette troupe errante et servile un corps politique, un peuple libre », c'est qu'il sut parfaitement lui donner « cette institution durable, à l'épreuve des temps, de la fortune et des conquérants, que cinq mille ans n'ont pu détruire ni même altérer, et qui subsiste encore aujourd'hui dans toute sa force lors même que le corps de la nation ne subsiste plus »[2].

Soulignant trois traits principaux de l'œuvre de Moïse, Rousseau stipule en plus que le grand guide des Hébreux donna à la « singulière nation » qu'il guidait vers sa liberté, qui était encore « idolâtre de sa règle », des « mœurs », des « lois » et des « rites ». C'est par ce triple don – respectivement moral, juridico-politique et religieux – que la nation juive a été *instituée* par Moïse et que le peuple juif est parvenu à se conserver comme tel (dans son caractère national). Et c'est précisément dans la mesure où ce législateur lui aura conféré à la fois le *statut* d'un corps politique et la *dignité* d'un peuple libre, que les Juifs peuvent se féliciter de « durer autant que le monde, malgré la haine et la persécution du reste du genre humain »[3].

1. CS, 382.
2. CGP, 956.
3. CGP, 956.

Sans doute la figure de Moïse permet-elle à Rousseau de préciser les trois *offices* différents auxquels devrait *dans tous les cas* se consacrer celui qu'il appelle originalement le Législateur. Si l'on admet qu'un législateur authentique a pour raison d'être d'« instituer un peuple »[1], cet acte à nul autre pareil signifie tout ensemble : *forger les mœurs, proposer des lois, et inventer des rites* ; par où l'on voit que son statut éminemment *politique* comporte une dimension conjointement ou électivement morale, juridique et religieuse. Mais Rousseau ne se contente pas d'une telle précision, il lui superpose aussitôt les trois figures de législateur historiquement décisives qu'il a énumérées plus haut. De sorte que les trois législateurs modèles se distinguent les uns des autres en fonction de la primauté que chacun – selon les circonstances historiques auxquelles il a eu singulièrement affaire – a bien voulu conférer à tel ou tel aspect de l'institution.

Ainsi Lycurgue a surtout insisté sur la nécessité de créer des lois fermes et durables, aussi solides que sévères, tandis que Moïse s'est préoccupé en priorité de réformer les mœurs des Hébreux. Quant à Numa, sa réputation suffit à faire reconnaître sa spécificité, même si Rousseau met en garde contre une interprétation abusive de l'histoire. En effet, dire que Numa a privilégié le côté « religieux » de l'institution de son peuple ne doit pas nous faire oublier qu'il fut un législateur *à part entière*, n'ayant rien négligé du politique ou du moral. Tous « ceux qui n'ont vu dans Numa qu'un instituteur de rites et de cérémonies religieuses ont bien mal jugé ce grand homme. Numa fut le vrai fondateur de Rome », dit Rousseau[2] ; on doit à ce grand

1. CS, 381.
2. CGP, 957.

homme d'avoir rendu « solide et durable » l'ouvrage « imparfait » de Romulus, ce dernier s'étant borné à « assembler des brigands qu'un revers pouvait disperser » [1]. Numa, lui, a su reprendre « les premiers fondements » jetés par « le farouche Romulus » [2] et les élever au statut de lois fondamentales, dont la caractéristique remarquable est de durer. – « Solide et durable », comme plus haut dans la même page : « institution durable [...] qui subsiste encore aujourd'hui » et « nation conservée jusqu'à nos jours » [3], ou comme dans le *Contrat social*, au sujet de « la loi judaïque [...] de l'enfant d'Ismaël » [4], « loi toujours subsistante » : telles sont les expressions qui reviennent sous la plume de Rousseau quand il se prend à décrire l'œuvre inégalable des « vrais » législateurs, l'important étant de bien faire remarquer à chaque fois que « tous cherchèrent des liens qui attachassent les citoyens à la patrie et les uns aux autres » [5].

Dans son essence, le Législateur est l'inventeur d'une façon de lier ou de relier, le forgeron d'une unité jusqu'alors inédite : l'unité d'un corps politique aspirant, grâce à sa conduite, à la maîtrise de son destin, car devenu, à l'aide de ses directives, soucieux de *sauvegarder sa liberté*, quel qu'en soit le coût.

La fonction du Législateur, précise encore Rousseau, n'est point de magistrature, et elle n'est point de souveraineté. Tout en présidant à sa façon à la constitution d'une

1. CGP, 957.
2. CGP, 958.
3. CGP, 956.
4. CS, 384.
5. CGP, 958.

république [1], cette fonction « n'entre point dans sa constitution » [2]. Car, une fois l'État consacré sur les fonts baptismaux du pacte social, le Législateur, à la différence du peuple souverain, ne saurait y « faire de lois » ; au sein de l'État, il ne peut incarner la puissance législative dont la légitimité se trouve établie par sa Loi fondamentale.

Que le Législateur ne soit pas un « faiseur de lois » [3], c'est-à-dire un fabricant de la législation, que sa façon de « donner » la loi [4] se distingue de toute production législative, est un point qui demande à être éclairci. Le dédoublement possible de l'origine du Droit politique aura d'ailleurs fait couler beaucoup d'encre parmi les commentateurs du *Contrat social*. Qu'en penser ? À quelle condition ce dédoublement est-il tenable, et soutenable ? Si la loi est bien un « rapport » du général au général, qui va donc « de l'objet entier sous un point de vue à l'objet entier sous un autre point de vue, sans aucune division du tout » ; si la législation réunit par essence « l'universalité de la volonté et celle de son objet » [5], est-ce qu'il peut y avoir un législateur qui soit un simple individu et non un peuple institué ? Et si oui, comment cet individu est-il en droit de légiférer, c'est-à-dire de statuer sous forme de lois, lui qui n'a affaire, en tant qu'individu, qu'à ses intérêts propres, particuliers, personnels ?

Peut-être faudrait-il rappeler ici que Rousseau ne fait pas seulement la différence entre *la puissance législative*

1. « J'appelle [...] *république* tout État régi par des lois, sous quelque forme d'administration que ce puisse être : car alors seulement l'intérêt public gouverne, et la chose publique est quelque chose » (CS, 379).

2. CS, 382.

3. GP, 956.

4. Comme le confirment la plupart des *dictionnaires*, le législateur se définit d'être « celui qui donne des lois à un peuple ».

5. CS, 379.

et *le législateur*, il affirme également que celui-ci a entièrement disparu des nations modernes [1]. Pourquoi, pour un tel « office », si, d'aventure, en ces Temps modernes, un nouvel État venait à se créer, un tel homme, doté de qualités exceptionnelles, de vertus rares autant que d'une « raison sublime » [2], ne pourrait-il se trouver aisément pour guider tout un peuple vers la reconnaissance de sa souveraineté, vers l'assomption de son destin ? La disparition du Législateur est-elle due au fait que les nations modernes sont déjà depuis longtemps *instituées* – sous-entendu : en États, lesquels sont eux-mêmes constitués –, et qu'elles n'ont donc plus besoin d'une législation « originelle », *fondatrice*, celle-là même que le Législateur aurait précisément la tâche de proposer à un peuple aspirant à la liberté politique sans savoir alors par quels moyens y arriver ?

En réalité, l'idée que « la puissance législative appartien[t] au peuple et ne [peut] appartenir qu'à lui » [3] – cet énoncé forme la thèse centrale du *Contrat social* – entraîne au moins cette conséquence : que le Législateur institue le peuple, en tant que corps politique, dans sa liberté même, laquelle se manifeste de son côté dans l'acte de se donner des lois sans avoir à les subir d'une autorité autre que la sienne.

La conception qui voit dans le Législateur la personne qui institue le peuple dans sa propre liberté politique n'a pas cessé de mettre à mal les interprètes de Rousseau. Est-ce que la source de toute législation légitime réside dans un peuple déjà institué ou dans l'institution même de

1. « Je regarde les nations modernes : j'y vois force faiseurs de lois et pas un législateur » (GP, 956).

2. CS, 384.

3. CS, 395.

ce peuple ? Et dans le deuxième cas, ne réside-t-elle pas dans l'esprit d'un personnage dont l'emploi, redisons-le avec Rousseau, « n'est point magistrature [et] n'est point souveraineté »[1] ?

À moins qu'elle ait rapport aux deux ? Qu'elle doive se rattacher tout ensemble à la magistrature (G) et au peuple (S) ? Mais alors, s'il en est ainsi, c'est suivant quelle articulation ?

L'existence de la volonté générale, qui consiste à être toujours et déjà et aussi bien la volonté de tous – quoique seulement sous un aspect particulier, à savoir celui, quasi inexistant, de son *unanimité*[2] –, cette existence exige que la volonté générale soit *maintenue* le plus souvent possible dans sa « rectitude naturelle », ou que cette rectitude lui soit montrée comme ce qu'elle est, c'est-à-dire comme son être même. Si tel est le cas, alors la volonté générale pourra tendre en toute certitude vers le bien commun, qui est sa propre fin ; de même, si tel est le cas, cette volonté sera résolument « vraie ». Mais qui saura lui ouvrir les yeux ? À quel jugement se confiera-t-elle pour se « guider »[3] ? Si le peuple avait de par lui-même le génie de se guider, s'il possédait pour ainsi dire de manière infuse la « science de la législation », il opterait délibérément pour son pouvoir-être le plus propre, et il ne serait pas nécessaire qu'un guide s'emploie à l'« éclairer ». Mais ce

1. CS, 382.

2. « Plus le concert règne dans les assemblées, c'est-à-dire plus les avis approchent de l'unanimité, plus aussi la volonté générale est dominante ; mais les longs débats, les dissensions, le tumulte, annoncent l'ascendant des intérêts particuliers et le déclin de l'État » (CS, 439).

3. Voici exactement le texte : la volonté générale, dit Rousseau, « perd sa rectitude naturelle lorsqu'elle tend à quelque objet individuel et déterminé, parce qu'alors, jugeant de ce qui nous est étranger, nous n'avons aucun vrai principe d'équité qui nous guide » (CS, 373).

n'est guère le cas. La volonté générale se laisse le plus souvent couler dans le moule de la volonté de tous, par où elle se perd dès que l'unanimité n'est pas au rendez-vous (ce qui arrive, redisons-le, le plus souvent).

Partant, qui est le Législateur ? Quelle est sa mission ? Cet homme « extraordinaire dans l'État », qui est tel à la fois par « son génie » et « son emploi » [1], en quoi s'excepte-t-il de son triple fonctionnement : exécutif, législatif et judiciaire ? À quoi tient sa « nécessité » [2] ? Quelle est la principale raison d'être de son ouvrage si « saint » [3] ?

Sans doute la « nécessité d'une législation » [4] est-elle indiscutable, en plus d'être inconditionnelle. Mais ce qui s'y ajoute toujours, c'est une seconde nécessité : celle du Législateur proprement dit [5] en tant qu'il se distingue de la puissance législative. Voici précisément en quels termes cette nécessité s'énonce au chapitre 6, Livre II, du *Contrat social* : « Les lois ne sont proprement que les conditions de l'association civile. Le peuple, soumis aux lois, en doit être l'auteur ; il n'appartient qu'à ceux qui s'associent de régler les conditions de la société. Mais comment les règleront-ils ? Sera-ce d'un commun accord, par une inspiration subite ? Le corps politique a-t-il un organe pour énoncer ses volontés ? Qui lui donnera la prévoyance nécessaire pour en former les actes et les publier d'avance, ou comment les prononcera-t-il au moment du besoin ? Comment une multitude aveugle, qui souvent ne sait ce qu'elle veut, parce qu'elle sait rarement ce qui lui est bon, exécuterait-elle d'elle-même une entreprise aussi grande,

1. CS, 373.
2. CS, 380.
3. *Cf.* CS, 380.
4. CS-1, 310.
5. CS-1, 311.

aussi difficile qu'un système de législation ? De lui-même, le peuple veut toujours le bien, mais de lui-même il ne le voit pas toujours. La volonté générale est toujours droite, mais le jugement qui la guide n'est pas toujours éclairé. Il faut lui faire voir les objets tels qu'ils sont, quelquefois tels qu'ils doivent lui paraître, lui montrer le bon chemin qu'elle cherche, la garantir de la séduction des volontés particulières, rapprocher à ses yeux les lieux et les temps, balancer l'attrait des avantages présents et sensibles par le danger des maux éloignés et cachés. Les particuliers voient le bien qu'ils rejettent ; le public veut le bien qu'il ne voit pas. Tous ont également besoin de guides. Il faut obliger les uns à conformer leurs volontés à leur raison ; il faut apprendre à l'autre à connaître ce qu'il veut. Alors des lumières publiques résulte l'union de l'entendement et de la volonté dans le corps social ; de là l'exacte concours des parties, et enfin la plus grande force du tout. Voilà d'où naît *la nécessité d'un législateur* » [1].

Le « besoin de guides » dont il est ici question, on doit savoir gré à Gérard Granel de l'avoir éclairé de la façon suivante : « Certes ces “guides” ne sont pas encore des “*Führer*”. Ils prennent successivement dans l'œuvre de Rousseau des figures plus bénignes : celle du Législateur dans le *Contrat*, celle du bon Maître et modérateur de la production (Monsieur de Wolmar), et même celle de la ravissante Julie – organisatrice du leurre idéologique de la fête des vendanges – dans *La Nouvelle Héloïse*. Mais quel qu'en soit le visage, la fonction du guide est toujours la même. Elle consiste à accomplir dans la matière sociale, en tant qu'elle n'est pas générale, mais constituée de diverses particularités que détermine en elle la propriété

1. CS, 380.

privée et/ou la division du travail, ce que l'action par la forme transcendantale (la Loi) qui devrait pourtant être constitutive du corps social, est incapable d'y produire : l'existence du sujet moderne comme liberté [1]. »

Ici, l'importance de la fonction du guide est tout particulièrement bien marquée. Mais ce n'est pas encore ce qu'il y a d'essentiel. L'essentiel, c'est et ce sera toujours l'existence politique du corps social comme sujet de la liberté, donc la possibilité, voire la nécessité qui s'impose au peuple de surmonter le particulier au nom de l'universel. Voilà pourquoi Granel ajoute cette précision : s'agissant des sociétés humaines confrontées à ces deux conditions historiques de possibilité que sont *l'institution de la propriété privée* et *la division sociale du travail* – des conditions qui décident à elles seules de leur durabilité –, le guide, c'est-à-dire aussi bien le législateur, apparaît comme la personne chargée de « suppléе[r] le manque divin », donc de compenser le fait qu'il n'existe pas de dieux susceptibles de donner des lois aux hommes et ce alors même qu'il le faudrait.

En effet, si l'on admettait d'une part qu'« il faudrait des Dieux pour donner des lois aux hommes » [2], des Dieux qui feraient droit au bien commun sans faire intervenir leurs intérêts particuliers, et si d'autre part une telle chose arrivait, alors on se retrouverait dans ce cas de figure : l'universel préjugerait de l'universel, et tout irait pour le mieux dans le meilleur des mondes. Or les sociétés humaines ne sont malheureusement pas ainsi : chacune demeure à la merci des intérêts *particuliers* des membres qui la

1. G. Granel, *L'Époque dénouée*, *op. cit.*, p. 199.
2. CS, 381.

constituent – surtout des intérêts particuliers de ceux qui ont le pouvoir, des classes *dominantes*.

Telle est la raison pour laquelle le Législateur, à supposer qu'il ne prenne aucune part aux enjeux de pouvoir, aux fonctions proprement gouvernantes, se doit, au moins une fois, le temps de fixer les principes fondateurs de l'État, de substituer sa voix à la *vox populi*, laquelle ne permet jamais d'entendre la voix de Dieu[1]. Du coup, devrait-on en déduire que l'existence nécessaire du Législateur est, elle aussi, elle surtout, de l'ordre de ce que Rousseau dans un tout autre contexte a appelé un « dangereux supplément[2] » ? À quelle fin sa fonction s'accomplit-elle ? Derechef, comment comprendre sa nécessité ?

Voici la liste des prérogatives censées appartenir au seul Législateur ; il s'agit pour celui-ci :

– de faire voir au peuple, donc à la volonté générale, les objets tels qu'ils sont, quelquefois tels qu'ils doivent lui paraître ; ce qui veut dire : expliciter le sens, donc la nature autant que le contenu temporairement déterminé, de l'intérêt général ;

– de montrer à cette même volonté générale le bon chemin qu'elle cherche ; ce qui veut dire : indiquer à tel ou tel peuple, selon les traits particuliers qui l'identifie en propre, où se situe, pour lui, le bien commun ;

– de garantir la volonté du peuple, en tant qu'elle est une volonté générale, de la séduction des volontés

1. *Cf.* EP, 246.

2. Sur la logique rousseauiste du « supplément », terme employé maintes fois, et toujours à des moments capitaux de la narration ou du raisonnement, sur le supplément, donc, en tant *a)* qu'il s'ajoute, qu'il est un surplus, et *b)* qu'il supplée au sens où il remplace, je ne peux que renvoyer à Jacques Derrida, « Ce dangereux supplément », dans *La Grammatologie*, Paris, Minuit, 1967, p. 203-234.

particulières, qu'elles soient communautaires et individuelles ; ce qui veut dire : empêcher la volonté générale de se plier à la volonté de tous, c'est-à-dire, au bout du compte, à celle de quelques-uns ;

– de rapprocher à ses yeux les lieux et les temps ; ce qui veut dire : suppléer à son absence d'anticipation quant à ce qu'il lui faut être, car, s'il est vrai que « le souverain, par cela seul qu'il est, est toujours tout ce qu'il doit être », encore faut-il qu'il voie ce dont est fait ce devoir-être ;

– de balancer l'attrait des avantages présents et sensibles par le danger des maux éloignés et cachés ; ce qui veut dire : lui faire dépasser le temps de la loi, qui est toujours très proche de son élaboration, pour doter la législation présente d'un instrument critique.

Si le rôle que joue le Législateur demeure difficile à circonscrire, c'est parce que Rousseau en multiplie autant les fonctions que les facettes. Ainsi, au fil du texte composant les chapitres 6 et 7 du Livre II, le Législateur apparaît tour à tour sous les traits d'un fondateur d'État, d'un pédagogue de la chose publique, d'un officiant de la religion civile. Peut-il cependant revêtir ces trois fonctions en même temps ?

Sans doute la fonction la plus importante, le rôle premier est-il celui de fondateur. Et pourtant – c'est du reste ainsi qu'un Lycurgue se sera différencié d'un Romulus ou d'un Pierre le Grand – la façon de fonder dont participe le Législateur doit toujours maintenir ce qu'il fonde dans une étroite relation avec son propre fondement. Or c'est ce dont relève surtout l'acte de *refondation* : car celui-ci est tel qu'il « reprend » le déjà-fondé dans cela même qui le fonde originellement, lequel se nomme en l'occurrence « pacte social ». Que cette « reprise » soit une façon (voire la seule façon) de réactiver, de ré-instituer ou de restaurer le pacte social est justement ce que Rousseau laisse entendre quand il insiste sur le fait que le Législateur préside à « la véritable constitution de l'État » en ce qu'il injecte « de nouvelles forces » dans ses lois ; quand il écrit surtout que « lorsque les autres lois vieillissent ou s'éteignent », le Législateur « les ranime ou les supplée », cet acte conservant de ce fait « un peuple dans l'esprit de son institution »[1].

« Ce grand et puissant génie qui préside aux établissements durables … »[2]. Que le Législateur, personnage hors norme, doté d'un savoir hors du commun, *préside* à la refondation de l'État, cela revient à dire que tout son effort consiste – pour employer un verbe latin dont les significations variées correspondent parfaitement à ce qui ici est en cause – à *praestituere* son fonctionnement. Le verbe latin *praestituere* (= *prae/statuo*) signifie en effet : déterminer, assigner, prescrire, fixer d'avance. Il s'ensuit, au moins d'un point de vue formel, que si le Législateur se préoccupe de quelque chose, c'est de « statuer » quant au fonctionnement de l'État *avant* que des lois au moyen desquelles tout État *se refonde* tous les jours soient dûment rédigées, édictées, ratifiées, approuvées, bref fabriquées et promulguées par la puissance législative autorisée à le faire ; à plus forte raison, *avant* que ces lois en viennent à s'appliquer aux citoyens de l'État en question. Ainsi le Législateur préside-t-il aux lois sans pour autant qu'il les « fasse » lui-même ; il statue au préalable quant à leur origine et application légitime – légitime voulant dire dans ce contexte précis : conforme à « l'esprit social » dont l'État est l'incarnation. Autant dire qu'il *instaure* la

1. CS, 394.
2. CS, 384.

puissance législative au sens où il l'installe dans sa fonction de légiférer comme expression de la volonté générale, et qu'en faisant cela il *restaure* chaque fois la souveraineté du peuple.

La véritable constitution de l'État n'est donc pas là où les juristes le croient. Elle ne se forme pas à l'intérieur du cercle que dessinent les Lois fondamentales. Elle se situe « dans le cœur des citoyens » [1]. Elle participe donc de lois non écrites, qui ont la « force de l'habitude » [2]. Quelle consistance normative a-t-elle ? Cette consistance, elle l'a en réalité si peu que Rousseau, à cet endroit du texte, a soin de faire disparaître la notion de « puissance législative » pour mieux laisser celle du Législateur occuper toute la place – ce Législateur qui n'est pas l'auteur des Lois fondamentales mais qui les *reprend* bien plutôt ou, pour mieux dire, les *refonde* au nom du bien commun, et cela de telle manière qu'un peuple, à la faveur de cette refondation, puisse parvenir, comme dit bien Rousseau, à *se conserver dans l'esprit de son institution.*

Le travail du Législateur porte donc sur la révélation de ces « lois » qu'abrite le cœur des citoyens et dont dépend le succès des autres parties de la législation. Ces lois, qui n'en sont pas vraiment au sens propre du mot, ressortissent à trois domaines : celui des mœurs, celui des coutumes, et surtout celui de l'opinion. C'est en faisant fond sur ces trois modalités, que la tâche du Législateur s'emploie à forger *le socle* de toute institution, et non la Constitution elle-même qui a trait à la fondation de l'État. Autant dire qu'il intervient pour que le peuple *conserve* le droit (politique) qu'au moyen du pacte social il se sera donné

1. CS, 394.
2. *Ibid.*

à lui-même. Restaurant ainsi le fondement législatif de l'État (les lois) en conformité avec sa propre fondation (le contrat social), c'est-à-dire réinstallant toute loi sur son fondement originaire, son œuvre est littéralement *fondamentale*. Mais elle n'est pas fondamentale au sens où le Législateur produirait des Lois fondamentales de l'État; elle l'est en ce qu'il *refonde* par avance toute loi en plaçant comme « clef de voûte » du « système de législation » tout entier les mœurs, les coutumes et surtout l'opinion d'un peuple dont il aura préalablement pénétré le caractère national.

Mais il y a plus. Et c'est à ce « plus » que je voudrais maintenant que porte notre regard. Car il se trouve aussi que pour une très grande part, la nécessité du Législateur s'enracine dans l'aveuglement, sinon dans la grande difficulté qu'il y a, pour chacun, à *voir* ce dont il retourne avec cette « chose publique » qui répond aux noms d'*intérêt général* ou de *bien commun*.

La nécessité du Législateur, en d'autres termes, tient en grande partie à ce que rien n'assure jamais dans l'État (E) l'indépendance réelle des lois votées par le souverain (S) et appliquées par le gouvernement (G), par rapport aux intérêts de telle ou telle partie du corps social en tant qu'il est un corps *productif* (soumis à la division sociale du travail et aux règles de la propriété privée ou collective), ce corps, pour cela, étant le jouet de mobiles renvoyant pour la plupart à la conservation du rang et à l'obtention de la fortune [1].

Pour le dire encore autrement, la nécessité du Législateur, à supposer qu'elle existe, découle de ce que les lois en vigueur sont toujours soupçonnables de n'exprimer que

1. CS, 405.

le vouloir d'une caste ou d'une classe en particulier, et non de refléter la volonté du peuple, qui, elle, est générale.

On le sait, ce qu'il importe de garantir en matière législative, c'est que le bien commun ou l'intérêt général puissent chaque fois « s'annoncer » au travers de la loi, c'est-à-dire que celle-ci en soit le *reflet*. Or cette « annonce » ne se produit et ce « reflet » ne s'impose qu'à la condition qu'existe une *explicitation* des termes de la loi. C'est ce dont se charge, selon Rousseau, le Législateur, en plus de sa fonction d'institution du peuple. L'explicitation dont il assure la mise en œuvre suppose, de sa part, un exceptionnel pouvoir d'*anticipation*, une capacité « extraordinaire » de se projeter dans le temps où la loi se fera et fera du même coup la preuve de sa validité et, l'épreuve de son application. Seul le Législateur, par sa faculté de *prévoyance*, comme dit Rousseau, est à même d'y arriver.

Tels sont, tout d'abord, les données du problème : « Pour qu'un peuple naissant pût goûter les saines maximes de la politique et suivre les règles fondamentales de la raison d'État, il faudrait que l'effet pût devenir la cause ; que l'esprit social, qui doit être l'ouvrage de l'institution, *présidât* à l'institution même ; et que les hommes fussent avant les lois ce qu'ils doivent devenir par elles » [1].

L'*auto*-institution du peuple étant impossible, à moins que le peuple ne soit déjà ce qu'il est supposé devenir grâce à elle, l'institution doit toujours reposer sur l'œuvre d'une puissance extérieure, capable de prendre en compte au préalable la *fin* qui est supposée devoir être réalisée. Dans ces conditions, voici les éléments constitutifs de la tâche d'explicitation que le législateur a la charge d'assurer ; celle-ci résulte précisément :

1. CS, 383.

a) d'une préacquisition des règles fondamentales dont aura possiblement à se soutenir la raison d'État ;

b) d'une prévision de l'esprit social qui aura nécessairement à s'incarner dans la loi ;

c) d'une anticipation de ce qui arrivera au corps politique quand il sera placé sous le régime qui lui convient le mieux.

Ces trois aspects éclairent le propos tenu au chapitre 2 du Livre III : « [...] l'art du Législateur est de savoir fixer le point où la force et la volonté du gouvernement, toujours en proportion réciproque, se combinent dans le rapport le plus avantageux à l'État »[1] – où « fixer » veut dire : fixer d'avance, pré-assigner.

Or, ce qu'il importe surtout de souligner, c'est que toute l'autorité dont peut se prévaloir le Législateur tient à cette triple capacité au moyen de laquelle se déploie son pouvoir d'explicitation. Triple capacité que Rousseau appelle sa « raison sublime »[2]. L'autorité que cette raison sublime, au sujet de laquelle Rousseau indique qu'elle « s'élève au-dessus de la portée des hommes vulgaires », du commun des mortels, cette autorité est « d'un autre ordre » : en soi elle n'a cure de recourir à la force, ni même au raisonnement, car elle entraîne sans violence et persuade sans convaincre. Ce qui revient à dire qu'elle est à la fois positive et négative : sa capacité d'entraînement et d'influence a ceci de particulier qu'en s'exerçant elle annule les effets de contrainte qu'il pourrait lui arriver de produire par ailleurs. Rousseau écrit à cet égard : « Qui lui donnera [au corps politique] la *prévoyance* nécessaire pour en former les actes et les publier d'avance, ou comment les prononcera-t-il au moment du besoin ? »[3].

1. CS, 402.
2. CS, 384.
3. CS, 380.

Tel est l'énoncé qui suggère que la *praxis* du corps politique – son aptitude à légiférer et à exercer son pouvoir – repose tout entière sur la dotation d'une force de prévoyance dont il revient au Législateur d'être à l'origine. Là est le nœud du problème, dont les données ont été indiquées un peu plus haut.

Dans un article qui représente encore pour les commentateurs de Rousseau une solide référence quand ils en viennent à poser la question du rôle du Législateur, Bernard Gagnebin n'a pas manqué de relever l'ambiguïté qui s'attache au langage employé par Rousseau : « Si on lit attentivement le *Contrat Social*, on constate que Rousseau appelle législateur aussi bien celui qui "institue un peuple", c'est-à-dire qui le dote d'institutions fondamentales (nous dirions aujourd'hui une constitution) que celui qui donne les lois à un peuple déjà constitué [1] ». Il va de soi que si le *nom* de législateur convient aussi bien à un peuple qu'à un individu, cela crée « une difficulté fondamentale [2] ». Cette difficulté, Gagnebin croit pouvoir la résoudre de la façon suivante : après avoir rappelé que « selon le pacte fondamental, il n'y a que la volonté générale qui oblige les particuliers » [3], il affirme : « Le rôle du législateur consiste [...] à élaborer un système de législation et à l'offrir au peuple auquel il est destiné. Lui-même ne saurait l'imposer ni par la force, ni par le raisonnement [4] ». Le Législateur serait donc responsable de *l'élaboration* et de

1. B. Gagnebin, « Le rôle du législateur dans les conceptions politiques de Jean-Jacques Rousseau », *Études sur le* Contrat social, Université de Dijon, 1964, p. 278.

2. *Ibid.*, p. 281.

3. CS, 383.

4. B. Gagnebin, « Le rôle du législateur dans les conceptions politiques de Jean-Jacques Rousseau », *op. cit.*

l'offrande des lois. Or, loin de faire justice au rapport fondamental qui s'instaure entre la puissance législative, d'une part, et le Législateur de l'autre – rapport dont témoigne assurément l'ambiguïté terminologique soulignée par Gagnebin –, ces deux fonctions, l'élaboration et l'offrande de la loi, ne font au contraire que le supprimer. Du reste, en décidant que l'élaboration et l'offrande de la loi ont la même origine, Gagnebin peut-il éviter de confondre « puissance législative » (souveraineté) et Législateur proprement dit (dont le statut ne relève ni de la magistrature [G] ni de la souveraineté [S] [1]) ? Certes, Gagnebin insiste bien sur le fait que « le législateur ne doit exercer aucun pouvoir dans l'État » ; il précise également que « son rôle se borne à forger, puis à proposer des institutions » [2]. Il voit donc bien que ce n'est en aucun cas un prince qui gouverne. Mais il omet de dire que le Législateur ne possède pas non plus la souveraineté, ce qui le met aussi bien à l'écart de toute volonté générale qui s'exerce en produisant des lois. En fait, Rousseau ne veut nullement dire que le Législateur produit (instaure) la loi, mais qu'il intervient, d'une façon toute spéciale que le concept de refondation nous permet d'entrevoir, *dans* cette production elle-même. L'erreur vient donc de ce que l'on ne voit pas que l'origine – la volonté générale – tout en étant unique, *s'articule* en elle-même afin de s'assurer de sa rectitude essentielle. Ainsi, c'est dans la mesure où l'intervention du Législateur dans la production de la loi se produit à même l'articulation de la volonté générale, que cet homme extraordinaire en vient à recevoir le même nom que ce que la volonté générale elle-même effectue. Que le pacte social *fonde* l'État et que la volonté générale *instaure* la loi (*stiftet*, dirait-on en

1. *Cf.* CS, 382
2. CS, 282.

allemand), cela fait aussi bien de celui qui en *reprend* l'articulation interne un « instaurateur ». Un instaurateur au sens le plus éminent du terme, s'il est vrai que le latin *instaurare* ne signifie pas fonder, mais « recommencer, reprendre, renouveler »[1], ce que la langue française n'appelle pas « instaurer » (qui a valeur de commencement) mais « restaurer » (qui suppose un recommencement, une reprise, un renouvellement). Disons, plus justement, *refonder*, où le préfixe re-, qui scelle la spécificité de ce genre de fondation, n'est pas signe d'itération, contrairement à ce que l'on serait tenté de croire, mais signe d'*intensification*, de *reprise* (la reprise n'étant pas identique à quelque répétition que ce soit), puisque le « redoublement » en cause dans le re- ne réitère pas la production de la loi, mais l'*explicite* comme telle, en en *montrant* précisément le *sens*, soit la *finalité* originelle : l'intérêt général et/ou le bien commun[2]. Le Législateur est cet être hors du commun qui est en mesure de fixer les termes de « l'esprit d'un peuple », termes à partir desquels ce peuple réanimera par sa souveraineté, à chaque fois qu'une loi est votée, le contrat social par lequel lui-même existe.

1. *Cf.* Gaffiot, p. 832.

2. *Nota bene* : « Refondation » est le terme dont Emmanuel Martineau s'est servi pour traduire *Grundlegung* dans le cours de Heidegger intitulé *Interprétation phénoménologique de la « Critique de la raison pure » de Kant* (Paris, Gallimard, 1982, p. 15). Le traducteur justifie son choix en se référant à cette déclaration de l'*Introduction* du *Kantbuch* du même Heidegger : « La *Grundlegung* est le geste de rendre efficace la force portante du fondement essentiel qui est posé » (*cf. Kant et le problème de la métaphysique*, trad. fr. A. de Waelhens et W. Biemel, Paris, Gallimard, 1953, p. 58). Telle est, de fait, la refondation dans son rapport intrinsèque à la fondation : elle rend efficace la force portante d'un fondement déjà posé.

Note 5 : Sur la notion d'autorité (supra, p. 179, note 5).

Si l'on admet avec l'historien Joseph Hellegouarc'h que dans le monde romain l'*auctoritas* marque le plus notablement « la supériorité » ou « l'ascendant » du leader politique sur « son entourage » [1], alors il faudra en tirer une double conclusion :

1. L'*auctoritas* s'apparente à la *grauitas*, dans la mesure où celle-ci « exprime l'étendue et la portée de l'influence qu'il exerce » [2] ; cela conduit d'ailleurs l'historien à en déduire que « la *grauitas* n'est finalement qu'un aspect de l'*auctoritas* » [3].

2. Celle-ci est « fondée sur la conviction que celui qui en est pourvu possède des "capacités" qui le rendent digne de [la] soumission et de [la] confiance » de « ceux qui dépendent de lui » [4] ; d'où il s'ensuit que l'*auctoritas* « suppose l'approbation et l'adhésion volontaire de ceux sur lesquels elle s'exerce », ou, comme l'historien le répète dans la même page, que « l'action propre de celui qui est pourvu de l'auctoritas est de persuader et de convaincre ».

Cette persuasion et cette conviction sont aux antipodes de toute donation d'ordres. Elles se produisent uniquement par l'exemple (*exemplum, auctor exempli*) qu'elles proposent, par le précédent qu'elles constituent et le conseil (*consilium*) qu'elles délivrent [5]. Autrement dit, s'il y a

1. J. Hellegouarc'h, *Le vocabulaire latin des relations et des partis politiques sous la République*, *op. cit.*, p. 301.

2. *Ibid.* p. 300.

3. *Ibid.*

4. *Ibid.* p. 302.

5. *Ibid.* p. 303-304.

auctoritas, c'est qu'elle « résulte de l'"influence personnelle" qui rend le conseil efficace » [1].

Prenons un exemple. En *ordonnant* quelque chose à un fils, un père exerce sur lui son *pouvoir*. Ce pouvoir s'accomplit quand le fils lui obéit et exécute l'ordre donné. En effet, en lui ordonnant quelque chose, il ne lui laisse pas le choix de ne pas faire ce qu'il lui demande de faire : il ne s'adresse donc pas à sa liberté, mais à son contraire : à son obéissance. Chez son fils, il ne fait pas surgir le *sujet libre*, pas plus qu'il ne l'accroît. Il réduit bien plutôt sa liberté, si ce n'est qu'il l'abolit complètement. En revanche, s'il *conseille* à son fils quelque chose que ce dernier pourra « malaisément se dispenser de suivre » [2], on dira alors qu'il exerce sur lui son *autorité*. Celle-ci exige l'obéissance, mais très différemment que le pouvoir. Quand le fils obéit au père en suivant le conseil qu'il reçoit de lui, c'est par choix, donc librement. La liberté repose en l'occurrence sur une *confiance* ou une *croyance*, puisque que le fils doit avoir donné du crédit au père, à sa parole, pour qu'il suive son conseil. Ainsi l'autorité est-elle un phénomène de croyance, de créance, de crédit, de confiance – de *fides* [3]. C'est dans la mesure où les rapports de filiation croisent les relations de fidélité que l'*autorité parentale* y joue un rôle aussi emblématique. Cela explique aussi qu'il soit difficile de se dispenser de suivre le conseil paternel.

Il n'empêche : si le père n'ordonne pas mais conseille quelque chose à son fils, il lui laisse *eo ipso* le choix de suivre son conseil ou non. Il peut bien chercher à le persuader du bien-fondé de son conseil, il peut tenter de

1. *Ibid.* p. 305.

2. *Ibid.* p. 312.

3. Sur le fait que l'*auctoritas* est « fondée sur la *fides* », voir *Ibid.*, p. 307.

le convaincre, mais tant qu'il ne lui ordonne rien, il s'adresse à sa seule liberté en ce sens qu'il lui offre l'occasion de prendre ses responsabilités, que ce soit en suivant le conseil donné ou en s'abstenant de le suivre. Plus encore, il fait surgir chez lui le *sujet libre*, par le choix que le conseiller attend du conseillé, sinon il l'augmente, en rendant ce choix à ses propres yeux nécessaire. Le fils se dit alors : mon père comprend ce que je dois faire bien mieux que je ne le comprenais par mes propres moyens. Il me manque donc tout ce qui lui aura permis, à lui, de voir ce qu'il s'agissait pour moi de faire ; en suivant son conseil, je ne peux que reconnaître que je n'étais pas assez mûr, ou assez fort, ou assez lucide, etc., pour m'exhorter à faire ce qu'il me dit de faire. Ainsi mon père détient-il l'*auctoritas* en ce qu'il « “accroît” en quelque sorte par son intervention [mon] insuffisante personnalité » [1]. Il me dote de ce dont j'étais dépourvu : maturité, force, lucidité, etc. Il a l'autorité ; il en est une.

On a là sans doute la raison pour laquelle *auctoritas* – ce mot qui connote l'augmentation, voire l'apparition originelle, la création, et dont le concept à l'origine est proprement romain – a été traduit en grec par *exousia*, qui veut dire liberté, au sens de « ce à quoi licence a pu être donnée » [2].

Note 6 : Sur Georg Simmel (*supra*, p. 194, note 1).

Sur la notion de « faire société », en soi bien plus significative que l'insipide « vivre ensemble » dont on use tant actuellement, je renvoie à l'article récent que Denis Thouard a consacré aux *processus de socialisation* mis en

1. *Ibid.* p. 295.
2. *Ibid.*

relief par Georg Simmel : « Faire société. Différenciation, réciprocité et individualisation » [1].

Denis Thouard y insiste tout particulièrement sur le fait que dans une perspective non-contractualiste, comme l'est celle de Simmel, la segmentation due à la division du travail ne va pas forcément dans le sens d'une *aliénation* de chacun, comme tend à le penser Rousseau et comme cherche à le prouver Marx ; elle peut tout aussi bien aller dans le sens d'une plus grande « interdépendance de tous envers tous » [2], au point que la division du travail entraîne la *différenciation sociale* comme ce socle à partir duquel une société bien réglée peut être instituée. « Au lieu d'accomplir une multiplicité de tâches comme le petit producteur indépendant, chacun se trouve de plus en plus avisé aux autres. Cette ouverture impliquait une réflexion, puisque chacun, en se rapportant essentiellement aux autres dans son activité, peut se trouver aliéné, perdre la conscience de lui-même, ou chercher au contraire à se constituer dans la synthèse de ces relations, revenir à lui enrichi des rapport à autrui. […] Chez lui [Simmel], le *faire-société* est essentiel, car il n'y a pas *la* société, mais, à la limite, des *effets de socialisation* qui tendent à former une pluralité de sociétés [elles-mêmes considérées comme autant de sphères d'appartenance] » [3].

En fait, tout repose chaque fois sur *l'action réciproque* de plusieurs individus, action réciproque qui va de la promenade à deux ou à plusieurs jusqu'à ces corps constitués que sont l'Église ou l'État. L'auteur explique que pour Simmel, « il y a action réciproque quand les acteurs tendent

1. D. Thouard, « Faire société. Différenciation, réciprocité et individualisation », *Cités*, n° 80, 2019, p. 129-139.

2. *Ibid.* p. 131.

3. *Ibid.* p. 131-132.

à modifier leur comportement du fait qu'ils sont en société. [...] Le regard d'autrui est intégré dans mon agir, non pas en tant que contrainte sociale ou norme extérieure venant le border, mais en tant que celui-ci relève d'un processus à deux entrées, où la reconnaissance est toujours négociée et peut se stabiliser dans des formes »[1].

Mais Simmel pousse plus loin la réflexion dans la mesure où le schéma de la différenciation sociale trouve son modèle dans le schéma vitaliste. C'est bien à une métaphysique du vivant que s'adosse sa « sociologie », Simmel concevant la subjectivité de la vie comme un incessant mouvement d'autodépassement, une « transcendance immanente » très peu éloignée, me semble-t-il, de ce que j'ai analysé ailleurs en termes d'*excédence*[2]. Ainsi que le résume Denis Thouard, « la vie subjective est [...] porteuse de cette dimension de continuité sans cesse modifiée, s'affirmant toujours davantage (*plus-de-vie*), mais se heurte à ce qui résiste ou retombe de cet effort, qui correspond aux formes de la culture et aux institutions (*plus-que-vie*). Elle se singularise dans ce conflit même »[3].

Toucher à ce degré de profondeur ontologique est peut-être la façon la plus probante de penser conjointement la *Vergesellschaftung*, la socialisation, le faire-société, en tant qu'ils résultent d'un ensemble interdépendant de « relations réciproques », *et* l'individualisation ; ou de penser le processus d'individualisation comme n'étant jamais issu *a priori* d'un collectif déjà donné et préconstitué.

1. D. Thouard, « Faire société. Différenciation, réciprocité et individualisation », *op. cit.*, p. 132.

2. *Cf.* notamment *Curriculum. Autour de l'esth/éthique*, Lagrasse, Verdier, 2019, p. 276-289.

3. D. Thouard, « Faire société. Différenciation, réciprocité et individualisation », art. cit., p. 138.

Note 7 : Sur une maxime de Marcel Proust (*supra*, p. 202, note 1).

Quand on touche à la question de la subjectivité humaine, il arrive que l'on bute sur six notions en apparence semblables (interchangeables), mais en vérité fort différentes. Il appartient au philosophe de les distinguer conceptuellement. Ces notions sont : l'ipséité, l'individualité, la personnalité, la particularité, la singularité et l'unicité.

Qu'on se rappelle la phrase de Proust citée plus haut : « Ce que nous appelons l'expression individuelle est – comme on s'en rend compte avec tant de tristesse quand on aime et qu'on voudrait croire à la réalité unique de l'individu – quelque chose de général, et a pu se rencontrer à différentes époques. [1] » – Dans ce semblant de maxime, Proust fait allusion à la différence qui existe entre l'unicité (« la réalité unique de l'individu ») et la particularité (à laquelle renvoie, semble-t-il, la locution « expression individuelle »). Mais qu'est-ce que l'unicité ? Elle est bien plus que la particularité, et bien plus encore que la singularité. Certes, il ne fait aucun doute que le singulier relève de l'Un, mais l'unique, qui en relève également, est comme une surdétermination du singulier. Si l'on peut dire que le singulier est unique, on doit dire aussi que l'unique est un peu plus que singulier. Quant à la particularité, elle est en général, il faut y insister, quelque chose de général, donc de partagé. Les particularités se retrouvent non seulement à toutes les époques, mais d'un individu à un autre. Et en chaque individu, elles existent au pluriel. Ainsi ce qui m'individualise est-il une multiplicité de traits particuliers formant un complexe identifiant ; c'est un

1. Marcel Proust, *À la recherche du temps perdu*, éd. J.-Y. Tadié, « Quarto », Paris, Gallimard, 1999, p. 426.

ensemble, largement disparate, de particularités identificatoires, de traits particuliers qui ont tous quelque chose de général. Enfin, si *l'individualisation* d'un individu repose sur l'existence de traits particuliers, qui se retrouvent à l'identique chez d'autres, *la personnalisation* d'un individu repose, quant à elle, sur son propre devenir-singulier. Ainsi, est-ce l'analyse de cette personnalisation qui, au plan philosophique, forme le sujet des *Confessions* de Rousseau.

Dans *Le pas gagné de l'amour*[1], je me suis efforcé pour ma part de montrer que l'unicité d'un être repose toujours, et pour le moins, sur une certaine *considération* dont sa singularité elle-même se trouve être l'objet. C'est-à-dire que l'unicité dépend de la reconnaissance *par un autre* du caractère irremplaçable d'un individu pris en compte en raison de son incomparabilité et tenu alors, de ce fait, pour unique.

En effet, si chacun est bien particulier, personne n'est *a priori* unique. Pour qu'il soit unique, il lui faut l'être aux yeux d'un autre ; il lui faut être *considéré* (au sens fort) – et par un tiers, obligatoirement, non par lui-même – *comme unique*. Mais quand cette considération se produit-elle ? Dans quelle situation en particulier a-t-elle lieu ? Eh bien, uniquement quand *l'amour* s'en mêle, et aussi longtemps qu'il y a de l'amour. L'amour est en effet la seule expérience que nous avons le loisir de faire dans la vie, de l'unicité méta-singulière d'un individu. Là où il y a de l'amour, un individu singulier, donc déjà supposé *incomparable*, paraît en plus *irremplaçable*, et c'est alors sur fond de cette irremplaçabilité présumée, que l'être aimant en vient à *croire à la réalité unique* de l'être aimé,

1. *Le pas gagné de l'amour*, Paris, Galilée, 2016.

comme Proust le dit si bien. (Il s'ensuit que si je me considère comme unique, c'est que cette considération m'est dictée par cette forme d'amour de soi que prend la forme du narcissisme.)

SUR LA COMPOSITION DE CET ESSAI

Ce qui figure en guise d'introduction est la réécriture amplifiée d'un entretien que j'ai eu avec François Armanet pour *L'Obs* (n° 2750, daté du 20 juillet 2017).

Le premier chapitre tire profit de deux conférences publiées dans des ouvrages collectifs parus en 2014 suite à des colloques organisés en 2012 à l'occasion du tricentenaire de la naissance de Rousseau. Soit : *a)* « Rousseau et la dénaturation de l'âme », publié dans *Jean-Jacques Rousseau et l'exigence d'authenticité. Une question pour notre temps*, sous la direction de Jean-François Perrin et Yves Citton, Classiques Garnier, 2014 ; *b)* « Qu'est-ce que Rousseau entend par "liberté naturelle" ? », publié dans *Philosophie de Rousseau*, sous la direction de Bruno Bernardi, Blaise Bachofen, André Charrak et Florent Guénard, Classiques Garnier, 2014.

Le deuxième chapitre reprend en la transformant quelque peu et en l'augmentant d'autant une étude originellement publiée dans *L'Archi-politique de Gérard Granel*, sous la direction d'Élisabeth Rigal, Mauvezin, T.E.R., 2013.

Le troisième chapitre s'appuie en grande partie sur le texte d'une conférence prononcée lors de la Journée internationale d'étude organisée sous la responsabilité de Roger-Pol Droit par le Centre Jean Pépin (CNRS) le 22 mars 2012 et qui est parue autrefois, dans l'ouvrage collectif *Figures de l'altérité* publié sous la direction de Roger-Pol Droit, Paris, P.U.F., 2014.

TABLE DES MATIÈRES

Achevé d'imprimer en octobre 2021
sur les presses de
La Manufacture - Imprimeur – 52200 Langres
Tél. : (33) 325 845 892

N° imprimeur : 210934 - Dépôt légal : octobre 2021
Imprimé en France